한겨레역사인물평전 ——

이매창 평전

이매창 평전

시와 사랑으로 세상을 품은 조선의 기생

김준형 지음

한겨레출판

'한겨레역사인물평전'을 기획하며

정출헌 | 부산대 한문학과 교수, 점필재연구소 소장

역사는 인간이 일궈온 삶과 다름이 없습니다. 사람들의 발길이 새로운 길을 내듯, 역사도 그렇게 만들어진 것이겠지요. 그런 점에서 시간 단위로 인간의 삶을 분절한 편년의 역사 서술 관습을 넘어서, 인간을 통해 시대의 편폭을 보여주려 했던 사마천의 시도는 빛나는 것이었습니다. 다양한 인간 군상을 한데 모아놓은 열전(列傳)은, 그래서 수천 년 동안 동아시아 역사 서술의 전범(典範)으로 자리 잡을 수 있었습니다. 물론 그곳에 이름을 올린 이들 모두가 역사상 위대한 업적을 남긴 인물은 아니었습니다. 적장을 살해하려다 실패한 자객, 우스갯소리를 잘하던 사람, 재물을 많이 벌어들인 부자, 질병을 잘 고쳐낸 명의 등까지 망라하고 있으니까요. 역사란 크나큰 발자취를 남긴 위인만이 아니라 인간의 존엄성을 올곧게 지켜 나간 사람들이 함께 어우러져 만들어가는 것이라 여긴 사마천의 믿음이 선연합니다.

사마천이 역사의 이름으로 불러들인 인물들에 대한 선별은 과연 타당했는가, 또는 그들 각자에 대한 평가는 온당한가, 이에 대한 시

비가 없을 수는 없겠지요. 하지만 과거 인물들의 삶을 기록하려는 우리는 사마천의 그런 마음가짐에서 많은 것을 배울 수 있습니다. 역사의 물굽이를 뒤바꾼 행적을 남긴 위인으로부터 하찮은 일상을 통해 시대의 가치를 되새기게 만든 범인(凡人)에 이르기까지 소중하게 여겼던 그 마음 말입니다. 그래서 우리는 아득한 저 고대로부터 근대 전환의 격변기에 이르기까지 우리 역사를 다채롭게 아로새겼던 수많은 인물들을 평전의 대상으로 삼으려 했습니다. 정치·사회·문화·예술 등 다양한 분야에서 우리 시대에 되살릴 만한 다양한, 또 의미를 지닌 인물 100명의 평전을 기획한 것은 그런 문제의식의 산물입니다.

또한 우리는 시대적 흐름에 유념하면서 성패·신분·성별 등을 나름 고려하면서 유사한 삶을 살았던 인물들을 몇몇 범주로 묶어보았습니다. 우리가 지난 역사 인물을 되살려보려는 이유는 시대와 개인이 맺고 있던 복잡다단한 관계를 읽어내고 싶기 때문입니다. 동일한 시대 상황에서 유사한 삶의 궤적을 읽을 수 있는 반면, 그들에게서 발견되는 미묘하지만 화해할 수 없는 차이를 추적하는 것이야말로 시대의 요구와 인간의 선택이 빚어내는 공명과 파열을 생생히 전달하는 것이라 믿은 까닭입니다.

비슷한 시대에 각기 다른 빛깔의 인간을 탐색해가는 과정은 역사라는 거대담론으로 인간 개개인을 재단하던 병폐를 넘어 인간의 삶을 통해 시대의 흐름을 재구성하는 방법이기도 합니다. 특히 생애 관련 자료의 제한 때문에 독립된 평전을 서술하기 어려운 인물의 경우, 시대 및 대상 인물과의 관계 위에서 조망함으로써 그들의 행로를 도드라지게 드러내려 했습니다.

하지만 오늘날 어떤 인물에 주목할 것인가보다 훨씬 어려운 과제는 그들을 어떻게 그려낼 것인가 하는 문제입니다. 많은 사람들은 평전을 쓸 때 가장 중요한 미덕으로 해당 인물을 객관적이고도 정확하게 그려내는 것을 꼽습니다. 충분히 수긍할 수 있는 지적입니다. 하지만 생애 관련 자료가 풍부하지 못한 현재 우리의 열악한 사정을 감안하지 않는다 해도 그것은 참으로 어려운 요구입니다. 생애 관련 자료가 풍부하다고 하더라도 객관적인 자료란 애당초 기대하기 힘들뿐더러 한 인간을 둘러싼 엇갈린 기억과 자료 가운데 어느 것은 취하고 어느 것은 버릴 것인가를 결정해야 하는데 이는 온전히 필자의 몫일 수밖에 없기 때문입니다. 그래서 역사는 물론이고 한 인간에 대한 기록은 시대에 따라 달라지고 거듭해서 새로 쓰이는 듯합니다.

그런 점에서 평전을 쓴다는 것은 남아 있는 사실의 기록과 오늘을 살고 있는 필자의 평가 사이에서 아슬아슬한 외줄타기를 하는 작업입니다. 그래서 어렵게 마련이지요. 아마도 위태롭기 그지없는 그 험난한 과정을 버티게 해주는 힘은 과거와 현재, 사실과 허위, 객관과 공감 사이의 균형 감각일 것입니다. 우리는 그런 곤혹스러운 상황을 애써 외면하지 않으려 했습니다. 한 인물의 평전을 쓴다는 것이 과거를 통해 현재를 돌아보고 미래를 전망하는 작업의 일환이라면, 그것은 반드시 건너야 하는 강이라고 생각했기 때문입니다. 대신 힘겨운 작업을 필자 한 사람의 몫으로 떠넘기지 않고, 뜻있는 사람들과 의견을 주고받으며 자신의 균형 감각을 가다듬을 수 있는 자리를 많이 갖도록 노력했습니다.

그런 점에서 역사 속 인물에 깊은 애정과 관심을 가지고 있는 연구자, 그런 연구자를 한자리에 모아 외롭지 않게 함께 작업해갈 수 있도록 엮어주는 연구소, 그리고 연구자의 충실한 성과를 일반 대중에게 알려주는 출판사가 공동 기획하여 발간하는 오늘 우리의 작업은 매우 뜻깊은 시도일 것입니다. 실제로 부산대학교 점필재연구소와 한겨레출판은 전체 기획의 의도, 대상 인물의 선정, 최적의 필자 선택, 평전 집필의 방향을 함께 논의하고 결정했습니다. 그런 뒤 개별 필자들이 평전을 집필하는 과정에서 구상 발표, 자료 점검, 사실의 진위 판단, 원고의 교정·교열에 이르기까지 수시로 의견을 주고받으며 때론 뼈아픈 조언도 아끼지 않았습니다. 이런 공동 작업을 거쳐 세상에 선보이는 '한겨레역사인물평전'은 평전으로서 갖추어야 할 미덕을 고루 갖추고 있는 것은 물론이고 학계와 출판계가 서로 힘을 모으는 새로운 풍토를 마련하는 데도 적잖이 기여할 수 있으리라 기대합니다.

사실 평전을 쓰고 읽는다는 것은 옛사람이 남긴 발자취를 따라가면서 그의 마음과 시대를 헤아려보는 여정일 겁니다. 우리는 그런 여정에서 나 자신이 옛사람이 되어 헤아려보기도 하고, 옛사람이 내 귀에 속내를 속삭여주는 경이로운 체험을 맛보기도 할 것입니다. 때론 앞길을 설계하는 지침이 되기도 하겠지요. 퇴계 이황은 그런 경지를 이렇게 읊었습니다. "고인(古人)도 날 못 보고 나도 고인을 못 뵈어, 고인을 못 뵈어도 가던 길 앞에 있네. 가던 길 앞에 있거든 아니 가고 어찌할까"라고. 우리도 그런 마음으로 옛사람이 맞닥뜨린

갈등과 옛사람이 고민했던 선택을 헤아리며 그의 길을 따라 걸을 수 있으리라 믿습니다. 세월의 간극을 훌쩍 뛰어넘는 그런 가슴 벅찬 공명이 가능한 까닭은, 그도 나도 시대를 벗어나서는 잠시도 살아갈 수 없는 인간이란 이유 때문이겠지요. 그것이야말로 한 치 앞을 내다보기 힘든 우리 시대에 군이 평전이 필요한 까닭일 것입니다.

그들이 사랑했던 기생,
매창의 자취를 찾아서

　지금 우리에게 기생은 어떤 존재로 각인되어 있을까? 이런저런 상념에 가슴 아려오는 존재, 시대의 질곡에서 벗어나려 했던 외롭고도 슬픈 여인, 혹은 감히 범접할 수 없는 드높은 예술 세계를 구현한 예인일지도 모르겠다. 이렇게 기생은 우리에게 다분히 감상적인 존재로 다가온다. 그러면서도 그 안에는 중세의 질곡에 숨죽인 채 주저앉은 여인, 그리고 그 질곡에 당당히 맞서려 했던 여인이라는 상반되면서도 긴밀한 두 이미지가 겹쳐 떠오른다.

　기생은 조선시대 최하층에 속한 천민이었다. 계급적 한계가 뚜렷했는지라 수동적으로 자기 삶을 세상에 맡긴 채 살아갈 수밖에 없는 처지였던 셈이다. 그러했기에 저마다 마음속에 가슴 아픈 사연 하나쯤은 품고 있었으리라. 그 사연들은 우리의 공감을 자아내며 아픔으로 다가오곤 한다.

　전라도 관찰사 허주(許周)가 나주판관 최직지(崔直之)를 파면시켰다. 만경현령 윤강(尹江)이 무슨 일로 나주에 이르렀다. 윤강은 관기(官妓) 명화

(名花)가 수청을 들지 않는다고 화를 냈는데, 당시 판관이었던 최직지가 명화를 매로 다스려 3일 만에 죽게 했기 때문이다.[1]

나주 기생 명화는 수청을 거부하다가 매를 맞고 죽었다. 왜 그녀는 수청을 거부했을까? 분명 피치 못할 사정이 있었을 터. 하지만 판관에게 명화의 사정은 별 의미가 없다. 그저 고을을 찾아온 현령의 심기를 건드려서 판관의 체면을 구겼다는 게 중요할 뿐이다. 수청을 거부한 죄로 매를 맞은 명화는 춘향이처럼 「십장가(十杖歌)」를 부르진 못했겠지만 저항하는 말 한마디는 했을 법한데, 실록에는 그 목소리가 철저하게 지워져 있다. 그렇게 명화는 죽었다.

〔청평군(淸平君) 곽연성(郭連城)에게는—필자〕 두 명의 첩이 있었다. 그가 죽을 즈음에 두 첩을 앞에 불러다가 재산을 나누어주었다. 작은 첩은 관기였는데, 곽연성은 그녀의 손을 붙잡고 말했다. "내가 죽은 뒤에 너는 반드시 남에게 시집가겠지." 그러고는 베개 곁에 감추어두었던 칼을 꺼내 그녀의 눈을 찌르려고 했다. 그 순간 작은 첩은 얼른 피하긴 했지만, 칼로 이마가 베이는 상처를 입었다.[2]

또 다른 실록에 실린 내용이다. 자신이 죽는다고 첩으로 들어앉힌 기생의 눈을 찌르려 한 곽연성. 실록은 눈앞으로 다가오는 칼을 피하려다가 이마를 베인 기생이 느꼈을 공포는 안중에도 없다. 곽연성의 기이한 행동만 있을 뿐, '인간' 기생은 없다. 기생은 장식품이자 수단적인 존재였을 뿐이다.

이 사연과 비슷하지만 더 비참한 사건도 있었다. 『동문선(東文選)』에는 정습명(鄭襲明)이 쓴 「기생에게 주며[贈妓]」라는 시가 실려 있다. 정명습은 얼굴에 화상을 입은 추한 기생에게 이 시를 써주면서 시를 짓게 된 동기도 함께 밝혀두었다.

어느 지방의 수령이 체직되어 가면서 사랑하던 기생에게 "내가 간 뒤에는 또 다른 남자의 사랑을 받을 것이다"라고 하며 촛불로 그녀의 얼굴을 지져서 흉하게 만들었으므로 내가 그것을 두고 시를 짓는다.[3]

임기가 찬 어느 수령이 자기가 있던 고을을 떠나게 되었다. 그런데 자기가 떠난 후 사랑했던 기생이 다른 남자를 다시 사랑할 것이 퍽이나 싫었나 보다. 기생이란 본디 그러한 존재건만, 그는 그것이 두려워 기생의 얼굴을 촛불로 지져버렸다. 살이 타는 고통을 참아야만 했던 기생, 한평생 화상으로 일그러진 흉한 몰골을 보며 과거의 아름다움을 떠올렸을 그녀는 얼마나 가슴 아팠을까? 그 기생은 이름조차 남기지 못한 채 그렇게 사라져갔다.

실제로 양반들에게 기생은 상점의 요강[店中溺缸]과 같은 존재였다. 아무나 들러 볼일을 보는 공중화장실처럼, 기생은 누구나 성욕을 배설하는 도구일 뿐이었다. 큰 도시에서 하수구를 만들어 오물을 내보냈던 것처럼, 기생은 남아도는 성욕을 해결해주는 그런 존재였다.

그렇다면 기생들은 스스로를 어떻게 생각했을까? 그들 대부분은 상점의 요강과 같은 삶을 운명으로 받아들이며 살아갔다. 중세의 모순을 인식조차 못한 채, 대다수는 이 세상에 아무런 흔적도 남기지 못하고 역사의 뒤편으로 사라졌다. 그저 그것이 자신의 팔자려니 생각했으리라.

이들과 달리, 매창(梅窓, 1573~1610)은 유독 제 삶을 드러내며 그 이름을 지금까지 전하고 있다. 일찍이 홍만종(洪萬宗, 1643~1725)이 『소화시평(小華詩評)』에서 "근래에 송도의 황진이(眞娘)와 부안의 계생(桂生)은 그 사조(詞藻)가 문사들과 비교하여 서로 견줄 만하니 참으로 기이하다"고 한 이래,⁴ 매창은 지금까지 황진이와 더불어 우리나라 기생 문학의 쌍벽을 이룬다고 평가받는다. 실제로 황진이와 매창은 한국문학사뿐만 아니라 다양한 문화 공간에서도 적극적인 의미를 부여받았다. 이들을 소재로 한 논문이나 저서는 말할 것도 없고, 소설·드라마·영화·가요로 재탄생된 것도 적지 않다.

일찍 죽은 아이들이 호적에 이름도 올리지 못한 채 사라졌던 것처럼, 조선시대를 살다간 수많은 기생들은 우리의 기억에서 자취를 감췄다. 그들의 억울하고 구슬픈 목소리는 고사하고, 대부분 이름조차 남기지 못했다. 하지만 살아생전부터 그 이름이 회자되었던 매창은 후대에도 오랫동안 사람들의 각별한 관심을 받았다. 문사 유희경(劉希慶, 1545~1636)과 사랑을 나눴으며 당대의 걸물 허균(許筠, 1569~1618)과 교우한 것으로도 유명한 매창. 사후에는 나무꾼과 농사꾼이 그녀의 무덤을 돌보았고 이례적으로 아전들이 돈을 모아 시집을 내주기도 했다. 지금은 교과서에서도 그녀의 시를 만날 수 있다. 대체 어떤 매력이 매창의 이름을 지금껏 전해지게 만든 걸까?

교과서에도 수록되어 있는 '이화우 흩날릴 제'로 시작하는 매창의 시조는 임과 이별하는 안타까운 마음을 표현하고 있다. 여기서 이별의 대상은 바로 매창의 연인으로 널리 알려진 유희경이다. 매창은 여러 사람을 상대할 수밖에 없는 기생이었지만 한평생 지고지순하게 유희경만을 사랑했다는 이야기가 전해온다. 이야말로 지금 사람들이 매창 하면 떠올리는 대표적인 에피소드이리라.

그런데 이 사랑이 진실했을진 모르지만 매창이 유희경만을 사랑한 것은 아니다. 실증적인 자료들을 추적해보면, 매창은 유희경 외에도 여러 사람과 사랑을 나누었다. 게다가 한 사람을 사랑하는 일은 숭고할 순 있겠지만 드문 일은 아닐지도 모른다. 한 사람을 위해 수절하며 살았고, 심지어는 자기 목숨까지 내던지며 절개를 지켰던 조선시대의 여인들, 자의든 타의든 간에 그들은 모두 한 사람만을 사랑한 이들이 아닌가.

물론 기생이라는 특수한 신분을 고려해야 할 것이다. 하지만 기생 가운데도 절개를 지킨 이가 적지 않다. 굳이 무운(巫雲)이나 매화(梅花) 같은 조선의 기생을 거론할 것도 없다. 근래에도 시인 백석(白石, 1912~1995)을 한평생 기다렸던 자야(子夜, 1915~1999) 이야기가 남아 있지 않은가. 그렇다면 우리는 유희경에 대한 매창의 사랑에서 눈을 돌려, 매창의 다른 면모를 살펴봐야 하지 않을까?

매창이 사후 공동묘지에 안치되자, 사람들이 그 주변을 '매창뜸'이라고 불렀다는 이야기. 매창뜸을 지나다니는 나무꾼들이 틈나는 대로 매창의 무덤을 돌보았다는 이야기. 부안을 비롯해 그 근방에 공연하러 온 사당패들은 반드시 매창의 무덤을 찾아가 제를 지낸 다음에야 비로소 공연을 시작했다는 이야기. 이 모든 이야기들은 하층민과 매창의 관계를 짐작하게 한다. 또 부안의 토착 세력인 아전들이 매창의 문집을 간행한 사실은 토착민과 매창의 관계를 그려보게 한다. 권필(權鞸, 1569~1612)과 같은 대시인, 허균과 같은 대문호가 매창과 글을 주고받은 일은 권력층과 매창의 관계를 보여준다. 이처럼 매창은 권력층부터 하층민까지 폭넓은 이들이 떠올리고 기억했던 존재다.

오늘날도 마찬가지다. 부안군에서는 매창공원을 조성했고, 유림들까지 나서서 매창의 제사를 돕는다. 심지어 최근에는 사실과 무관하지만 자신의 재물로 가난한 이들을 구호하여 노블레스 오블리주를 실천한 인물로 매창이 거론되는 것을 보면, 더더욱 생각의 갈피는 복잡해진다. 이러한 일련의 사안들은 유희경을 사랑한 매창을 넘어서서 더욱 폭넓은 이들과 교우하며 사랑받았던 그녀의 가치를 새롭게 들여다봐야 하는 증거가 아닐까?

여기에 덧붙여 다시 떠오르는 생각 하나. 만약 매창이 자신을 기리는 지금의 현상을 보면 무슨 말을 할까? 사후 400여 년 동안 줄기차게 세상에 호출당하는 게 좋을까? 매창도 다른 기생들처럼 조용히 그 존재가 지워지기를 바라지는 않았을까? 기생 신분을 운명으로 받아들였다 해도, 후대 사람들이 거리낌 없이 '기생 매창'을 부르는 것이 그리 유쾌하진 않을 것이다. 어쩌면 매창은 자신의 죽음과 함께 '기생'이란 꼬리표도 같이 묻히기를 바랐을지 모른다. 더 나아가 자신의 연애사가 낱낱이 들춰지는 것은 더더욱 싫었을 터. 과거를 들춰내는 행위가 당사자에게는 즐거울 리 없지 않은가. 한평생을 따라다닌 기생이라는 꼬리표가 죽음으로써 지워지면 좋으련만, 그렇게 삶의 흔적도 모두 사라지면 좋으련만……

윤행임(尹行恁, 1762~1801)이 엮은 『방시한집(方是閒輯)』이란 시화집(詩話集)에는 평양 기생 향애(香靄)의 일화가 수록되어 있다. 그녀는 이런 시를 남겼다.

손으로 대동강 위의 물을 도려낼 수 있는 것처럼

기생이란 이름도 이 세상에서 도려내고 싶어라.

手抉大同江上水　抉湔儂世妓兒名

유유히 흐르는 저 강물을 한 움큼 떠다가 내버릴 수 있는 것처럼, 운명처럼 낙인찍힌 기생이라는 이름을 도려낼 수만 있다면……. 한 움큼 떠다 버려도 대동강 물은 아무런 흔적 없이 유유히 흘러가리라. 기생 향애는 그렇게 자신을 지우고 싶어했다. 그러나 이 시로 인해 향애라는 이름은 그녀의 아픈 목소리와 함께 영원히 남게 되었다. 참으로 역설적이다. 그렇다면 매창 역시 향애와 마찬가지로 기생이란 꼬리표를 훌쩍 떼어내고 싶지 않았을까?

이런 무거움에 나는 퍽 오랫동안 글쓰기를 망설였다. 매창의 자취를 찾는 작업이 그녀를 더욱 아프게 하지 않을까 하는 두려움도 들었다. 그럼에도 나는 그 마음을 뒤로하고 그녀가 남긴 족적을 찾아 떠나려 한다. 매창이 살았던 사회로 들어가 그녀의 삶을 오롯이 들여다보고 그 당시 사람들의 숨결을 느끼며 그들의 기쁨과 아픔을 함께하는 것도 의미 있으리라 스스로를 달래면서…….

사람 사는 세상이 뭐 그리 다르랴? 이제부터 400여 년 전 매창의 눈으로 본 세상을 조망하며 그녀의 자취를 따라가 볼 것이다. 유희경과 지고지순한 사랑을 나누었던 매창을 넘어서서, 당대의 다양한 사람들과 교우하며 살았던 또 다른 매창의 삶을 펼쳐보일 것이다. 그렇게 본 세상이 지금 우리의 세상을 반추해보는 계기가 될지도 모르겠다. 통념의 각인을 넘어서, 그렇게 매창을 찾아 나선다.

차례

일러두기

1. 인명, 지명을 포함한 외래어는 국립국어원의 『외래어 표기 용례집』을 따랐다.

2. 단행본·잡지·학위논문·신문 등에는 겹낫표(『 』)를, 소논문·노래·시·소설 제목·지도 등에는 홑낫표(「 」)를 사용했다.

3. 직접 인용 중 현재와 맞춤법 및 어법이 다른 경우, 가독성이 떨어지는 부분에 한해 현대어로 수정했다.

매창,
기생이 되다

아전 아비와
관비 어미의 슬하에서

계생(桂生)의 자(字)는 천향(天香)이다. 스스로 매창이라고 했다. 부안현의 아전(縣吏) 이탕종(李湯從)의 딸이다. 만력(萬曆) 계유년(癸酉年, 1573)에 나서 경술년(庚戌年, 1610)에 죽었으니, 사망 당시 나이가 서른여덟이었다. 평생토록 노래를 잘했다. 지은 시 수백 편이 그 당시 사람들의 입에 오르내렸지만, 지금은 거의 흩어져 사라졌다. 숭정(崇禎) 후 무신년(戊申年, 1668) 10월에 아전들이 읊으면서 전하던 여러 형태의 시 58수를 구해 개암사(開巖寺)에서 목판본(鏤梓)으로 간행했다. 개암사의 중(이하 낙장)[1]

현재 하버드대학에 갈아 있는 『매창집(梅窓集)』 발문이다. 매창의 출생과 관련된 유일한 기록이기도 하다. 『매창집』 뒷부분이 훼손되어 나머지 내용은 알 수 없지만 이 정도라도 남아 있는 게 어딘가. 이 기록조차 없었다면 매창의 출생 역시 황진이의 출생처럼 전설로만 남았을지 모른다. 이 기록이 있기에 매창의 일생을 엿볼 근거도 생긴다. 사실에 바탕을 두고 이야기를 풀어낼 단서가 마련된 것이다.

『매창집』 발문에 의하면, 매창은 1573년 부안에서 태어났다. 그녀의 아버지는 부안현의 아전 이탕종이다. 이탕종의 구체적인 행적은 알 수가 없다. 부안에 살았던 토착민이어서 부안 이씨라고 추측하는 연구자도 있지만, 이는 잘못이다. 부안 이씨는 부안에 토착했던 사족(士族)임에 틀림없지만, 부안 이씨의 시조인 이지발(李之發)은 이미 1471년에 평안북도 용천으로 이주했고, 이후 후손들도 그곳에서 대대로 살았기 때문이다. 부안 이씨는 평안북도 용천과 희천에 집성촌을 이루어 살았고, 부안으로 다시 내려온 적이 없다. 오히려 이탕종은 부안 이씨가 떠난 이후에 외부에서 부안으로 이주한 전주 이씨이거나 고부 이씨일 개연성이 높다. 그러나 두 집안 족보에서도 이탕종의 이름이 보이지 않아 단언하기는 어렵다.

부안에는 60여 명의 향리(鄕吏)가 있었다. 이탕종 역시 그들 중 한 사람이었을 것이다. 아전이라면 육방(六房), 서원(書員), 형리(刑吏), 사령(使令), 통인(通引) 등 실로 다양한 직종에 종사하는 이들이 포함된다. 이탕종은 이들 중 주로 나이가 어린 이들이 잔심부름을 맡아 하던 통인을 제외한 직종에 소속되었을 것이다. 아마도 그는 육방의 우두머리인 호장(戶長)이 아니었을까 추측해본다. 조선시대 호장은 지방 관아에서 관비(官婢)를 관리하며, 그들을 첩으로 삼아 거기서 얻은 자식을 관노비로 충당하는 경우가 많았기 때문이다. 예외적인 경우가 아니라면 이탕종 역시 호장이었을 개연성이 높다.

매창의 어머니는 부안현에 소속된 관비였을 터다. 관비는 크게 관아에서 허드렛일을 하는 수급비(水汲婢)와 각종 모임에 동원되어 흥을 돋우는 관기(官妓)로 양분된다. 수급비든 관기든 간에 그들이 낳은 딸은 자연히 관비가 된다. 매창의 어머니를 관비로 추정하는 근거는 충분하다. 예컨대 매창이 허균과 처음 만났을 때의 상황만 봐도 알 수 있다. 오랫동안 허균과 이야기를 나눈 매창은 그날 밤 허균의 침소에 자신의 조카(姪)를 들여보낸다. 조카에게 허균의 살수청을 들게 한 것이다. 조카가 관비가 아니라면 이런 일은 불가능하다. 아무 거리낌 없이 조카를 허균의 침소에 들여보낸 것은 조카 역시 관비였기 때문에 가능한 일이었다. 매창에게 형제자매가 있었는지 여부는 알 길이 없다. 그렇지만 허균이 잠자리를 같이한 이가 매창의 조카라고 분명히 밝힌 이상, 매창에게는 형제자매가 있었다고 봐야하지 않을까. 매창이 허균에게 보낸 조카는 언니의 딸이 아니었을까 짐작해볼 뿐이다. 아무튼 매창의 어머니가 관비였기에, 그녀의 자식도 모두 관비로 살아야 했다. 매창의 형제자매와 조카 역시 태생적으로 관비로서의 부역을 감내해야 할 팔자였다.

매창의 어머니가 관비임에는 틀림없지만, 그녀가 수급비였는지 관기였는지는 분명치 않다. 아마도 관기였을 개연성이 더 높지 않을까 추정할 뿐이다. 수급비든 관기든 간에 매창의 어머니는 관비로 있다가 이탕종의 첩실로 들어가 자식들 여럿을 낳고 살았던 것 만큼은 명확하다. 중인 아버지와 관비 어머니. 이런 가정환경에서 태어난 매창은 숙명적으로 관비로서의 삶을 살아야만 했다. 허드렛일을 하는 수급비가 아니라, 기생이 되었다는 것이 그나마 위안이라면 위안이었을 터다.

기생의 삶을 들여다보기 위한
밑그림들

그렇다면 부안에는 기생이 몇 명이나 있었을까? 이를 확인하기 위해서는 우선 부안의 관비 수를 살펴봐야 한다. 이때 관(官)에서 편찬한 읍지(邑誌)는 유효한 자료가 된다. 읍지는 지방 단위로 만들어진 일종의 지리지(地理誌)로, 대개 17세기 전후에 편찬되기 시작했다. 하지만 현재 남아 있는 것은 대부분 조선 말기의 것들뿐이다. 부안의 읍지 역시 마찬가지다. 그렇다 해도 당시 지방 관아의 면모를 살피기에는 읍지처럼 좋은 자료도 없다.

우선 1887년에 간행된 『부안지(扶安志)』를 보자. 이 읍지는 부안의 석재사(釋在寺)와 왕재사(王在寺)를 소개하고 있는데, 여기에 매창의 시 「어수대에 올라(登御水臺)」도 수록되어 있다. 그런데 시를 소개하기에 앞서 시인에 대해서도 간략하게 소개한 점이 흥미롭다.[2]

관비 계생의 시다. 계생은 우리 고을(부안—필자)의 유명한 기생으로, 호는 매창이다.[3]

매창이 관비면서 부안 출신의 기생이었음을 확인할 수 있다. 그런데 이 읍지에는 당시 부안 관아에 예속된 관노가 10명(노약자 포함), 관비가 2명이라고 나와 있다. 이 용례에 비춰보면, 관비 2명에는 기생도 포함되었다고 할 수 있다. 2명의 관비. 아무리 신분제의 동요가 심했던 1887년이라고 해도 지방 관아에서 부역하는 관비가 고작

2명뿐이라는 기록은 믿기 어렵다. 매우 작은 고을에도 관비가 최소한 5명 이상씩 있었던 사실로 미뤄보건대 2명은 너무 적은 수다. 물론 18세기 이후 도망 노비가 급증하여, 충청도 서천 같은 지방에는 남녀를 합해 불과 2~3명의 노비밖에 없었던 점을 고려하면[4] 부안의 관비가 2명이라는 기록도 전혀 믿지 못할 것은 아니다.

그런데 이보다 100여 년 앞선 정조 14년(1790)에 편찬된 『호남읍지(湖南邑誌)』에는 부안현에 "관노 15명, 관비 10구(口)"가 있었다고 쓰여 있다.[5] 18세기 후반 부안 관아에 속한 관비가 10명이었음을 확인할 수 있다. 이 기록은 1887년에 간행된 읍지에 비해 신뢰할 만하다. 10명의 관비. 부안에는 대략 이 정도의 관비가 있었던 것으로 보인다. 물론 이 수도 매창이 살았던 17세기 전후와는 얼마간의 차이가 있을 수 있다. 조선 초기에 완성된 법전인 『경국대전(經國大典)』에는 부안처럼 현(縣)에 해당하는 지역에 예속될 수 있는 노비의 수를 총 100명으로 정해놓고 있다.[6] 그러나 법전과 현실 사이에는 그 편폭이 커서 실제로는 이보다 훨씬 적은 남녀 노비가 부역을 담당했다. 이런 사실로 미루어보면 매창이 살았던 시대에도 관비의 수는 10명을 크게 넘어서지 않았을 것으로 보인다. 이 양상은 부안과 규모가 비슷한 다른 고을들과 비교해봐도 알 수 있다.

조선의 행정구역은 고을 규모에 따라 '부(府)-목(牧)-군(郡)-현' 순으로 점차 작아지는데, 부안은 가장 작은 행정구역인 현에 해당한다. 관비의 수도 다른 고을에 비해 적을 수밖에 없다. 부안과 규모가 비슷한 고을에 속한 관비의 수도 약간씩 차이가 있지만 10명을 크게 상회하지는 않는다. 예컨대 1871~1872년에 편찬된 전라도 지역의 읍지에 실린 관노와 관비의 수를 보자.[7] 편의상 당시 현이었던 고을들 가운데 그 수를 정확하게 밝힌 곳만 제시한다. 또한 관비의 수를 누락하고 관노의 수만 밝힌 경우(부안현 관노 10명, 옥구현 관노 15명)나 제주도 대정현처럼 관노와 관비가 전혀 없다고 밝힌 경우는 제외했다.

강진현(康津縣) : 관노 18명, 관비 6명

고산현(高山縣) : 관노 20명, 관비 21명

곡성현(谷城縣) : 관노 15명, 관비 8명

구례현(求禮縣) : 관노 13명, 관비 3명

만경현(萬頃縣) : 관노 7명, 관비 5명

무안현(務安縣) : 관노 13명, 관비 3명

무장현(茂長縣) : 관노 26명, 관비 20명

옥과현(玉果縣) : 관노 21명, 관비 22명

용담현(龍潭縣) : 관노 32명, 관비 28명

용안현(龍安縣) : 관노 5명, 관비 6명

임실현(任實縣) : 관노 18명, 관비 6명

임피현(臨陂縣) : 관노 13명, 관비 9명

장수현(長水縣) : 관노 8명, 관비 6명

정읍현(井邑縣) : 관노 14명, 관비 19명

진안현(鎭安縣) : 관노 11명, 관비 9명

창평현(昌平縣) : 관노 21명, 관비 15명

태인현(泰仁縣) : 관노 30명, 관비 27명

함평현(咸平縣) : 관노 29명, 관비 22명

해남현(海南縣): 관노 20명, 관비 25명

화순현(和順縣): 관노 20명, 관비 7명

흥덕현(興德縣): 관노 10명, 관비 4명

흥양현(興陽縣): 관노 16명, 관비 23명

현의 규모와 군사적 특성에 따라 관노 및 관비의 수에 차이가 있지만, 전라도 지방의 각 현에는 관노가 5~32명, 관비가 3~28명 정도 있었음을 확인할 수 있다. 평균적으로 현마다 관노는 17.2명, 관비는 13.3명이 있었음을 알 수 있다. 이는 부안현의 관노가 15명, 관비가 10명이라는 『호남읍지』의 기록과도 큰 차이가 없다. 즉 『호남읍지』의 기록은 믿을 만하다.

그럼 10명의 관비 중에 기생은 몇 명이었을까? 이 또한 다른 지방의 사례를 통해 유추할 수밖에 없다. 위의 자료 가운데 옥과현을 다시 주목해보자. 옥과현에는 관노가 21명, 관비가 22명 있었다. 옥과현의 읍지는 이후 24년이 지난 1895년에 새로 편찬되었는데, 여기 기록된 관노와 관비의 수는 『호남읍지』와 다르지 않다. 그런데 흥미로운 것은 1895년에 편찬된 읍지는 관비의 수 외에 별도로 기생의 숫자를 4명으로 밝혔다는 점이다. 즉 22명의 관비 가운데 4명이 기생이라는 의미다. 옥과현 관비 중 18퍼센트 정도가 기생으로 부역한 셈이다. 물론 이 수치는 각 고을의 특성에 맞게 조정된 것이겠지만, 특별한 사정이 없는 한, 그 비율에는 큰 차이가 없었을 법하다. 이로써 미루어보건대 부안현의 경우 10명의 관비 중 적으면 2명, 많으면 4명 정도가 기생이라고 추정할 수 있다.

관기로서
매창의 삶을 재구하다

1573년에 태어난 매창. 그녀의 운명도 어머니와 다를 바 없었다. 조선시대 여성 가운데 유일하게 부역이 주어졌던 기생. 그 운명은 피하려 한다고 해서 피할 수 있는 게 아니었다. 기생은 선택이 아닌 숙명이었다. 매창도 자신의 숙명을 거부할 수 있다면 거부하리라고 몇 번이고 되뇌었으리라. 그러나 결국은 모든 것을 내려놓고 운명을 그대로 받아들여야만 했다. 제도란 그런 것이다. 힘의 논리가 지배하는 중세 사회에서 개인의 가치는 집단의 가치를 넘어서지 못했다. 제도화된 국가 권력이란 그런 것이다.

매창이 당대 최고의 기생으로 명성이 높았다는 점을 고려하면, 그녀는 어렸을 때부터 발군의 자질을 드러냈을 터다. 그렇지만 현재는 그 사실을 확인해줄 어떤 자료도 찾을 수 없다. 지금 우리가 살고 있는 이 세상도 그렇지만, 하층민의 일상에 주목하는 경우는 극히 드물지 않은가. 분명 그들도 우리 사회를 지탱하는 한 축이지만, 그들의 삶 하나하나에 세심한 눈길을 주기란 쉬운 일이 아니다. 당시도 마찬가지였다. 매창이 어린 시절에 뛰어난 재주를 드러냈다 해도 그것에 주목하여 기록한 사람은 없었다. 제법 뛰어난 재주를 보였다 해도, 그녀는 한낱 기생일 뿐이었다. 무엇하러 기생의 재주까지 기록한단 말인가. 매창의 삶은 그저 여러 사람들의 기억 속을 잠깐 스쳐 지나갔을 뿐이다.

동기(童妓)가 되기까지, 그리고 동기로 지내던 시절의 매창. 그 모습을 상상하고 공상까지 해보지만, 결코 그 실체를 만날 수 없다. 그럼에도 그녀의 어린 시절 삶의 편린을 기술하려는 것은 역설적이게도 그녀가 기생의 삶을 살았다는 분명한 사실 때문이다. 조선시대의 기생 제도는 정형화되어 있었다. 기생들도 정형화된 제도에 맞춰 자신의 역할을 묵묵히 수행했다. 매창도 그와 다를 바 없었다. 제 아무리 재주가 뛰어난 기생이라 해도 규범화된 제도에서 감히 벗어나지는 못했다. 이런 까닭에 매창의 어린 시절을 유추할 여지도 생긴다. 즉 기생 제도의 일반적인 틀에 매창의 어린 시절을 맞춰볼 수 있는 것이다. 매창이 속한 제도 안에서 같이 호흡했던 사람들의 공통된 성서를 이해하는 것, 그것이 매창의 삶을 이해하는 접경이다. 이를 위해 우선 조선시대의 기생 제도 및 그 역할을 간략하게 엿보기로 하자.

조선시대에는 크게 두 유형의 기생이 있었다. 바로 경기(京妓)와 관기(官妓)다. 경기는 말 그대로 서울의 장악원(掌樂院)에 소속된 기생으로, 국가의 주요 연회에 참석하여 흥을 돋우는 역할을 맡았다. 반면 관기는 지방 관아에 예속된 관기와 북방 군영(軍營)에 소속된 영기(營妓)로 양분하는 것이 일반적이다. 이 중 영기는 북방 군영의 군사를 위로하기 위한 기생으로, 세탁 등과 같은 허드렛일부터 성적 봉사까지, 주로 현지 군사의 첩 노릇을 했다. 한편 지방 관아에 예속된 관기는 서울에 큰 연회가 있을 때 파견되거나, 그 지방에 찾아온 외국 사신이나 중앙 관리를 접대하는 역할을 주로 했다. 영기는 관기에 포함되지만, 둘은 성격이 조금 달랐다. 영기가 관기에 비해 성을 포함한 육체 노동을 좀더 부담했다고 하면 될 것이다.

관기의 가장 중요한 임무는 서울에서 벌어지는 대규모 연회에 쓰일 기생이 부족할 경우, 이를 보충하는 것이었다. 즉 관기에게는 중앙의 연회에 필요한 예비 예술인으로서의 역할이 가장 중요했다. 이렇게 선발되어 서울에 잠시 머물던 기생을 선상기(選上妓)라고 부른다. 나중에 다시 언급하겠지만, 매창이 서울에 머문 이유를 선상기로 발탁되어서라고 보는 주장도 있는데, 이는 관기로서 매창의 역할에 주목한 것이다.

그러나 관기에게 일반적으로 요구된 역할은 이런 고상한 것과는 거리가 있었다. 관기들은 자신의 고을이나 그 주변 고을에서 벌어지는 잔치에 동원되어 흥을 돋우거나, 고을을 방문한 사신이나 벼슬아치들을 위한 성적 봉사자 역할을 주로 수행했다. 지방으로 출장 나온 관원들은 기생을 제공하지 않으면 심술을 부리며 강짜를 놓는 경우도 있었다. 이런 상황에서 해당 고을 수령은 관기에게 비밀리에 임무를 맡기기도 했다. 즉 관기는 밀실에서 수령과 외부 관원 사이의 전언을 중개하는 역할을 담당했던 셈이다. 그러니 조선시대 필기(筆記) 작품에 빈번하게 등장하는 재치 있는 기생이 출장 나온 관원을 속여 한 지방의 세금을 줄였다는 이야기도 전혀 허황된 것이 아니었다. 또한 이를 소설화한 작품들, 예컨대 「정향전(丁香傳)」과 「지봉전(芝峯傳)」을 비롯하여 「종옥전(鍾玉傳)」과 「오유란전(烏有蘭傳)」 등과 같은 고전소설이 하나의 유형으로 정형화되어 조선 후기에 널리 읽혔던 사실도 기생과 관원 사이에 은밀한 관계가 얼마나 일상적이었던지를 짐작하게 한다.

기생의 숙소는 대체로 그 고을을 찾은 관리들이 묵는 숙소에서 멀리 떨어지지 않았다. 고을을 찾은 관리들은 주로 객사(客舍)에 머물렀다. 객사는 국왕을 상징하는 전패(殿牌)를 봉안한 의례적인 장소이기도 했지만, 다른 한편에서 보면 유숙과 접대가 이뤄지는 실용적인 장소이기도 했다. 그렇기 때문에 손님을 접대해야 하는 기생은 객사와 너무 멀지 않은 곳에 머물러야 했다. 실제 「김해부내지도」를 봐도 교방(敎坊)은 객사와 그리 멀리 떨어져 있지 않다. 전주 역시 그러했다. 부안 역시 김해나 전주와 크게 다르지 않았을 것으로 추정해본다.

객사는 주로 그 지역의 이름을 따서 부르는 경우가 일반적이라서, 부안의 객사도 부풍관(扶風館)으로 명명되었다. 부풍은 부안의 옛 이름이다. 상식적으로 보면 부풍관 근처에 기생이 머물던 공간이 마련되어 있었을 터다. 하지만 현재까지 확인한 어떤 고지도에도 그런 흔적은 보이지 않는다. 읍지에는 관아의 부속 건물을 기록해두었지만, 거기에도 기생이 머물렀음 직한 건물은 보이지 않는다. 어쩌면 부안 지방에는 기생이 머무는 건물이 따로 마련되지 않았을 수도 있다. 그러나 대부분의 읍지가 기생이 머물던 건물을 기록하지 않았다는 점을 고려해보면, 부안 읍지에서도 일부러 기생의 공간을 삭제한 것이 아닌가 한다. 실제 전주부에는 정문인 포덕루(布德樓) 밖의 비각(碑閣) 근처에 교방이 있었지만, 지도에는 그 공간을 그리지 않은 것도 그와 맥락을 같이 한다.

반면 일부 지방의 읍지에는 기생이 머물렀던 교방의 위치를 밝히는 대신, 그 이름만 적어둔 경우도 있다. 예컨대 제주도 제주목의 경우에는 '봄을 숨겨둔 곳'이라는 의미의 장춘원(藏春院), 함경도 함흥

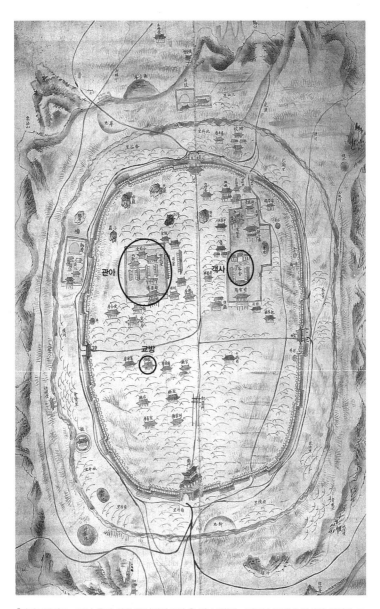

「김해부내지도」, 조선 후기 김해 중심지의 모습을 잘 보여주는 지도로 교방과 객사의 위치가 그리 멀지 않음을 알 수 있다. 부안 역시 크게 다르지 않았을 것이다.

부의 경우에는 '온갖 꽃이 있는 곳'이라는 의미의 백화원(百花院), 함경도 갑산부의 경우에는 '말하는 꽃이 있는 곳'이라는 의미의 어화원(語花院) 등이 기록에 남아 있다. 객사가 그 지역의 이름을 전면에 내세운 것과 달리, 교방은 온갖 수식을 더한 이름을 내걸었다. 물론 예시한 지방은 비교적 규모가 컸으니, 교방은 큰 고을에만 있었다고 볼 수도 있다. 부안처럼 작은 마을에는 이렇게까지 호화로운 이름을 붙인 교방이 있을 리 만무하지만, 그래도 객사 근처 어딘가에 작고 아담하지만 아름다운 이름을 가진 교방 하나 정도는 있지 않았을까?

설령 관아 내부에 교방이 없었다 해도, 기생이 머물던 곳은 관아에서 그리 멀지 않은 데 있었을 것이다. 실제로 『신증동국여지승람(新增東國輿地勝覽)』의 경상도 「영해도호부(寧海都護府)」 편에는 영해도호부에서 3리 정도 떨어진 곳에 함한동(含恨洞)이 있다고 소개했다. 그리고 관기들은 그 마을에 있는 연지계(燕脂溪) 근처에 모여 산다고 했다. 3리면 1킬로미터 남짓이니, 기생이 살던 곳은 관아에서 도보로 20분 이내의 거리였음을 짐작해볼 수 있겠다. 한(恨)을 머금은 동네라는 의미의 함한동과 붉은 빛깔의 화장품이라 할 만한 연지 시냇가, 둘이 묘한 대조를 이룬다. 슬픔과 아름다움은 결코 다른 이름이 아닌 탓이리라. 매창이 머물렀던 공간도 그러했으리라. 슬픔과 아름다움이 공존하는 공간, 상상으로만 그 공간을 그려본다.

예비 예술인으로서의
훈련 과정

매창은 부안보다 큰 고을인 전주부에 속한 교방에서 본격적인 기생 수업을 받았을 개연성이 높다. 부안에도 기생이 머무는 공간이 있었고, 거기에서 어머니를 비롯한 선배 기생들에게 기초적인 기예와 법도를 익혔을 터다. 하지만 기생으로서 갖추어야 할 전문적인 기예와 예절은 전주 교방에서 교습을 받았을 것이다. 그래야만 중앙 연회에서 공통적으로 요구하는 예비 예술인으로서의 자격을 갖출 수 있었기 때문이다.

서울에서는 몹시 추운 날과 무더운 날을 피해 2~4월과 8~10월, 총 6개월 동안 관습도감(慣習都監)에서 기생에게 악기, 노래, 춤 등을 교습했다.[8] 반면 지방에서는 주로 부내에 있는 교방에서 그와 유사한 교습이 이루어졌을 것으로 보인다. 교습 기간이 얼마였는지는 분명치 않다. 서울에서는 6개월간 교습이 이루어졌다 해도, 매일 출석하는 방식이 아니라 4일에 한 번꼴로 가서 교습을 받는 방식이었다.[9] 따라서 관습도감의 실제 수업 일수는 2개월이 채 되지 않았다. 매창이 전주에서 받은 수업도 그 정도였을 것이다. 다만 서울에서처럼 4일에 한 번꼴로 정기적으로 나가는 대신, 한 달 혹은 두 달간 몰아치기 식으로 교습이 이루어지지 않았을까 한다.

1881년 전주부 읍지를 보면 당시 전주부에 예속된 기생의 수는 총 34명이었다. 이 숫자는 1837년 즈음에 불탄 교방을 새로 중수한 때의 상황이니,[10] 아마도 매창이 살았던 당시의 기생 수는 이보다 더 많았을 것으로 보인다. 그래도 그 수가 34명을 크게 상회하지는 않았을 것이다. 아무튼 그 수에다 다른 현에서 교습을 위해 한두 명씩 모여든 기생들까지 합하면 당시 전주 교방은 꽤나 왁자지껄했겠다. 매창도 그들과 어울리면서 다양한 악기, 노래, 춤 등을 배웠을 터다. 당시 전주부 교방에서 구체적으로 무엇을 가르쳤는지는 명확하지 않다. 그러나 서울의 연회에 필요한 기생이 부족할 때에는 지방의 관기를 서울로 불러들여 보충했다는 점을 고려하면, 지방의 교방에서 교습한 내용도 관습도감에서 행한 것과 별반 다르지 않았을 것이다. 언제든지 실전에 투입할 수 있도록 지방의 교방에서도 관습도감의 커리큘럼을 그대로 따라야 했기 때문이다.

당시 관습도감에서 가르친 전공 필수 과목은 가곡(歌曲)과 당비파(唐琵琶)였다. 그리고 기본적으로 배워야 하는 악기는 거문고〔玄琴〕, 가야금(伽倻琴), 향비파(鄕琵琶), 장고(杖鼓), 아쟁(牙箏), 해금(奚琴), 피리〔觱篥〕, 대금(大琴), 소금(少琴) 등이었다.[11] 당악정재(唐樂呈才)에 필요한 악기를 우선적으로 배웠고, 이어서 향악정재(鄕樂呈才)에 요구되는 악기를 순차적으로 익혔다. 당악정재는 말 그대로 중국에서 들여온 궁중무용이고, 향악정재는 신라 때부터 내려오는 고유한 궁중무용이다. 정재(呈才)는 궁중무용의 다른 이름으로 이해하면 될 것이다. 조선 후기로 가면 당악과 향악이 혼용되기도 했지만, 아무래도 국가 행사에는 한문 가사를 쓰는 당악을 좀더 높이 평가한 까닭에 기생들에게도 당악을 우선적으로 익히도록 했던 것이다.

『세종실록』에는 관습도감에서 가르친 춤이 소개되어 있지 않다. 그렇지만 기생들이 당악정재와 향악정재에 필요한 악기를 익혔던 것처럼, 춤 역시 당악정재와 향악정재를 배웠을 터다. 당악정재는 두 사람이 죽간자(竹竿子)라는 의례용 장대를 들고 나오면서 시작하는 반면, 향악정재는 죽간자를 들고 인도하는 사람 없이 기생이 직접 등장한다는 형식적인 차이가 있다. 어찌 되었든지 간에 기생이 익히는 춤 역시 당악정재와 향악정재가 중심이 되었을 것이다. 조선 초기에 편찬된 『악학궤범(樂學軌範)』에는 14종의 당악정재와 11종의 향악정재가 소개되어 있다. 매창 역시 이들을 중심으로 춤을 익혔을 것으로 보인다. 당시 매창이 익혔음 직한 춤을 소개하면 아래와 같다.

당악정재

- 『고려사』 「악지」에 소개된 것: 헌선도(獻仙桃), 수연장(壽宴長), 오양선(五羊仙), 포구락(抛毬樂), 연화대(蓮花臺), 곡파(曲破)
- 조선 왕조의 위업을 노래한 것: 몽금척(夢金尺), 수보록(受寶籙), 근천정(覲天庭), 수명명(受明命), 하황은(荷皇恩), 하성명(賀聖明), 성택(聖澤)
- 송나라 「대곡(大曲)」에서 나온 것: 육화대(六花隊)

향악정재

- 『고려사』 「악지」에 소개된 것: 무애(無㝵), 무고정재(舞鼓呈才), 동동(動動)
- 편찬 당시에 쓰이던 정재: 향발(響鈸), 학무(鶴舞), 학연화대처용무합설(鶴蓮花臺處容舞合設), 교방가요(敎坊歌謠), 문덕곡(文德曲), 보태평(保太平), 정대업(定大業), 봉래의(鳳來儀)

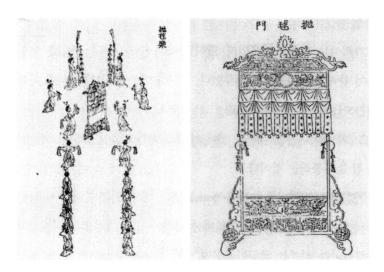

포구락(抛毬樂)은 편을 나누어 공을 던져 구멍에 넣으며 춤을 즐기는 일종의 놀이춤이다. 기생과 무동이 편을 갈라 노래하고 춤을 추며 차례로 공을 던지는데, 구멍에 넣으면 상으로 꽃을 주고, 넣지 못하면 얼굴에 먹점을 찍었다. 왼쪽 그림은 포구락 정재고 오른쪽 그림은 포구문이다.

　이들 가운데서도 역시 당악정재를 먼저 배우고, 향악정재는 점차 익혀 나갔을 것으로 보인다. 다만 한 가지 지적해둘 것은 일부의 주장과는 달리 검무(劍舞)는 매창이 살던 시기에는 존재하지 않았다는 점이다. 이는 김창업(金昌業, 1658~1721)이 1712년 11월 3일부터 이듬해 3월 30일까지 5개월 동안의 여정을 기록한 『노가재연행일기(老稼齋燕行日記)』에 나오는 검무에 대한 기록을 통해서도 알 수 있다. "검무는 우리가 어렸을 때는 보지 못하던 것으로 수십 년 동안 점차 성하기 시작하여 지금은 8도에 두루 퍼졌다. 기생이 있는 고을은 모두 검무의 복색(服色)을 갖추어놓고 풍악을 울릴 때는 반드시 먼저 기생을 바쳤다."[12] 이런 점을 고려할 때, 검무는 매창 이후에 유행한 춤임을 알 수 있다.

관습도감에서는 틈틈이 시험을 보아 악기에 능통하지 못하면 벌을 내리고, 도저히 기량이 나아지지 않는 기생들은 다시 본래의 역으로 내쳤다. 지방의 교방은 관습도감보다 덜 강압적이었겠지만, 그래도 악기와 춤과 노래에 어눌하면 기생으로 눌러앉지는 못했을 터다. 이런 도정에서 매창은 발군의 실력을 드러냈을 것이다. 그리고 그 명성은 전주를 방문한 선비들의 입을 타고 서울에도 퍼졌을 법하다. 이후 유희경이 매창을 만났을 때 "시와 노래 솜씨가 서울에까지 들렸다"는 말은 이런 배경에서 나올 수 있었던 것이 아닐까?

아무튼 그 다양한 커리큘럼 중에도 매창은 거문고에 특별한 애정을 가졌고, 거기에 뚜렷한 재능을 보였을 것이다. 이후 매창의 운명과 함께한 거문고와의 인연도 이렇게 시작되었다.

2장

어린 기생,
매창

기생 명선을 통해 본
동기의 삶

매창은 어떤 과정을 거쳐 기생이 되었을까? 어머니가 관기였기에 매창은 태어나 말을 배우고 걸음마를 익힐 때부터 기생이 되기 위한 기초적인 개별 학습을 받았을 것으로 짐작한다. 또 대략 15세를 전후하여 기생으로서의 부역, 즉 기역(妓役)을 담당했을 것으로 보인다. 이 막연하고 일반적인 정보에서 벗어나 좀더 구체적으로 기생이 되는 과정을 알 수 없는 것일까? 이런 갈증을 얼마간이라도 해소할 수는 없을까? 국립중앙도서관에 수장되어 있다가 근래에 정병설 교수가 발굴해낸 『소수록(消愁錄)』이라는 책은 이런 갈증을 얼마간 풀어준다.[1] 이 한 권의 책은 기생이 태어나서 어떻게 기역을 담당하게 되는가를 대략적으로 이해하는 데 중요한 정보를 제공해준다.

『소수록』에는 총 14편의 가사가 실려 있는데, 우리는 그 가운데 황해도 해주 감영에서 기역을 졌던 명선이 지은 가사(「춘희영 명긔 명선이라」)에 주목해야 한다. 이 가사는 19세기에 활동했던 명선이라는 기생이 자기 삶의 역정을 직접 진술한 것이다. 기생으로서 지난 삶을 드러내면서 어린 시절도 살짝 밝히고 있다. 그 몇 줄이 기생의 어린 시절을 재현하는 데 중요한 정보가 된다. 이 때문에 명선의 가사는 다른 어떤 사료보다도 중요하다.

명선은 매창보다 200여 년 뒤에 활동했던 기생이다. 매창이 살았던 시기와 시간적 간극이 퍽 넓다. 따라서 19세기 기생 명선의 삶을 17세기 기생 매창의 삶에 곧바로 대입시키는 것은 무리일 수 있다. 그러나 달리 생각해보자. 200여 년이 지나는 동안 기생이 하는 일이 뭐 그리 크게 달라졌을까? 권력자들이 하층민에 대한 통치 욕구를 반영해 만든 제도가 단지 시간이 흘렀다는 이유 하나만으로 판이하게 달라지지는 않았을 터다. 흥을 돋우고 성적 봉사를 목적으로 존재했던 기생은 200여 년 전이나 후나 별반 다를 게 없었다. 기생이 하는 일은 여전했고, 그런 기생을 다루는 관리들의 욕구도 여전했다. 기생들의 삶은 크게 변하지 않았다. 명선의 목소리는 곧 매창을 비롯한 조선시대 기생들의 한결같은 목소리였던 셈이다. 따라서 명선의 목소리를 통해 매창의 어린 시절을 추적하는 일이 무의미하지만은 않다.

명선은 가사 서두에서 동양의 보편적인 세계관을 드러냈다. 천지가 개벽한 후에 사람이 생기고, 사람이 생긴 후에 남녀의 구별이 생기고, 그에 따라 남녀의 역할도 나뉘었다는 내용이다. 이어서 명선은 기생으로 태어난 자신의 팔자를 원망한다. 조선의 여자로서 다른 여인들처럼 떳떳하게 일부종사해야 하거늘, 자기는 어찌하여 기생의 몸으로 태어났는가에 대한 불만과 체념이 한데 어우러진다. 조선 시대 여성 가운데 유일하게 부역이 주어진 기생으로 태어난 운명에 대한 회한을 솔직하게 드러냈다.

명선의 진술을 읽다 보면 우리는 기생으로 태어난 명선의 운명에 대해 동정이나 연민을 느끼게 된다. 하지만 그 이상도 이하도 아니다. 타자를 바라보며 느끼는 동정과 연민, 그뿐이다. 동정과 연민이란 상대방의 아픔을 내가 겪지 않았다는 안도감을 바탕으로 하여, 나도 그 아픔을 이해할 수 있다는 입장이 투영된 감정의 결과가 아니었던가. 결코 그들의 무대에 올라 그들과 함께할 수 없다는 것을 '이미' 알고 있는 관객의 입장에서 나오는 동정과 연민이 명선을 바라보는 우리의 시선이다. 역사에 스며든 소수자를 바라보는 우리의 시선이 그렇다. 따라서 명선의 자기 고백은 명선이라는 기생 개인의 아픔으로 그칠 뿐이다. 오히려 나에게는 이 고백에 이어서, 객관적으로 기술한 자기 삶의 역정이 더 아프게 다가온다. 때로는 개인적인 감정을 직접 드러내는 것보다 삶의 과정을 객관적으로 보여주는 것이 더 진한 감동을 주기도 한다. 또한 객관적인 진술은 당시 기생의 삶을 이해하는 데 중요한 정보를 제공하기도 한다. 명선이 쓴 가사를 맥락에 맞춰 읽어보자.

호부호모(呼父呼母) 겨우 하니, 황하 원산 가르치고,
저적저적 걸음 하니, 초무(初舞) 검무(劍舞) 고이하다.

입으로 겨우 엄마, 아빠를 말할 정도가 되자 '황하', '원산'과 같은 음악을 배웠고, 위태위태하게 걸음마를 시작할 정도가 되자 초무, 검무와 같은 춤들을 배웠다는 고백이다. 기존에 널리 알려진 사실과 달리 기생으로서 갖추어야 할 가무에 대한 교육이 걸음마와 말을 배울 때부터 시작되었음을 말해주기 때문에 이 언술은 퍽 중요하다. 기생은 어느 정도 성숙한 후에 만들어지는 존재가 아니라, 태어나면서부터 곧바로 기생 수업을 받으며 길러지는 존재였던 것이다.

기생의 팔자를 타고난 여인은 말을 배우면서 노래를 접하고, 걸음마를 시작하면서 춤을 익혀야만 했다. 궁중음악이 시작될 때 춤의 시작을 알리며 간단하게 추는 초무나 칼을 가지고 추는 검무는 우리에게도 널리 알려져 있어서 새삼스레 다시 설명할 것도 없다. 그런데 '황하'와 '원산'은 음악을 가리키는 것이 분명한데, 정확히 어떤 음악인지 명확치 않다. 추측하건대 '황하'는 「황화곡(黃華曲)」을, '원산'은 「원산곡(元散曲)」을 말하는 것이 아닌가 한다.

황화는 본래 중국 조(趙)나라의 수도 한단(邯鄲)에 있는 산 이름으로, 그곳에서 부르던 평범한 노래를 「황화곡」이라 했다. 중국 당나라 시인 백락천(白樂天, 772~846)의 「회고시(懷古詩) 10수」에는 "한단에서 기생을 진상했는데, 능히 「황화곡」을 불렀네〔邯鄲進倡女 能唱黃華曲〕"라는 구절이 있다. 시골에서 올라온 기생이 노래를 불렀는데, 그 곡조가 지극히 평범했다는 의미다. 「황화곡」은 그만큼 단조롭고 쉬운 노래였다. 「황화곡」에 대한 유사한 평은 상촌(象村) 신흠(申欽, 1566~1628)이 윤근수(尹根壽, 1537~1616)에게 보낸 칠언율시에서도 볼 수 있다. "황화의 속된 곡조, 졸렬함을 숨길 수 없다〔黃華俚譜難藏拙〕"라는 대목을 통해서도 「황화곡」이 자못 밋밋하고 유치한 곡조였음을 확인할 수 있다.

그런데 이를 다른 시각에서 보면, 「황화곡」은 처음으로 곡조를 익히는 어린 기생들에게 가장 효과적인 텍스트였을 것이다. 말을 배울 즈음에 「황화곡」을 가르친 것도 이러한 이유에서 비롯된다. 단순하고 쉬운 음악이야말로 어린 기생을 가르치는 데 가장 효과적인 곡조가 아닌가. 이 점은 「원산곡」도 다를 바 없다.

본래 '산곡(散曲)'은 민간에서 나와 궁중으로 유입된 음악을 말한다. 반주를 곁들이지 않고 노래만 하는 것으로, 다분히 서정적이다. 같은 말을 반복하며 노래하는 형식이니 이 역시 어린아이가 익히기에는 적절한 텍스트였다. 더구나 산곡이 구어적인 성향을 강하게 띤다는 점도 어린아이를 교습하는 데는 유효했을 법하다. 이처럼 막 말을 배운 어린아이는 「황화곡」이나 「원산곡」처럼 단조로운 곡조의 음악을 접하면서 조금씩 기생이 될 준비를 했다.

말을 익히고 걸음마를 뗄 때부터 명선은 기생이 되기 위한 교육을 받아야 했다. 기생의 운명이란 그런 것이다. 아무것도 모르는 아이들에게 씌워진 기생이라는 굴레는 태어나면서부터 운명 지워진 불가항력이었다. 그런 도정에서 어린 기생은 그것이 자신의 운명이라고 스스로 최면을 걸어야만 했을 터다. 매창도 말과 걸음마를 배울 즈음부터 기생으로서 기초적인 춤과 노래를 익혔다는 점은 두말할 것도 없다.

기역과
기명에 관한 추적

명선으로 이름 하여 칠팔 세에 시사(時仕)하니

조달(早達)도 조달할사.

명월(明月) 같은 이 내 얼굴 선연(鮮妍)하여 명선(明鮮)인가

명만천하(名滿天下) 큰 이름이 선종신(善終身)할 명선(名善)인가.

7~8세가 되면서 명선은 비로소 기생으로서 이름을 얻는다. 명선!
그와 동시에 그녀는 처음으로 기생으로서 역을 지게 된다. 7~8세가
되어 시사를 하게 되었다는 말은 이때부터 기생의 명부인 기적(妓籍)
에 올라 관아에서 일을 시작하게 되었음을 뜻한다. 명선은 7~8세
때 기역을 맡게 된 것이 너무 빠르다고 읊조린다. 그러나 이 넋두리
는 명선의 푸념에 그칠 뿐, 어느 누구도 그 말을 진정으로 귀담아듣
지 않는다. 당대인들에게 기생의 역은 이미 제도화된 '상식'이었는
데, 그 누가 명선의 푸념을 애정 어린 마음으로 대했겠는가.

명선의 독백은 개인의 서글픈 삶의 역경을 보여주는 동시에 기생
을 이해하는 데 중요한 시사점을 던져준다. 특히 조선시대 기생이
되는 시기를 가늠하는 데 퍽 흥미로운 단서가 되어준다.

"명선으로 이름 하여 칠팔 세에 시사하니"라는 말은 "명선이라는
이름을 받은 7~8세에 기생으로서 부역을 시작하니"라는 의미다. 여
기에는 두 가지 중요한 의미가 내포되어 있다. 하나는 기생으로서
부역을 시작하던 나이가 7~8세라는 점이고, 다른 하나는 기역을 시

작할 즈음에 기생으로 살기 위한 새로운 이름을 얻는다는 점이다.

처음으로 기역을 시작한 시기가 7~8세라는 말은 15~16세부터 기역을 시작한다는 우리 학계의 일반적인 주장과 다르다. 15세를 전후하여 본격적으로 기생의 역을 담당했을 수는 있지만, 실제 기생의 역은 그보다 훨씬 이른 7~8세에 시작되었던 것이다. 가만히 생각해보면 지방 관아에서는 기생의 운명을 타고난 이들을 굳이 15세까지 그냥 놔두지 않았을 법도 하다. 관아에서는 습득이 빠른 어릴 때부터 기예를 익히게 한 후 꽃다운 나이가 되면 바로 연회에 투입하는 것이 훨씬 유익했을 터다. 명선의 가사는 기생이 양인들과 달리 조금 이른 시기부터 역을 졌음을 명확하게 밝힌 증거다. 그 때문에 양인이 보통 60세에 퇴역하는 것과 달리, 기생은 그보다 빠른 50세에 퇴역을 한 것이 아닐까 추측한다. 좀더 일찍 부역을 시작했기에 좀더 일찍 퇴역한 셈이다. 결과적으로 보면 '공물(公物)로서' 부역을 한 시기는 양인이나 기생이나 다를 바 없다.

기생이 기역을 담당한 시기가 매우 빨랐다는 사실은 근대 전환기 상황을 통해서도 알 수 있다. 1918년에 출간된 『조선미인보감(朝鮮美人寶鑑)』은 일제 강점기에 활동했던 기생의 사진과 그 특징을 소개해놓았다.[2] 여기에 소개된 기생들 가운데 특히 대정권번(大正券番)에 소속된 이보패(李寶貝)와 이경란(李瓊蘭)이라는 기생이 눈길을 끈다. 앳된 얼굴의 두 기생. 그들은 모두 9세였다. 보패는 "여덟 살에 권번에 들어왔다"고 밝혔고, 경란은 "어머니 품속에서 간신히 벗어나 조합에 왔다"고 했다. 근대 전환기에도 기생 교육이 아주 어릴 때부터 이루어졌음을 알 수 있다.

이를 통해 말과 걸음마를 배울 즈음에 기생이 갖추어야 할 기초적인 노래와 춤을 배우지만, 본격적으로 기적에 이름을 올려 기생 수업을 받던 때는 보통 7~8세였음을 알 수 있다. 말과 걸음마를 배울 즈음에 초무와 검무 같은 춤과 「황화곡」과 「원산곡」 같은 노래를 익히도록 함으로써 기생으로서의 자질을 엿보고, 기생으로 자랄 만한 성향이 보이면 7~8세에 기적에 올려 본격적으로 부역을 지게 했던 상황이 명확하게 드러난다. 명선은 뜻하지 않게 '가사'라는 문학 작품을 통해 이를 제보한 것이다.

'명선이라는 이름을 받고 7~8세에 기역을 시작했다'는 명선의 언술을 다시 한번 주목해보자. 이 중 '명선이라는 이름을 받았다'는 대목은 우리에게 또 다른 흥미로운 사실을 전해준다. 이는 기역을 시작하기 위해 기적에 이름을 올릴 때는 이전에 썼던 이름을 지우고 기생으로 살기 위한 새로운 이름, 즉 기명(妓名)을 새로 받는다는 사실을 알려준다.

명선이 처음 기명을 받았을 때의 낯섦과 신기함. 이 혼란스러운 양상은 이어지는 그녀의 독백에 그대로 나타난다. "명월(明月) 같은 이 내 얼굴이 선연(鮮姸)하여 명선(明鮮)인가, 명만천하(名滿天下) 큰 이름이 선종신(善終身)할 명선(名善)인가." 이 말을 해석하면 "달처럼 밝고 산뜻하여 명선이라고 이름을 지었나, 아니면 온 세상에 이름을 날리고 편안히 죽으라고 명선이라고 이름을 지었나" 정도일 터다. 명선은 자신의 기명이 어떤 근거로 정해졌는지에 대해 호기심을 가지고 묻는다. 그리고 그 이름에 대해 근거를 찾아가며 스스로 풀이해본다.

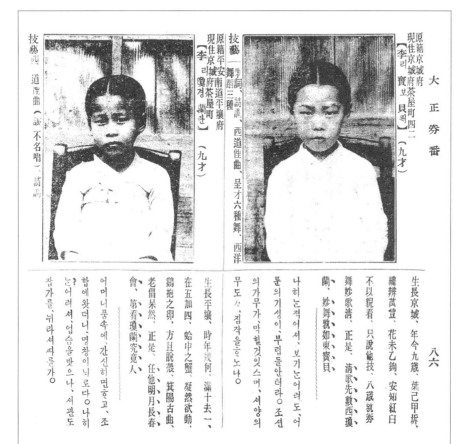

『조선미인보감(朝鮮美人寶鑑)』의 이보패(李寶貝)와 이경란(李瓊蘭). 앳된 얼굴의 두 기생은 모두 9세였다. 사진 밑에 한글과 한자로 기생이 된 연유와 기생으로서의 특징을 소개했다.

명선이라는 기명은 아마도 호방에서 지었겠지만 즉흥적으로 지은 이름은 아니었다. 아기 때부터 몇 년 동안 지켜보는 도정에서 드러난 특징을 가장 잘 살려 이름으로 정했을 터다. 그렇기 때문에 명선은 자신에게 부여된 기명에 호기심을 잔뜩 드러냈던 것이다. 그것은 타자의 눈으로 본 자신의 모습이기도 했기 때문이다.

계생,
계수나무 위로 떠오른 둥근 달

본래 기생의 이름은 호방에서 기생을 점고할 때 부르기 편하도록 지어졌다. 실제로 『소수록』 마지막 부분에는 해주감영에서 기생을 점고할 때 부르는 「호명기(呼名記)」가 실려 있다. 「호명기」에는 총 40명의 기생을 부르는 법식이 제시되어 있는데, 여기에는 일관된 규칙이 적용된다. 예컨대 "옥(玉)도끼 둘러메고, 계수(桂樹)나무를 벤다 한들 (……) 옥계(玉桂)", "채약(採藥)하러 가신 선생, 운심부지(雲深不知) 깊은 골에 (……) 채운(採雲)" 등 첫 번째 구의 맨 앞에 나오는 글자와 두 번째 구의 맨 앞에 나오는 글자를 합해서 이름을 만들었던 것이다. 이러한 원칙이 있었기 때문에 명선도 자신의 이름을 스스로 풀이해본 것이다. 그래서 "명월(明月) 같은 이 내 얼굴 선연(鮮妍)하여" 명선(明鮮)인지, "명만천하(名滿天下) 큰 이름이 선종신(善終身)할" 명선(名善)인지 스스로 따져봤던 것이다. 7~8세의 어린 기생은 자신에게 새로 주어진 이름이 어떠했을까? 조금은 당혹스럽고, 조금은 신기한 듯 자신의 이름을 해석하는 명선. 기존에 쓰던 아명(兒名)을 버리고 명선이라는 새로운 기명을 불러보는 모습이 애처롭기만 하다.

매창도 이와 크게 다르지 않았다. 그녀 역시 7~8세 무렵에는 기적에 이름을 올려 기역을 지기 시작했을 것이다. 그러면서 기명도 얻었을 터다. 그때 매창에게 주어진 기명은 무엇이었을까? 그 단서는 『매창집』에서 찾을 수 있다. 『매창집』에는 "계생의 자는 천향이다. 스스로 매창이라고 했다"고 쓰여 있다. 매창은 스스로 지은 자호(自號)임을 명확히 밝혔다. 매창은 호방에서 점고할 때 부르는 기명이 아니었다. 점고할 때 썼던 기명은 맨 앞에 나온 '계생(桂生)'이 맞을 것이다. 실제 매창은 계생이라는 이름으로 더 널리 알려졌다. 그 때문에 허균이나 임서(林㥠, 1570~1624)를 비롯한 여러 문인들도 문집에 계생이라는 이름을 주로 썼던 것이다.

매창의 본명은 아마도 '계유년(癸酉年, 1573)'에 태어났다고 해서 계생(癸生)이라 했을 개연성이 높다. 그러다가 7~8세가 되어 기명을 지을 때 아명에서 크게 벗어나지 않게 한 글자만 바꿔 '계생(桂生)'으로 작명한 것으로 보인다. 어린 매창을 만난 유희경은 그의 문집에서 매창을 두고 '계낭(癸娘)'이라고 지칭했다. 유희경은 매창에게 친근함을 드러내기 위해 일부러 아명을 불렀으리라. 사랑하는 누군가에게 다른 사람과 차별화된 나만의 애칭을 쓰려는 심리. 유희경도 그러지 않았을까? 그 역시 사랑하는 사람을 독점하고 싶은 심리를 기명 대신 아명을 쓰는 것으로 드러냈을지 모를 일이다. 본명을 버리고 새로 얻은 '계생(桂生)'이라는 기명은 아명인 '계생(癸生)'을 대신하면서, 또한 '계수나무(桂) 위로 떠오르는(生) 둥근 달'과 연관시켜

작명한 것으로 보인다. 분명 계생이라는 이름은 달 속에 있다는 항아(姮娥)와 계수나무를 연관시켜서 만들었으리라.

물론 기명을 짓는 데는 다른 원칙도 있었다. 그 양상은 「춘향전」에서도 볼 수 있다. 「춘향전」에는 변학도가 전라도 남원에 부임하자, 호방에서 변학도의 명에 따라 기생을 점고하는 장면이 나온다. 이 장면에서 기생을 호명하는 방법을 보면 앞서 소개한 방식과 다르다. 「춘향전」에서는 "중추팔월십오야(中秋八月十五夜)에 광명(光明) 좋다 추월(秋月)이", "일락서산(日落西山) 어두운 밤에 월출동령(月出東嶺) 명월(明月)이" 하는 방식을 따른다. 한가윗날 밤의 달빛과 같은 '추월'이, 서산으로 해가 지고 동산에서 달이 떠오르는 것과 같은 '명월'이. 이런 식으로 호명한다. 전체적인 분위기를 제시하고 그에 걸맞은 특정한 소재를 조합하여 기생의 이름을 불렀다.

북부와 남부에서 기생의 이름을 짓는 방법이 달랐던 것인지, 아니면 두 가지 방법이 함께 쓰였던 것인지는 알 수 없다. 이 중에서 매창의 기명 계생은 아마도 명선처럼 첫 구의 맨 앞에 나오는 글자 '계(桂)'와 두 번째 구의 맨 앞에 나오는 글자 '생(生)'을 조합해 만든 작명이라 하겠다.

매창은 7~8세 무렵부터 본격적으로 기역을 시작했지만, 그렇다고 해서 다른 일을 하지 않은 채 오로지 기생 수업만 받은 것은 아니었다. 아무리 기생으로 자란다 해도 태생이 관비인 까닭에 온갖 허드렛일도 감내해야만 했다. 관비는 크게 수급비와 관기(기생)로 나누지만, 이 둘은 결코 다른 이름이 아니었다. 다만 수급비가 하는 일과 기생이 하는 일이 조금 달랐을 뿐이다. 기생이 수급비에 비해 조금 더 편안한 일을 했다고 보면 되리라. 그러나 둘은 태생적으로 근본이 같기 때문에 어느 한순간에 수급비가 기생이 되기도 하고, 기생이 수급비로 전락하기도 했다. 그 양상은 이희평(李羲平, 1772~1839)이 1828년에 편찬한 『계서잡록(溪西雜錄)』에 실린 「박문수(朴文秀) 이야기」만 봐도 알 수 있다.[3] 그 이야기의 줄거리는 대략 이렇다.

외삼촌을 따라 진주에 간 박문수는 그곳 기생을 사랑하여 생사를 같이하기로 약속한다. 진주 관아에는 수급비도 하나 있었는데, 그녀는 너무 못생긴 탓에 사람들에게 손가락질을 받았다. 그러나 박문수는 그녀를 가까이해주는 것도 적선이라 생각하여 그녀와 하룻밤을 동침한다. 그 후 박문수는 서울로 돌아가 과거에 급제하고 여러 관직을 거친 다음 어사가 되어 10년 만에 진주로 내려온다. 진주에 내려온 박문수는 거지 행색을 하고 전날 사랑했던 기생을 찾아간다. 그러나 기생은 박문수의 초라한 몰골을 보고 냉정하게 내친다. 반면 한번 정을 주었던 수급비는 박문수를 살갑게 맞이할 뿐 아니라, 관아에서 일하며 틈틈이 만들어둔 명주옷까지 내어준다. 그러더니 후원으로 가서는 10년 동안 성심성의껏 박문수의 출세를 빌었는데도 그를 이렇게 비참하게 만들었다며 신주까지 부숴버렸다. 두 사람의 행동을 지켜본 박문수는 뒷날 사또의 잔치에 참석한 뒤 암행어사 출두를 한다. 그리고 기생과 수급비를 불러 다음과 같이 명령한다. "이 아이야말로 진정 정이 있는 여자니라. 이 아이를 기안에 올려 행수 기생 일을 돕도록 하고, 저 기생은 수급비로 강등시키도록 하라."

이 이야기는 수급비나 관기의 직책이 언제든지 바뀔 수 있음을 말해주는 한 예다. 그리고 '강등(降付)'시켰다는 말에서도 알 수 있듯이 수급비보다는 관기가 좀더 높은 지위였음을 알 수 있다. 제주도 대정현의 관아 일기라 할 만한 『대정현 아중일기(大靜縣衙中日記)』에는 제주목에 소속되어 있던 기생 동정춘(洞庭春)이 관비로 강등되어 대정현에 유배되었다는 기록이 있다.[4] 이는 명선의 진술에도 얼핏 나타난다. 명선이 기명을 받고 시사하면서 했던 업무를 기술한 대목이다.

도임 초에 수청(守廳)하랴 내행차(內行次)에 전배(前陪)하랴.

새로 부임한 수령의 수청을 들기도 했고, 부인이 행차할 때는 그 앞에서 길을 인도(前陪)하기도 했다. 기생이 된 후에 주어진 부역은 수령의 수청을 들고 부인 행차에 길을 인도하는 일이었다. 7~8세에 기생이 된 후 명선이 본격적으로 어떤 기역을 수행했는지 확인시켜준다. 물론 여기서 말하는 수청은 수령과 잠자리를 갖는 살수청이 아니다. 단지 수령 주변에서 갖가지 심부름을 도맡아서 했다는 의미일 뿐이다. 요즘은 수청 하면 성적 봉사를 연상하지만, 본래 수청은 말 그대로 수령이 방에 있는 동안 마루에서 대기하며 명령을 기다리는 것이었다.

기생 명선은 수령과 그 식솔을 돌보았다는 점만 이야기했다. 그 외 다른 궂은일을 말하지 않는다. 말하지 않았다고 해서 정말 다른 일을 하지 않았겠는가마는, 그래도 어린 기생의 주된 업무가 수청과 전배였기에 이 둘을 특별히 언급한 것으로 보인다. 즉 기생은 수급비와 달리 고을의 최고 책임자인 수령과 그 가족에게만 부역했음을 짐작하게 한다. 그러니 기생은 온갖 궂은일을 도맡아야 했던 수급비와는 비교할 수 없을 만큼 대우가 좋았다고 할 수 있다. 태생이 같은 기생과 수급비를 두고 지위의 높낮이가 구분되었던 것도 실상은 노역의 강도에 따른 것이지, 수직적 상하관계에 따른 것은 아니었다. 앞서 박문수가 수급비와 관기의 역할을 바꾸도록 한 것도 이런 상황을 문학적으로 형상화한 것일 뿐이다.

명선의 일상에 견주어보면, 매창 역시 7~8세에 기명을 받아 본격적으로 기역을 수행했고, 그 역은 주로 수령 주변에서 요구되었던 온갖 심부름 정도였을 것으로 보인다. 명선이 기록한 자신의 기생 경력은 매창의 어린 시절을 푸는 중요한 열쇠를 제공한 것이다. 더 나아가 기생의 생활상을 푸는 열쇠이기도 한 셈이다. 명선보다 200여 년 전에 살았던 매창이라고 해서 생활 조건이 명선과 크게 다르지는 않았으리라. 매창 역시 명선처럼 7~8세에 기생이 된 후, 공연을 하거나 공연 준비를 위한 교습을 받을 때가 아니면 늘 수령과 그 식솔들 곁에서 잔심부름을 하며 동기 시절을 보냈을 터다.

성인 기생이
된다는 것은

그렇다면 매창은 몇 살 즈음에 동기에서 벗어나 살수청도 드는 성인 기생이 되었을까? 이에 대한 정보 역시 명선의 진술에서부터 찾아볼 수 있다. 수청과 전배 같은 기역에 대해 서술하던 명선은 문득 다음과 같은 모호한 말을 꺼낸다.

이십이 늦지 않거늘 십이 세에 성인하니
어데 당한 예절인지 금수(禽獸)와 일반이라.
순사또 거가하여 경사부로 돌아가니
복길성이 내림하고 월하노인이 지시함이런가?
졸부귀불상(猝富貴不祥)이라, 무슨 복이 이러하리.

스무살도 늦지 않은데, 열두 살에 성인을 했다는 대목이 보인다.
그리고 그것을 두고 어찌 가당키나 한 예절인가, 금수와 다를 바
없다고 한다. 이 말을 어떻게 해석할 것인가? 정병설 교수는 '성인'
을 성관계로 보아 명선이 열두 살에 당시 황해도 관찰사인 서염순
(徐念淳, 1800~1859)과 잠자리를 가졌고, 그 행위에 대해 명선은 자신
을 짐승으로 느낄 만큼 수치스러운 일로 여겼다고 해석했다.[5] 흥미
로운 해석이다. '성인'은 결혼을 한다는 의미다. 그러니 열두 살에 초
야(初夜)를 보냈다고 봐도 잘못은 아니다. 그러나 '성인=성관계'의
도식은 좀더 생각해볼 필요가 있다. 물론 여러 문헌 기록을 살펴보
면, '성인=성관계'의 도식이 그대로 들어맞는 경우가 대부분이기는
하다. 경상도 선산에 살았던 무관 노상추(盧尙樞, 1746~1829)는 68년
동안 일기를 썼는데, 그중 1794년 9월 3일 일기에서 '성인=성관계'
의 도식이 그대로 맞아떨어진 사례를 볼 수 있다.
1794년 9월 3일. 그날 밤은 평안도 영변에서 연회가 열렸다. 노상
추는 당시 부시험관으로 선출되어 영변에 머물고 있어서 이 연회에

도 참석했다. 연회에서 어린 기생(少妓) 월계(月桂)와 아기 기생(兒妓) 홍옥(洪玉)이 서로 마주 보고 검무를 추는데, 그 춤이 절묘했다. 월계는 18세, 홍옥은 16세였는데 홍옥에 대해서는 '미성인(未成人)'이라고 했다. 문맥으로 보면 홍옥은 아직 남자를 겪지 않았다는 의미다. 따라서 성인은 성관계를 치른 사람을 의미하게 된다. 그 자리에 있었던 평안도 위원(渭原) 지방 수령의 제안을 보면 그 양상이 더욱 분명해진다.

　홍옥의 검무는 참으로 절묘하고, 사람도 사랑할 만하오. 그러니 저 아이로 하여금 관장(官長. 노상추─필자)을 받들게 함으로써 머리를 올려 성인이 되게 할지라! 무릇 명기가 관장에 기대어 성인이 되면 좋은 일이지요.[6]

원문에 "대발성인(戴髮成人)"으로 되어 있는, '머리를 올려 성인이 되게 한다'는 말은 곧 성관계를 의미한다. 관장에 기대어 성인이 된다는 말도 같은 의미다. 실제로 노상추가 이날 삼경(三更. 밤 11~1시)이 지나 연회를 마치고 숙소에 돌아오니, 홍옥의 어머니 설매(雪梅)가 홍옥을 데리고 와서 잠깐 동안 수작을 하고는 물러간다. 그리고 약속이나 한 듯이 홍옥이 수청을 들었다! 이 풍경은 조선 후기에 신윤복(申潤福. 1758~?)이 그렸다고 전해지는 초야권(初夜權)을 사는 그림 「삼추가연(三秋佳緣)」과 너무나도 닮아 있다. 홍옥의 어머니인 설매는 당시 35세로, 역시 기생이었다.

결국 성인은 첫날밤을 겪은 사람이라는 의미로 해석할 수 있다.

따라서 명선도 열두 살에 첫날밤을 보냈을 수도 있다. 아마도 그랬을 것이다. 그렇다면 매창도 그즈음에 초야를 보냈을까? 그럴 수도 있지만, 여러 상황을 보면 반드시 그랬다고 볼 수는 없을 듯하다. 어린 기생과의 동침 양상은 조선 말기로 가면서 심해졌던 것으로 보이기 때문이다. 열두 살에 성인이 되었다는 명선도 조선 말기의 기생이었다.

조선 중·후기만 해도 어린 기생과 동침한 사례는 그리 자주 보이지 않는다. 앞의 홍옥은 16세에 첫날밤을 보냈다. 김창업의 『노가재연행일기』에도 유사한 기록이 있다.

대청(大廳)에 이르러 보니 거기에는 아직 머리를 올리지 않은 수청기(隨廳妓)가 있었는데 모양이 자못 단정했다. 내가 팔을 잡고 희롱하면서 이름을 물었더니, '가학(駕鶴)'이며 나이는 16세'라고 했다.[7]

'머리를 올리지 않은'이 원문에는 "미계자(未笄者)"로 되어 있다. 비녀를 꽂지 않았다는 말이다. 머리를 올려야 비녀를 꽂을 수 있으니 이런 표현을 쓴 것이다. 흔히 기생의 혼인을 일러 비녀를 올린다는 의미로 상계(上笄)라고 하는데, 이 역시 쪽 찐 머리를 하려면 비녀를 꽂아야 하기 때문에 붙여진 이름이다. 『노가재연행일기』에 나오는 기생 가학 역시 16세인데도 머리를 올리지 않았다. 즉 초야를 보내지 않았다. 이런 점을 고려할 때 기생이 초야를 보내는 나이는 딱히 정해지지 않았어도 보통 15세 전후가 아닐까 짐작해본다. 그러던 것이 후기로 가면서 그 나이가 점점 어려졌던 것이 아닌가 한다. 추정

신윤복의 「삼추가연(三秋佳緣)」. 기생의 초야권을 사는 장면으로 젊은 남자와 할미, 그 앞에 댕기머리를 늘어뜨린 처녀가 있다. 할미는 기생의 성을 판매하는 중개인인 노구다. 간송미술관 소장.

일 뿐이다.

실제로 여러 문헌을 살펴봐도 명선처럼 열두 살에 초야를 보낸 사례는 그리 많지 않다. 반면 조선 말기에는 15세 이전에 초야를 보냈다는 기생들을 더러 찾아볼 수 있다. 예컨대 오횡묵(吳宖默, 1834~?)이 쓴 『경상도함안군총쇄록(慶尙道咸安郡叢瑣錄)』의 1892년 3월 19일 일기에는 '60세에 가까운 오횡묵이 그 고을에 팔려온 기생 화선(花仙)의 머리를 올려주었는데, 그때 화선의 나이가 14세였다'는 기록이 보인다.[8] 단언할 수는 없지만, 조선 후기로 가면서 초야를 보내는 기생의 나이가 점점 어려진 것은 맞을 듯하다. 스무 살에도 늦지 않

은데 열두 살에 초야를 보냈다는 명선의 말이 씁쓸하게 느껴지는 것
도 이 때문이다.

이런 일을 겪은 명선이 내뱉은 '어디 가당키나 한 예절인가, 금수
와 다를 바 없다'는 항변. 차라리 권력자의 성폭력에 대한 분노였
으면 좋으련만, 사실 그 목소리는 마치 동물처럼 선택받는 자기 자
신에 대한 자책에 머물고 만다. 밖으로 분노를 표출하지 못해 안으
로 삼키고, 결국 자신의 나약함을 자책하는 모습. 자기 잘못이 아
니건만, 그 모든 폭력을 자기 탓으로 되돌려버리는 목소리가 안쓰
럽다. 당대의 사회 이데올로기는 넘어설 수 없는 거대한 벽, 그 자
체였다.

이왕 기생의 초야권에 대해 이야기를 시작한 김에 한 가지만 더 짚
고 넘어가자. 오래전에 이경복 교수가 관기 출신의 노파에게 들었다
는 이야기를 정리한 글이 그것이다. 이 글에는 관리가 초야권을 사
는 풍경도 서술되어 있는데, 이 대목만 보면 '성인＝성관계'의 도식
을 달리 볼 여지가 생긴다. 이 글의 배경이 근대 전환기라는 점은 감
안해야겠지만, 그래도 조선시대 기생의 삶과 관련하여 이런저런 생
각을 하게 한다.

12~13세 된 동기가 댕기머리를 한 채 주연(酒宴)이 벌어진 연회장에
나아가 앉아 있다. 한참 흥이 무르익을 즈음 관리 하나가 동기에게 다가
와 머리에 손을 얹는다. 그러면 동기는 기다렸다는 듯이 댕기를 풀어 관
리의 주머니에 슬그머니 집어넣는다. 이를 두고 '화초(花草)를 얹는다'고
말한다. 그리고 동기는 관리가 화초를 얹어준 것에 대한 보답으로 관리

에게 춤과 노래를 제공한다. 그러면 관리는 연회가 끝난 다음 날 금비녀나 쌍으로 된 금가락지를 살 수 있을 정도의 화대를 동기에게 보낸다.[9]

화초를 얹는 풍경이 눈으로 직접 보는 것처럼 선명하다. 기생의 댕기머리는 초야를 지내지 않았다는 징표로, 화초를 얹는 것은 곧 그 기생의 초야권을 사겠다는 의미일 터다. 그렇다면 화초를 얹은 후, 기생의 머리는 어떻게 바뀌었을까? 아마도 댕기머리에서 비녀를 꽂은 쪽 찐 머리로 바뀌지 않았을까? 화대에 대한 감사의 표시로. 이 추측은 앞서 『조선미인보감』에 등장하는 아홉 살짜리 기생 이보패와 이경란이 댕기머리가 아니라 쪽 찐 머리를 한 이유를 설명해줄 것이다. 그러나 이런 추측과 달리 화초를 얹은 이후에도 동기는 여전히 댕기머리를 한 채 연회에 나아가 또 다른 관리에게 화대를 받았다고 한다. 증언을 무시할 수는 없지만, 일반적인 상식과 어긋나는 상황이다. 그런데 증언에 따르면 화초를 얹은 동기는 열대여섯 살이 되면 비로소 살수청을 들겠다는 뜻으로 분홍색 저고리를 입고 침소에 나아간다고 했으니,[10] 화초를 얹고도 2~3년 동안은 순결을 지키며 기생으로서 부역을 감내했음을 알 수 있다. 앞뒤가 모순된 듯이 보여 당혹스럽지만, 그래도 화초를 얹은 때와 분홍색 저고리를 입는 시기가 이원적으로 존재한 것은 분명하다. 화초를 얹은 때와 분홍색 저고리를 입는 두 시점 중 어느 때를 두고 성인했다고 말해야 할지는 단정할 수 없지만, 그래도 '성인=성관계' 도식이 늘 일치하는 것이 아니라는 점만은 분명해보인다.

이제 다시 명선의 진술로 돌아가보자. 그렇다면 명선의 초야권을 산 사람은 누구일까? '순사또가 모든 식솔을 거느리고 서울로 올라 간 것을 한탄하는 것으로 보아, 초야권을 산 사람은 분명히 순사또 이거나 그 식솔들 가운데 한 사람임에 틀림없다. 이는 명백한 위법 행위다. 본래 조선의 법률은 건국 초부터 『대명률(大明律)』에 그 준거 를 두었다. 1395년에는 『대명률』을 풀어 이두로 『대명률직해(大明律 直解)』를 간행하면서 일부분을 조선의 실정에 맞게 수정하기도 했지 만, 수정된 내용은 극히 지엽적이었다. 즉 『대명률』은 1912년 조선 총독부가 『일본형법(日本刑法)』을 토대로 편찬한 『조선형사령(朝鮮刑 事令)』을 공포하기 전까지는 조선 법률의 전범이었다.

그런 『대명률』에는 '관리숙창률(官吏宿娼律)'이란 조항이 있었다.[11] 이 조항에는 기생과 잠자리를 한 관리에게 장(杖) 60대의 형벌을 내 리게 되어 있었다. 이 조항은 관리에게만 한정되지 않는다. 관리의 자손에게도 똑같이 적용되었다. 물론 법전에 제시된 관리는 기생이 속한 고을의 책임자를 말한다. 법전에서는 해당 고을의 지방관과 기 생이 잠자리를 갖는 것이 엄격하게 금지되어 있었다. 지방관이 기생 과 은밀한 관계를 맺으면 자칫 행정에 객관성을 잃을까 염려했기 때 문이다. 이 점에서 보면 순사또나 그 가솔이 명선의 초야권을 산 행 위는 불법이다. 하지만 남녀 관계는 법률만으로는 해결할 수 없는 법. 이런 규정이 있어도 관리들은 잘 지키지 않았다. 또한 법 조항도 강제성을 갖지 못해 형식적인 측면에 머문 경향도 없지 않다. 그러 다 보니 관리숙창률에 의해 실제로 처벌받은 사람은 거의 없었다.

그럼에도 명선이 해주 지방의 관찰사인 서염순과 초야를 보냈다 고 볼 여지는 적어보인다. 그보다는 서염순이 데려온 주변 인물과 초야를 보냈다고 추정하는 것이 더 합리적이지 않을까 한다.

이후 서염순은 모든 식솔을 거느리고 서울로 돌아간다. 식솔 가운데는 명선과 초야를 함께한 인물도 있었다. 아마도 명선에게는 사랑하는 임과의 첫 이별이었으리라. 명선은 이런 자신의 처지를 두고 '졸부귀불상'이라며 자책한다. '갑자기 생긴 부귀는 상서롭지 못하다'는 의미다. 누군가에게 사랑을 받아 갑자기 부귀영화를 누리게 되었지만, 순사또가 떠나버림으로써 모든 것이 한꺼번에 사라져버렸다. 금수처럼 맞이한 첫사랑. 그래도 첫사랑이었기에 진한 그리움이 남았던 것일까? 아니면 자신에게 새롭게 다가올 또 다른 현실에 대한 공포 때문이었을까? 알 수 없다. 이상과 현실은 늘 이율배반적으로 존재한다. 처음으로 이별을 맞이한 명선은 15세 때까지 충실하게 기생 본연의 역할을 수행한다.

전문 기예인이 된다는 것은

돌아서니 북춤이요, 던져 추니 구락이라.
서왕모 요지연에 반도를 진상하는 듯
홍문연 큰 잔치에서 항장의 날랜 칼이 유방을 향하는 듯
남철릭 붉은 갓에 호수 대검 고이하다.
세혜적에 긴소리요, 단장고에 잡가로다.

이 부분은 단순하게 서술되어 있지만, 당시 기생의 공연 양상을 이해하는 데 퍽 중요한 대목이다. 말을 익힐 때 배운 「황화곡」과 「원산곡」, 걸음마를 시작할 즈음에 배운 초무와 검무. 그와는 차원이 다른 춤과 음악과 악기가 쓰이고 있다. 성인 기생이 되면서 습득해야 하는 춤과 노래와 악기가 복잡해졌을 뿐 아니라 종류도 다양해졌다. 정재에서 요구되는 어떤 공연도 감내할 만큼 전문적인 기예를 뽐낼 수 있게 된 것이다. 명선이 배운 춤과 노래와 악기는 매창이 살았던 시기와 조금 다르기는 해도 연회의 흥을 돋우기 위해 배운다는 학습 목적은 별반 다르지 않았다. 매창 역시 아이의 태를 벗고 아름다움을 조금씩 뽐내면서 명선이 언급한 공연 예술을 하나씩 체화하며 성장했으리라. 그렇다면 매창은 구체적으로 어떤 춤과 노래와 악기를 익혔을까? 이 역시 명선의 사례에 비춰 살펴보기로 하자.

먼저 명선은 춤을 이야기한다. 4명 혹은 8명이 함께 추는 '북춤'과 공을 던져 구멍에 집어넣는 놀이 형식의 '포구락.' 중국 신화에 나오는 신녀 서왕모(西王母)가 마련한 요지연(瑤池宴)에서 삼천 년에 한 번 열리는 복숭아(반도(蟠桃))를 올리는 형상을 본떠 임금님의 안녕과 장수를 기원하는 '헌선도.' 홍문연(鴻門宴)에서 항장(項莊)이 한(漢) 고조(高祖) 유방(劉邦)을 죽이기 위해 췄던 검무를 본뜬 '항장무(項莊舞).' 그리고 남색 철릭을 입고, 네 귀퉁이에 하얀 깃털(호수)을 꽂은 붉은 갓을 쓰고, 큰 칼을 쥐고 추는 '광수무(廣袖舞).' 총 다섯 가지의 춤을 소개했다. 북춤, 포구락, 헌선도, 항장무, 광수무는 모두 기생들이 익히던 춤이었다.

명선은 이런 종류의 춤을 토대로 공연했다. 매창도 다를 바 없다.

그러나 다섯 가지 춤 가운데 항장무와 광수무는 평안도 지방에서 궁중으로 유입된 것으로, 매창이 살았던 시대에는 존재하지 않았다. 당연히 매창이 이 춤들을 접했을 리도 없다.

항장무는 본래 평안도 선천 지방의 교방에서 행해지다가 인기를 얻어 19세기 중후반에 궁중으로 유입된 공연물이었다. 1866년 서장관(書狀官)으로 북경(北京)에 다녀온 홍순학(洪淳學, 1842~1892)이 「연행가(燕行歌)」에서 "항장무는 선천에서 처음 본다"고 했을 정도니, 항장무는 꽤나 후대에 유입된 정재임이 틀림없다. 본래 궁중의 정재는 음악과 노래, 춤으로 구성되었지만, 그래도 춤이 절대적이었다. 그에 비해 항장무는 연극적인 성향이 강했다. 오락적인 특성이 가미된 까닭이다. 반면 남색 철릭을 입고, 붉은 갓을 쓰고, 갓 네 귀퉁이에 하얀 깃털을 꽂고, 큰 칼을 쥐고 추는 춤을 항장무로 보는 견해도 있지만, 이는 잘못이다. 이 춤은 지금은 전승되지 않는 광수무다. 광수무는 풍채가 좋은 두 기생이 남장한 후 서로 마주 보고 춤을 추는 것이 특징이다. 이 때문이었을까? 명선은 여자의 몸으로 남자의 복색을 한 모습이 퍽 멋쩍었는지, 이 춤에 대해서만큼은 그 모습이 괴이하다고 했던 것이다. 항장무와 광수무를 제외한 나머지 춤, 즉 북춤, 포구락, 헌선도는 매창이 활동하던 시절에도 익혔던 춤이니, 매창 역시 능숙했을 것이다. 하늘거리며 춤을 추는 명선의 모습에 매창이 겹쳐진다.

춤뿐만이 아니다. 악기와 노래도 익혔다. 가느다란 혜적(세혜적)에 맞춰 긴소리를, 목이 짧은 장고(단장고)에 맞춰 잡가를 부르기도 했다. 세혜적과 단장고는 모두 악기 이름이다. 그리고 긴소리는 시조창에 가깝고, 잡가는 가사창과 유사하다고 보면 될 듯하다. 어린 시절 익힌 「황화곡」이나 「원산곡」과 같이 민간에서 불리는 단조로운 곡조에서 좀더 품격 있고 어려운 곡조를 익혀 공연했음을 알 수 있다. 기생으로서 원숙한 면모가 그려진다. 시간은 명선을 예인으로 만들었다. 그 아름다움을 드러내기까지 혹사당한 몸도 시간에 묻혔다.

악기도 마찬가지다. 일반적인 악기 외에 변형된 악기까지 다루고 있다. 세혜적과 단장고, 둘 다 기생들이 놀이판의 흥을 돋울 수 있도록 편의적으로 개량된 악기로 보인다. 소적(小笛)이나 취적(吹笛)처럼 끝에 적(笛) 자가 붙는 악기는 세로로 부는 것이고, 퉁소처럼 끝에 소(簫) 자가 붙는 악기는 가로로 부는 것이다. 따라서 세혜적도 가늘고 작은 피리의 종류로 보면 될 듯하다.

명선은 피리 소리에 맞춰 시조창을 부르고, 춤추기에 알맞게 개조한 장고에 맞춰 잡가를 불렀다. 그렇게 각종 춤과 악기와 노래를 공연하며 기역을 다하는 도정에서 그녀는 점점 이름을 날린다. 명성을 얻은 기생을 탐하려는 호객꾼들이 모여드는 것도 정해진 수순이다.

규행(閨行)이 무엇인지 사귀나니 남자로다.

춘광(春光)이 얼핏 하여 삼오십오(三五十五) 다다르니

일성(一城) 중 허다한 호객이 여운여우(如雲如雨) 모여드니.

기생의 운명이 다 그렇겠지만, 여염집 여인들이 익혀야 할 규방의 행실(규행)은 익히지 못하고 만나는 사람마다 남자였다. 17세기 이후

성리학이 교조화되면서 여성의 활동에 제약이 가해졌다. 남녀의 만남 자체를 부정적으로 바라보던 시대에 자유롭게 남자를 만날 수 있는 기생. 기생들은 일반 여인들과 달랐다. 여염집 여인이 규방의 행실을 익히면서 가끔 일탈을 꿈꾸었던 것처럼, 기생 역시 규방에 머물렀으면 하는 바람을 갖기도 했다. 정숙하고 싶지만 정숙할 수 없는 삶, 그게 기생의 삶이었다. 기생은 자신의 뜻과 무관하게 남자들 앞에서 온갖 춤을 추고, 노래를 부르고, 악기를 연주했다. 여기에는 언급하지 않았지만, 제법 풍류를 가진 이와는 때때로 시도 주고받았으리라. 기생은 많은 남자들과 만나면서 자신을 거두어줄 사람도 기대했으리라. 어쩌면 그것이 가장 큰 소망이었으리라.

명선은 그렇게 삼오십오 열다섯 살이 되었다. 해주 성내에 있는 호객꾼들이 구름처럼 비처럼 모여들었다. 명선이라는 이름이 널리 알려지더니, 이제는 그녀를 보기 위해 호객꾼들이 하나둘 찾아오기 시작한 것이다. 그때 명선은 자신을 거두어줄 남자도 만나게 된다. 기실 명선이 본격적으로 말하고자 하는 내용은 이다음부터다. 하지만 이후의 내용은 명선의 개인사로, 모든 기생들에게 적용되는 생활사가 아니다. 기생으로서 일반적인 삶의 형태와 보편적인 정서를 이해하는 텍스트로 명선의 가사를 활용하는 것은 여기까지로 한정하는 것이 타당할 듯하다.

왜 매창 이야기를 하다가 뜬금없이 해주 기생 명선 이야기를 하느냐고 탓할 수도 있으리라. 그것도 19세기 말엽에 살았던 기생 이야기를. 답은 간단하다. 명선 이야기에 비추어 실제로는 매창의 동기 시절을 들여다본 것이다. 명선이 겪은 기생으로서의 역정은 매창에게도 그대로 투사되기 때문이다. 특히 어린 매창의 흔적을 전혀 찾을 수 없는 상황에서는 다른 사람의 삶에 기대어 그 삶을 재구하는 것이 효과적일 수 있다. 매창의 어린 시절도 명선과 별반 다를 게 없기 때문이다. 관기로 태어나 자라는 어린 시절의 삶이 뭐 그리 달랐을까? 기생으로서 이름을 얻기 전까지 이 땅의 기생들의 삶은 거개가 명선과 같았으리라. 매창도 마찬가지였으리라.

지금까지 살펴본 틀이 기생의 기본적인 어린 시절이라 할 수 있다. 그러나 이런 기본적인 틀이 있다 해도, 고을의 상황이나 환경에 따라 기생의 삶은 전혀 다른 방향으로 흐르기도 한다. 특히 동기 시절에 그 고을을 다스리던 수령이 누구였고, 그 고을에 무슨 사건이 있었는가에 따라 기생의 운명도 달라지기 때문이다. 이제는 매창의 주변 상황에 초점을 맞춰 그녀의 동기 시절을 살펴보자.

기명을 얻은 후
매창의 일상

명선의 삶에 비춰보면, 매창도 말을 익히고 걸음마를 시작할 때부터 단순한 곡조를 접하고 단조로운 춤을 습득했을 것이다. 그리고 시간이 조금 지나 7~8세가 되자, 매창의 삶에도 일정한 변화가 생겼다. 그녀에게 새로운 이름이 주어지고, 그 이름이 기적에 오르면서 부역이 시작되었던 것이다. 어린 시절부터 쓰던 계생(癸生)이란 이름 대신 '계생(桂生)'이라는 기명도 새로 생겼다. 어쩌면 매창은 '계(癸)'가

'계(桂)'로만 바뀌었으니, 다른 기생에 비해 새로운 기명에 덜 혼란스러웠을지도 모른다.

그러나 매창은 호방에서 정해준 기명을 썩 좋아하지는 않은 듯하다. 훗날 그녀 스스로 자신의 호를 '매창'으로 바꾼 것을 봐도 알 수 있다. 계생이라는 이름이 안고 있는 달의 풍요로운 이미지. 매창은 그런 이미지보다 추운 겨울을 이겨내고 가장 먼저 고아한 자태를 뽐내는 매화의 이미지, 창 밖으로 비치는 은은한 매화의 이미지를 더 닮고 싶었는지도 모른다. 겨울을 지나 새봄을 맞이하는 문턱에서 은은한 향기를 내뿜는 매화. 굳이 매창이라 스스로 호를 지은 것은 그러한 심리가 작동한 탓이리라.

기역을 시작한 매창이 했던 일은 명선과 크게 다르지 않았다. 매창은 관아에서 가무 교습에 많은 시간을 할애했다. 나머지 시간에는 사또의 숙소에 불을 밝히고, 사또가 글을 쓸 수 있게 먹을 갈고, 잔심부름을 했으리라. 그리고 내행이 있을 경우에는 앞장서서 길을 전도하는 일도 했으리라. 그것이 지방 관아에 예속된 어린 기생이 하는 역할이었다. 그렇다면 매창의 나이 7~8세 즈음, 그러니까 매창이 기명을 얻을 당시의 부안현감은 누구였을까? 매창을 기생으로 시사시킨 부안현감, 그가 궁금해진다.

여러 읍지와 역사 기록을 확인해보면, 매창이 일곱 살 때 부안현감은 이세준(李世俊, ?~?)이었고, 여덟 살 때 부안현감은 양대수(楊大樹, ?~1592)였다. 매창이 언제 기역을 시작했는지는 분명치 않지만, 이 두 현감의 재임시에 기생으로서 역을 시작했을 것이다.

이세준은 매창이 여섯 살이던 1578년 9월에 부임하여, 그 이듬해인 1579년 12월에 관찰사의 치적 평가에서 낮은 등급을 받아 파직되었다. 반면 양대수는 매창이 여덟 살이 되던 해인 1580년 2월에 부임하여, 열두 살이 되던 1584년 5월에 전라도 보성군수로 옮길 때까지 4년 남짓 부안현감으로 있었다. 이세준이 현감으로 있을 때부터 매창이 기역을 시작했다 해도, 그녀에게 많은 영향력을 행사한 인물은 4년 남짓을 부안현감으로 머물렀던 양대수였을 것이다. 시간은 뜻하든 뜻하지 않든 간에 사람과 사람을 닮아가게 하지 않는가?

이세준과 양대수, 두 사람 가운데 이세준의 행적은 별로 드러난 것이 없다. 생몰년도 확인되지 않아, 그에 대해서는 간략하게라도 소개할 내용이 없다. 다만 풍천부사(豊川府使)로 재임하던 중 이괄(李适, 1587~1624)의 난을 맞아 싸우다가 순절한 박영신(朴榮臣, 1578~1624)의 외할아버지라는 사실 정도를 확인할 수 있을 뿐이다. 반면 양대수는 누구든 한두 번쯤은 들어봤음 직한 이름이 아닌가 싶다.

양대수는 무과 출신의 현감이었다. 그는 1588년 여진족이 두만강 하류에 있는 녹둔도(鹿屯島)를 무단으로 점령했을 당시 함경북도 회령부사(會寧府使)인 변언수(邊彦琇, 1544~1592) 등과 함께 이들을 물리친 인물로 널리 알려져 있다. 녹둔도는 지금은 러시아 땅이 되었지만, 당시에는 우리 영토였다. 양대수는 그 땅을 침범한 여진족을 공격하여 380여 명을 사살했다. 그러나 우리에게는 양대수의 활약보다 그 당시 이순신(李舜臣, 1545~1598)이 그의 휘하에서 백의종군했다는 사실이 더 깊이 각인되어 있을지도 모르겠다. 이순신은 정치적 이유 때문에 두 차례나 백의종군했는데, 첫 번째로 백의종군한 곳이 바로 양대수의 휘하였다. 양대수는 임진왜란이 일어나던 해인 1592년

6월에 제주목사로 있으면서 성곽을 순시하던 중 말에서 떨어져 죽고 만다. 그러나 500년 이상이 지난 지금까지도 그는 제주도민들의 기억 속에 살아 설화의 주인공으로 이야기될 만큼 인상적인 인물로 남아 있다. 그런 양대수가 4년 남짓 부안현감으로 재직하다가 보성군수로 이배(移拜)했다. 부안현감 대부분이 전라도 관찰사에게 낮은 평가를 받아 파직되었다는 점을 고려하면 온전하게 임기를 채우고 떠난 그의 치적은 상당한 것이라 평가할 만하다. 소통과 원칙에 근거하여 정치를 했다고 단평을 내릴 만한 인물이다.

양대수는 매창이 기생이 되어 성장하는 과정을 가장 가까이서 지켜봤을 터다. 여덟 살, 어린 기생 매창은 무과 출신의 고을 수령인 양대수를 보았을 때 무슨 생각이 들었을까? 양대수가 방에서 업무를 처리하고 있을 때 마루에 대기하던 매창은 또 어떤 생각을 했을까? 불행하게도 그 실상을 확인할 길은 없다. 양대수는 문집을 남기지 못했을 뿐 아니라, 지금까지 그 어디에서도 그의 글이 발견되지 않았기 때문이다. 누군가의 문집 귀퉁이에 그의 시가 한 편이라도 남아 있을 법한데 아직은 확인된 게 전혀 없다. 잊힌다는 것은 불행한 일이다. 당시의 풍경도 그저 상상으로만 그려볼 뿐이다. 어린 매창이 바라본 무인 양대수는 아마도 거인처럼 느껴졌으리라. 자신은 고목에 붙은 매미처럼 하찮은 모습으로 비춰졌을지도 모를 일이다. 공포와 존경심. 양대수를 바라볼 때마다 어린 기생 매창에게는 두 감정이 공존했을 것이다. 그리고 그런 마음으로 매창은 양대수와 그가 초대한 사람들 앞에서 여러 차례 거문고를 비롯한 악기도 연주하고, 춤과 노래도 보여줬을 것이다. 그런 매창을 양대수는 흐뭇하게 바라봤을 터다. 여덟 살 어린 기생은 양대수가 지켜보는 가운데 그렇게 열두 살 기생으로 성장해갔다.

매창의 성장기를 함께한 부안현감들

양대수가 4년 남짓 부안현감을 지낸 것과 달리, 이후의 현감들은 짧은 기간 동안만 부안현감으로 있다가 떠나는 경우가 많았다. 양대수가 떠난 후 부안현감으로 부임한 황세달(黃世達)은 1584년 5월에 도임하여 그해 9월에 파직된다. 이어서 부임한 류영순(柳永詢, 1552~?)은 11월에 도임하여 그 이듬해, 즉 매창이 열세 살이 되던 해인 1585년 정월에 파직된다. 그 후 부임한 최전(崔錪, 1549~?)은 1585년 3월에 도임하여, 1년 남짓 임기를 채우지만 암행어사에 의해 파직된다. 매창이 열네 살 되던 해였다. 이기빈(李箕賓, 1563~1625)이 그 뒤를 이어 선조 19년(1586) 5월에 도임하지만, 그 이듬해 12월에 관찰사의 치적 평가에서 하등에 속해 파직된다.[12] 이빈(李蘋, 1537~1603)은 매창이 열여섯 살 되던 해인 선조 21년(1588) 3월에 도임하여, 그 이듬해인 1589년 6월에 사헌부의 계(啓)에 따라 파직된다. 그 뒤를 이은 현감은 이서경(李犀慶)이다. 그는 선조 22년(1589) 8월에 도임하여, 그해 12월에 관찰사의 치적 평가에서 하등을 받아 파직된다. 매창이 열일곱 살 때의 일이다. 1589년은 기축옥사(己丑獄死)가 있던 해이기도 했다.

매창이 12~17세일 때 부안현감은 무려 6명이나 바뀌었다. 그들의 부임 기간은 평균 열 달이 못 된다. 각각 사정이야 있었겠지만, 그들 모두가 임기 도중에 파직되었다는 점은 동일하다. 이러한 상황을 염두에 둔다면 양대수가 4년 남짓 현감으로 재임했던 사실이 새삼 위대해보이기도 한다. 보통 부임 기간이 짧으면 그 수령이 어질지 못해서라고 볼 수도 있지만, 이는 오해다. 수령의 인품과 행정 능력은 늘 비례하는 것이 아니기 때문이다. 오히려 너무 인자하거나 부드러운 관리는 부정의 대상이 되기도 했다. 일기 형식으로 임금의 말과 행동을 정리한 『일성록(日省錄)』에서도 이런 내용이 보인다. 정조 3년(1779) 6월 15일, 각 도 관찰사가 올린 계문을 보자.

의령현감(宜寧縣監) 이언광(李彦光)은 지나치게 부드럽고 착하니 아전은 기뻐하고 백성은 탄식합니다. 진보현감(眞寶縣監) 이제붕(李齊鵬)은 솔직함이 천진한 사람이긴 하지만 관리의 재목이 아닌 것을 어찌하겠으며, (……) 모두 하(下)입니다.[13]

경상도 감사 이재간(李在簡, 1733~1789)이 올린 글 중 일부다. 이재간은 너무 착한 이언광과 이제붕은 하등이니 파직하라고 요구한다. 어진 사람이 오면 좋아하는 사람은 아전들뿐이고, 슬퍼하는 사람은 오히려 백성들이라는 말. 백성들도 지나치게 어진 수령에 대해서는 부정적이었음을 짐작하게 하는 대목이다. 수령이 어질기만 하면 아전들은 수령을 뒤로하고 권력을 마음대로 전횡하며 자신들의 이익을 취하니, 아전들은 좋고 백성들은 탄식할 만도 하다. 어진 수령이 늘 환영받는 것은 아니었다. 부안현에 부임했던 6명의 현감도 마찬가지다. 그들이 모두 기한을 채우지 못했다고 해서 인격에 문제가 있었을 것이라고 오해할 필요는 없다. 오히려 그들이 지나치게 어질었을 수도 있으니까. 무장이었던 양대수가 4년 남짓을 수령으로 재임할 수 있었던 것은 어쩌면 어짊과 위엄을 동시에 갖추었기 때문일지도 모른다. 수령에 대한 평가는 인품이 아니라 객관적인 지표에 따라 정해졌다. 수령에 대한 치적 평가는 오직 '수령 7사(守令七事)'에 의해서만 가능했던 것이다.

조선시대 지방관은 국왕을 대신하여 백성을 잘 다스리는 권한을 부여받은 사람이다. 따라서 이들이 지방으로 떠나기 전에 임금을 알현하는 자리에서 임금은 자신을 대신하여 선정을 베풀 것을 당부한다. 이어서 몇 가지를 질문하는데, 그 질문은 크게 세 가지로 요약할 수 있다. 첫째, 수령 7사로 대표되는 지방관의 역할, 둘째, 출신 성분 및 관직 경력, 셋째, 부임할 지역에 대한 정보 등이다. 이 세 가지는 임금이 지방관으로 나아가는 신하에게 하는 공식적인 질문이었다.

이 중 수령 7사는 말 그대로 지방관이 해야 할 일곱 가지 일을 말한다. 첫째, 농사일과 누에 치는 일을 융성시킬 것(농상성(農桑盛)), 둘째, 호구를 늘릴 것(호구증(戶口增)), 셋째, 학교를 일으킬 것(학교흥(學校興)), 넷째, 군역(軍役)과 관련된 일을 정비할 것(군정수(軍政修)), 다섯째, 부역을 고르게 할 것(부역균(賦役均)), 여섯째, 송사를 간소하게 할 것(사송간(詞訟簡)), 일곱째, 아전들의 농간을 없앨 것(간활식(奸猾息))이 그것이다. 지방관으로 나아가는 관리는 임금 앞에서 이 수령

7사를 반드시 외워서 아뢰야만 했다. 그래야 하직을 고하고 나올 수 있었다. 지방관으로 나아가는 관리에게 수령 7사는 그만큼 중요했기 때문이다.

지방관이 해야 할 일곱 가지 일은 모두 국왕을 대신하여 백성들을 편안하게 하는 준거가 되었다. 오죽했으면 지방관을 목민관(牧民官)이라고까지 했을까? 양이나 소를 기르는 것처럼 백성을 기른다는 말. 지식과 행동이 얼마나 달랐기에 지방관을 '목민'관이라고까지 했을까? '백성을 다스릴 때 가슴에 새겨야 하는 책'이란 의미를 담은 정약용(丁若鏞, 1762~1836)의 저서 『목민심서(牧民心書)』를 대할 때마다 가슴이 아파오는 것도 이론과 실천의 이율배반적인 모습을 우리가 이미 알고 있어서일지도 모른다.

수령 7사는 인사고과(人事考課)의 기준이 되었다. 조선시대에는 인사고과를 포폄(褒貶) 혹은 전최(殿最)라고 했다. 포(褒)나 최(最)는 상등에 속해 포상을 받는 것이라고 한다면, 폄(貶)이나 전(殿)은 하등에 속해 폄하를 받는 것을 뜻한다. 예컨대 매창이 일곱 살 때 현감이었던 이세준도 '거전(居殿)'으로 파직되었다. '전(殿)', 곧 하등에 속해 파직되었다는 의미다. 관찰사는 매년 6월 15일과 12월 15일에 지방 수령을 상·중·하로 평정하여 국왕에게 보고했다. 이 평정표에 근거하여 지방관은 포폄되는데, 그 양상이 『경국대전』에 자세히 나와 있다. 예컨대 '중(中)'의 평정을 세 번 받으면 파직되는 등, 평가 기준은 객관적이면서도 자못 복잡하다.

이를 염두에 두고, 매창이 열두 살 때부터 열일곱 살 때까지 5년간 바뀐 여섯 현감들의 파직 상황을 다시 살펴보자. 여섯 현감 중 황세

달 · 류영순 · 이기빈 · 이서경은 관찰사의 포폄에 의해, 최전은 암행어사에 의해, 이빈은 사헌부의 조사에 의해 파직되었는데, 그 이유는 분명하지 않다. 인성과 관련한 개인 비리의 문제인지, 가뭄이나 홍수와 같은 자연재해의 문제인지, 아니면 해안에 접한 부안의 지리적 특성상 해적에 의한 문제인지는 분명하게 말할 수 없다. 그렇지만 한 가지 분명한 것은 현감이 자주 바뀌었다고 해서 그들을 모두 흉악한 현감으로 단정 지을 수는 없다는 점이다. 더구나 이들 중 류영순은 1579년 문과에, 최전은 1573년 문과에, 이기빈은 1583년 무과에, 이빈은 1570년 무과에 합격한 재주 있는 인물들이었다. 매창 개인만으로 본다면, 오히려 이들은 매창의 문학적 재능을 다지는 데 일정한 역할을 하지 않았을까 한다. 매창이 이후 시기(詩妓)로 한층 성장하는 데 이들의 영향도 무시할 수는 없을 것이다.

그럼에도 6명의 현감 가운데 이기빈만큼은 다소 문제가 있어보인다. 그런 판단은 실록의 기록에서부터 출발한다. 이기빈이 제주목사로 있던 1609년, 보물을 실은 유구국(琉球國, 일본 오키나와 현에 있었던 왕국) 왕자의 배가 바람에 밀려 제주에 표류하자, 그는 배 안에 있던 모든 사람을 죽이고 재물을 탈취했다.[14] 이 사건은 우리나라 야담집과 필기집에 널리 전해지는 충격적인 사건이자 베트남 등 동아시아에서도 회자된 중대한 사건이었다. 이 사건의 발단에 바로 이기빈이 있었다. 그래서 여섯 수령 가운데 적어도 이기빈만큼은 자못 탐욕스러운 인물이 아니었을까 생각해본다. 특히 1609년은 매창이 죽기 1년 전이었으니, 이런 소문을 듣고 매창도 한번쯤은 자신이 모셨던 그의 젊은 시절을 되돌아보며 쓸쓸한 웃음을 지었으리라.

4년 남짓 모시던 현감 양대수를 보낸 이후, 새로 맞이한 현감과 매창의 관계는 어떠했을까? 현감의 부임 기간이 짧으면 3개월, 길어도 1년 6개월을 넘지 못했으니 지속적인 관계를 유지하지는 못했을 법하다. 그러나 만남이 짧았다고 해서 그 사랑까지 애틋하지 않거나 부족한 것은 아니리라. 더구나 여섯 현감이 부안을 거쳐간 5년은 매창이 열두 살에서 열일곱 살로 성장하던 때였다. 6명의 현감 중 누군가는 가장 예쁜 모습으로 꽃을 피우던 매창을 사랑하지 않았겠는가? 그들과의 관계를 밝힐 자료가 보이지 않는다고 해서 실재했던 사실까지 사라지는 것은 아니다! 다음 장에서 구체적으로 이야기하겠지만, 우리가 믿는, 혹은 믿고 싶어하는 유희경과의 사랑이 이루어진 시기도 최전이 현감으로 있던 1586년이었다. 이 시기에 매창은 가장 순수하고 아름다운 사랑을 나누었다.

따라서 당시 6명의 현감 가운데도 매창과 친밀한 관계를 유지한 사람이 있었을 것이다. 어쩌면 이들 가운데 누군가는 매창에게 화초를 얹고 매창의 초야를 함께했을지도 모른다. 그러나 6명의 현감 모두 문집을 남기지 않아 그 편린조차 찾기 어렵다. 늘 주색(酒色)이 문제가 되었던 최전이었을까? 아니면 탐욕스러웠던 이기빈이었을까? 굳이 따질 필요는 없지만, 설령 따진다 해도 무슨 소용이 있겠는가? 그가 누구였든 간에 매창과의 사랑은 단 한 차례의 폭풍으로 지나버린 것을. 그것은 두 사람의 사랑이 부족해서가 아니었을 것이다. 그보다는 당시 조선을 뒤흔든 두 개의 커다란 사건이 두 사람의 지속적인 인연을 방해한 탓일 것이다. 1589년의 기축옥사와 1592년부터 7년간 이어진 임진왜란. 이 두 사건은 매창이 이전에 만났던 많은 사람들과의 단절을 꾀하게 된 계기가 되었던 것으로 보인다.

국내외로 조선을 뒤흔든 두 사건이 일어나기 직전에 매창은 부안을 떠나 서울에 머물고 있었다. 그즈음에 매창은 서울에 사는 누군가의 첩으로 가 있었던 것이다. 매창의 순결함을 믿는 사람들은 매창의 기첩 생활에 대해 지극히 부정적이다. 심지어 이는 왜곡된 것이라고까지 단정한다. 그렇게 올곧고 순수한 사람이 어디 감히! 그러나 양반가의 첩은 기생이 꿈꿀 수 있는 최고의 자리였음을 기억할 일이다. 매창도 그런 꿈을 한번 꾸면 안 되나? 이 문제는 이후에 언급할 것이니, 여기서는 잠시 접어두고 다시 본론으로 돌아가자.

6명의 현감을 맞이하고 보내는 동안 매창은 열두 살에서 열일곱 살로 성장했다. 요즘 말로 폭풍 성장했을 터다. 가장 재기발랄하고 아름다운 시절의 매창, 그 시절의 매창을 떠올린다. 그러나 불행하게도 그 시절 매창의 모습은 지워져버렸다. 단지 정형화된 기생의 삶에서, 여섯 현감의 수발을 드는 기억을 통해서 매창의 모습을 떠올릴 뿐이다. 가장 예뻤던 시절의 내 모습이 지워지는 것처럼 서글픈 일이 또 있을까?

그러나 매창은 모두 지워진 게 아니었다. 다행히도 그 시절의 모습이 기록에 남겨졌다. 그것은 매창이 모셨던 현감이나 그 주변 사람들이 아니라, 매창을 사랑한 노시인의 문집에 남았다. 유희경의 문집 『촌은집(村隱集)』은 가장 아름다운 시절 매창의 모습을 잊지 않게 해주었다.

3장

유희경과의 사랑,
그리고 이별

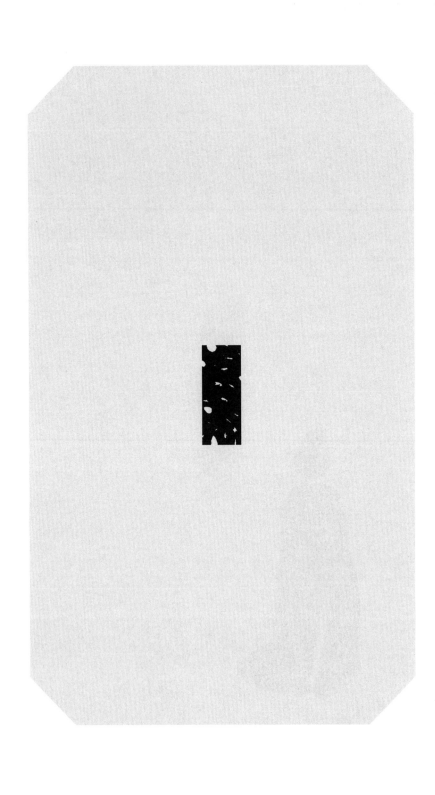

아전들이 엮어준
『매창집』

오늘날 매창이 우리 마음속에 살아 숨 쉬며 여전히 우리 가슴을 뛰게 하는 여인으로 남을 수 있었던 것은 시인 유희경과의 사랑 덕분이다. 유희경의 문집 『촌은집』에는 매창에게 준 7편의 시가 수록되어 있다. 중세 사회에서 누군가가 특정 기생에게 이렇게 많은 시를 주고 그것을 자신의 문집에 실은 일은 유례가 없다. 그만큼 유희경은 매창을 사랑했다. 『촌은집』에는 누구에게 준다고 밝히지는 않았지만 사랑하는 사람에 대한 애틋한 정서를 담은 시들도 더러 실려 있는데, 일부 연구자들은 이 시들까지 매창에게 보낸 시로 자의적으로 해석하기도 한다. 유희경과 매창의 사랑은 학문적 엄격성마저 넘어설 만큼 아름다웠던 까닭이리라.

그러다 보니 문제가 발생했다. 『매창집』에 실린 시들도 대부분 유희경과 연관시켜 해석하려는 경향이 나타났다. 노시인 유희경이 『촌

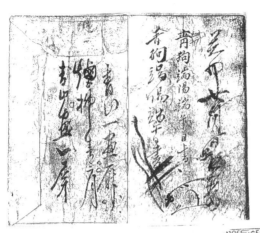

彈琴
幾歲鳴風雨
今來一短琴莫彈孤鸞
尋眞
曲終作白頭吟
可憐東海水
何時西北流停舟歌一
曲把酒憶舊遊
又

梅窓集
贈別
我有古琴一彈百感生世無知
曲遠和纏山篁
自恨
春冷神寒永沙愁日照時低顏信手
處瑤瑤滿釦絲

『매창집』은 현재 목판본 하나와 필사본 두 개가 전한다. 첫 번째 사진은 부안문화원에 복사본으로 보관되어 있는 김정환 필사본이고, 두 번째 사진은 하버드대 옌칭연구소에 소장되어 있는 목판본이다. 세 번째 사진은 김억의 필사본이다.

은집』에 남긴 시들은 매창에게 준다고 분명히 밝혔으니, 문제될 게 없다. 하지만『매창집』에 실린 시들까지 유희경과 직접적으로 연계시키는 일은 다분히 위험하다. 실제『매창집』에 실린 시 가운데 유희경과 관련지을 수 있는 시는 아무리 많아도 한 편 정도에 불과하다. 이를 확인하기 위해서는 우선『매창집』의 성격부터 파악해야 한다.

『매창집』은 현재 3종이 있는데 하나는 목판본이고, 나머지 둘을 필사본이다.[1] 필사본 중 하나는 김정환(金鼎桓, 1774~1822)이 이전에 있던 텍스트를 필사하여 1807년에 새로 서문을 붙인 것이고, 다른 하나는 시인 김억(金億, 1896~?)이 소장하고 있던 필사본을 1942년에 누군가가 다시 필사한 것이다. 목판본은 현재 하버드대 옌칭연구소에 소장되어 있다.[2] 김정환 필사본은 부안문화원에 복사본이 존재한다. 김억 필사본은 국문학자 김동욱(金東旭, 1922~1990)이 가지고 있었는데, 현재는 그 소장처를 알 수 없다. 이외에도 서울대 가람문고에 소장된, 원고지에 쓴『매창집』과 1950년에 민병도가 편집한『조선역대여류문집(朝鮮歷代女流文集)』에 활자로 소개된『매창집』도 있다. 이 둘은 김억이 필사한 책을 다시 전사한 것이다. 이 중『매창집』과 관련하여 가장 중요한 텍스트는 아무래도 목판본일 수밖에 없다. 그런데 이 텍스트를 두고도 말이 많다. 그 원인은『조선역대여류문집』뒤에 붙은『매창집』에 대한 간략한 해제에서 비롯된다.『매창집』에 대한 해제는 가람 이병기(李秉岐, 1891~1968)가 썼는데 그 내용이 흥미롭다. 편의상 한자는 괄호 안에 넣거나 한글로 전환했다.

전하는 말에는 이 시집이 두 권이 되고 그 판각(板刻)이 부안에 있던 것을 수령 방백이 오는 이마다 자꾸 구청(求請)하므로 이 때문에 고을이 망하겠다 하고 누가 불을 질러버렸다 한다. 그러나 이 『매창집』은 그 판본을 보면 매창이 죽은 후 59년 되는 현종(顯宗) 9년 무신(戊申) 10월에 현리(縣吏)들이 전송하는 각체(各體) 병(並) 58수를 얻어 변산 우금암 아래 있는 개암사에서 판각을 했다 하고, 그 담에는 결자(缺字)되어 모르겠으나 이미 280년 전에 이와 같이 개암사서 개판(開板)하여 그 판각이 완결(刓缺)되었은즉 그 판각이 불에 없어졌다는 말은 믿을 수 없고 이 근래까지 전한가 싶다.[3]

매창에 대한 애정이 전설을 만들었다. 원래 『매창집』은 관아에서 두 권으로 만들었는데, 전라도 지방에 내려오는 관리들이 너도나도 책을 원하기에, 그를 찍어내느라 고을이 망할 만큼 재정이 많이 소모되어 누군가가 일부러 이 판각을 불태워버렸다는 전설. 이 전설은 사람들의 입에 오르내리며 마치 사실처럼 받아들여졌다. 이 전설이 사실처럼 굳어지면서 『매창집』에 대한 오해도 생겼던 듯하다. 그러나 이병기는 이는 전설일 뿐 사실이 아니라고 분명히 못 박았다. 그는 이미 1668년 개암사에서 처음으로 판각이 되어 이지러지고 깨어진 상태로 근래까지 전하다가 소실되었다고 단정한다. 즉 『매창집』은 1668년 개암사에서 한 권 분량으로 만든 판각본이 처음이자 마지막이라고 본 것이다. 나머지는 전설일 뿐이다.

그러나 아직도 일부에서는 이병기의 주장을 준신(準信)하는 데 주저한다. 오히려 전설만 이야기한다. 이병기가 쓴, '출판물을 처음으

로 찍어낸다'는 의미의 '개판(開板)'을 '원래의 판을 고쳐서 다시 찍어
낸다'는 '개판(改版)'으로 읽기도 한다. 즉 현재의 『매창집』은 원래의
모습이 아니라, 판을 새로 짠 것이라는 주장이다. 이 주장은 썩 타당
해보이지 않는다. 실물 없이 나온 추정인지라 공허하기까지 하다.
그러나 이 주장에 전혀 근거가 없지는 않다. 목판본을 필사한 김정
환 필사본과 현존하는 하버드대 소장 목판본을 대비해보면 그 가능
성을 상정할 수 있기 때문이다. 전설을 믿고 싶어하는 심리도 여기
에서 발생했을지 모른다.

　김정환 필사본은 목판본과 다르지 않다. 김정환은 『매창집』을 필
사하기에 앞서 새로 서문을 쓰고, 이 서문 뒤에 보다 작은 글씨로 하
버드대 소장 목판본의 발문을 그대로 적어놓았다. 그런데 목판은 뒷
부분이 일부 결락되어서, 그 내용을 온전히 확인할 수 없다. 김정환
이 본 책도 목판본처럼 뒤가 결락된 것이었다. 그래서인지 김정환은
그 부분을 아래와 같이 기워넣었다. 목판본과 대비해보면 그 양상이
더욱 뚜렷하게 드러난다.

• 목판본: 숭정(崇禎) 후 무신년(戊申年, 1668) 10월에 아전들이 읊으면
　서 전하던 여러 형태의 시 58수를 구해 개암사에서 목판본으로 간
　행했다.

• 김정환본: 숭정 후 무신년 10월에 전송되던 여러 형태의 시 58수를
　구해 변산 개암사에서 목판본으로 간행했다. 세월이 오래되어 판본
　도 사라지고, 이어서 그것을 모을 사람도 없어졌다. 천 년의 향기로운
　꽃이 모두 사라져 들을 수 없게 되었으니 참으로 애석하도다. 청 가경

연간 정묘년(丁卯年, 1807) 5월에 진주의 후예 김정환이 이전의 서문에 붙여서 쓴다.[4]

김정환은 이미 뒷부분이 사라진 목판본에서 보이는 부분까지 그대로 베낀 후, 그 뒤의 결락된 부분은 자신의 목소리를 집어넣음으로써 급하게 끝을 맺었다. 더구나 이전에 있던 서문을 이어서 쓴다〔重序〕고까지 하지 않았는가. 따라서 김정환 필사본은 목판본을 전사하되, 부분적으로 손질을 가한 이본(異本)의 하나라고 볼 수 있다. 특히 목판본에는 매창이 아전 이탕종의 딸이라고 분명히 밝혀져 있지만, 김정환 필사본에는 그를 이양종(李陽宗)으로 잘못 적는 등 전사 과정에서 생길 수 있는 오류가 눈에 띈다. 그런데 문제는 이렇게 목판본과 김정환본의 관계를 분명하게 정리할 수 없다는 점이다. 두본에 공통적으로 실린 시 작품을 비교하면, 오히려 김정환 필사본이 타당한 경우도 있기 때문이다.

예컨대 하버드대 소장 목판본에는 「용안대에 올라〔登龍安臺〕」라는 제목의 시가 실려 있다. 그런데 김정환 필사본에는 이 시의 제목이 「한순상에게 바치며〔呈韓巡察〕」로 되어 있다. 김정환이 목판본을 전사한 것이 틀림없다면, 이 시의 제목 역시 「용안대에 올라」로 써야 옳을 것이다. 그런데 그 제목이 「한순상에게 바치며」로 바뀌었다. 문제는 이 시의 제목으로 후자가 더 타당하다는 점이다. 왜냐하면 이 시는 매창이 전라도 관찰사 한준겸(韓浚謙, 1557~1627)에게 바치는 시가 분명하기 때문이다. 이런 점에서 김정환 필사본은 퍽 흥미로운 텍스트다. 또한 하버드대 소장 목판본과 김정환 필사본 사이에 또 다른 이본이 존재했음을 상정할 수 있기 때문이다. 일부 연구자들이 전설을 신뢰하며 또 다른『매창집』의 존재를 이야기하는 것도 그 근본적인 원인은 여기에 있지 않은가 한다.

그러나 이 한 편의 시만을 증거로『매창집』이 개판(改版)되었다고 보기는 어렵다. 김정환이 서문에서 말하고 있듯이『매창집』은 "옛 어른들이 읊조리며 전하던 것을 겨우 얻어서 기록해둔 것"이기 때문이다." 즉 김정환은 목판본을 주 텍스트로 전사하되, 몇 편은 그때까지 어른들의 입에서 입으로 전해지던 것들을 참조해서 부분적으로 손질을 했다. 그러니 특정 작품에 한해서는 목판본보다 김정환 필사본이 더 정확한 정보를 제공할 수 있었던 것이다. 개판(改版)의 증거는 아니지만,『매창집』을 이해하는 데 하버드대 소장 목판본을 위주로 하되, 김정환 필사본도 함께 고려해야 하는 까닭이 여기에 있다.

목판본『매창집』은 고작 16장으로 되어 있다. 수록된 시도 총 58편 뿐이다. 그 가운데 「윤공비(尹公碑)」라는 제목이 붙은 작품은 허균의 문객(門客)이었던 이원형(李元亨)이 쓴 시다. 이원형의 시가 어느 순간 매창의 시로 둔갑되어『매창집』에 실렸다. 이 시를 빼면, 실제『매창집』에 실린 매창의 시는 총 57편이다. 이 외에 다른 사람의 문집에 실려 전하는 시도 있지만, 이들은 나중에 다시 언급하기로 하고, 여기에서는『매창집』에 실린 매창의 시가 총 57편이라는 점만 확인해두자.『매창집』에 실린 시는 모두 구와 글자의 수, 평측 등에 엄격한 규칙이 있는 근체시(近體詩)로, 오언절구가 20편, 칠언절구가 27편, 오언율시가 6편, 칠언율시가 4편이다.

매창과
『매창집』에 대한 오해

『매창집』 서문에는 분명히 "매창이 지은 시 수백 편이 그 당시 사람들의 입에 오르내렸지만, 지금은 거의 흩어져 사라졌다"고 했다. 그녀가 지은 수백 편의 시 가운데 『매창집』에 실린 시는 겨우 57편뿐이라는 말이다. 수백 편 모두가 남았다면, 아니 수십 편만이라도 더 남았다면, 매창의 삶을 추적하는 데 유의미하지 않았을까 하는 아쉬움이 남지만, 그래도 이 정도라도 남은 것을 위안으로 삼는 도리밖에 없다.

그런 아쉬움을 뒤로하면, 우리에게 몇 가지 의문이 남는다. 수백 편 가운데서 걸러져 『매창집』에 실린 매창의 시 57편은 언제 지어졌는가? 많은 분들이 주장하고 기대하는 것처럼 57편 가운데 상당수가 유희경과의 사랑을 노래한 것일까? 당시 '아전들이 읊으며 전하던 시'가 매창과 유희경 사이에 은밀하게 오고가던 사랑 노래였을까? 아전들은 유희경과 매창의 사랑이 너무나 애절하여 그들이 주고받은 비밀스러운 사랑 노래를 『매창집』에 실은 것일까? 그렇게 믿고 싶은 마음과 달리, 실상은 그런 것 같지 않다. 오히려 『매창집』에 실린 57편의 시 대부분은 1600년 이후의 것들로 보인다. 좀더 시기를 좁힌다면 1603년 전후부터 매창이 죽기 직전인 1610년까지 쓴 시들만 모아놓은 것 같다. 왜 그럴까? 두 가지 측면에서 그 원인을 찾을 수 있다.

하나는 『매창집』에 수록된 시들이 매창이 죽고 58년 후에야 기록되었다는 점이다. 그것도 아전들의 입에서 입으로 전해지는 것을.

상식적으로 생각해보자. 매창이 죽은 뒤 58년 동안 아전들이 기억했음 직한 시들은 과연 어떤 것들이었을까? 아마도 매창이 어린 시절에 지은 치기 어린 사랑 노래는 아닐 터다. 사적인 공간에서 불린 노래가 아전들의 입에 회자되었을 리는 만무하기 때문이다. 더구나 매창은 유희경과 만난 이후 다른 사람의 첩이 되어 부안을 떠났다. 적어도 3년 남짓한 공백기를 지나 매창은 부안으로 돌아왔다. 그리고 예전처럼 다시 기억을 시작했다. 그 후 임진왜란이 발발했다. 모두 알고 있듯이 임진왜란은 7년 전쟁이었다.

그런데 아전들은 열네 살이던 매창이 유희경과 은밀하게 주고받은 시가 너무나 애절했기 때문에 그 시를 기억하여 읊었던 것일까? 매창이 다른 사람의 첩이 되어 부안을 떠난 3년 동안의 공백기에도, 또 7년 동안의 전란기에도? 그리고 매창이 죽고 58년이 지난 뒤에도 그 절절한 사랑 시를 기억했다가 『매창집』에 수록했던 것일까? 그 사랑이 너무나도 고귀했기 때문에 자신들의 경제적 희생을 감수하면서까지 『매창집』을 만들어 그 시들을 세상에 전하려 했던 것일까? 아무리 애틋한 사랑이었다 해도 무려 80년이라는 긴 시간 동안 아전들은 대를 이어가며 14세 기생의 사랑 시를 기억해야만 했을까?

아니다, 그렇지 않다! 아전들이 기억할 수 있었던 시는 전란이 어느 정도 정리된 후 공공장소에서 불렸던 것으로, 치기 어린 사랑 노래가 아니라 인간의 보편적 감성을 담은, 30대 전후에 매창이 지은 시들이었으리라. 그리고 거기에는 아전들의 마음도 울리는 공통된 무엇인가가 담겨 있었을 것이다. 달리 말하면 매창의 위대함을 드러내는 잣대가 되는 시일 수밖에 없다. 그리고 상식적으로도, 『매창집』 간행을 준비하는 아전들에게도 매창이 죽기 직전에 읊었던 노래들이 더 인상적이며 더 오랫동안 기억에 남지 않았을까?

다른 하나는 『매창집』에 실린 작품들을 하나하나 실증적으로 확인해보면, 후대에 공식적인 자리에서 불렸던 시가 많다는 점이다. 특히 매창이 1603년 이후에 쓴 시들이 중심에 놓여 있다. 많은 사람들의 기대와 달리 『매창집』에는 유희경과의 관계를 '직접' 확인해주는 시는 단 한 편도 없다. 아이러니하게도 그 애틋한 사랑 이야기가 『매창집』에는 없다. 정황상 억지로 묶어낼 수 있는 작품을 꼽아도 한 편 정도에 그친다. 그 작품 역시 매창과 유희경이 마지막으로 만났을 때의 상황을 그린 것이니, 시기적으로는 후대의 작품임에 틀림없다. 매창과 유희경의 젊은 날의 사랑 이야기는 모두 유희경의 문집인 『촌은집』에만 등장한다. 반면 매창과 무관하다고 여겨졌던 사람들, 예컨대 임서, 한준겸, 권필, 허균, 심광세(沈光世, 1577~1624), 고홍달(高弘達, 1575~1644), 김지수(金地粹, 1585~1639) 등과 매창이 시를 주고 받았음을 확인시켜주는 시가 『매창집』에는 다수 실려 있다. 그뿐인가? 매창은 이귀(李貴, 1557~1633), 윤선(尹銑, 1559~1639) 등과도 자못 깊은 관계였다. 이들과의 교유는 모두 1603년을 전후하여 매창이 죽기 직전까지 계속되었다. 이것은 무엇을 말하는가? 『매창집』에 실린 시 대부분이 매창의 인생 후반부에 쓰였음을 방증하는 것이 아니겠는가?

『매창집』에 실린 시를 두고 온전히 유희경과의 사랑을 그렸다고 해석하는 것은 잘못이다. 매창은 한 사람만을 사랑할 수 없는 사람이었다. 국가의 공물인 관기였던 탓이다. 기생은 한 사람만을 사랑하는 존재가 아니었다. 모든 사람을 사랑해야 하는 존재였다. 아무리 마음에 들지 않는 인물이라 할지라도 적어도 그 순간만큼은 그를 사랑해야 하는 운명이었다. 그것이 기생에게 주어진 임무였고, 숙명이었다. 어쩌면 우리는 매창을 사랑하는 마음이 승하여 가끔씩 역사적 진실까지 부정했던 것은 아닐까?

매창은 기생이다. 그 사실은 변하지 않는다. 이후 매창이 기생이라는 질곡에서 벗어나 위대한 여류시인으로 자리매김하게 된 것은 인간 매창이 지닌 자의식에서 비롯한다. 인간 본연의 아픔을 사랑으로 승화시켜내는 매력을 매창은 맘껏 드러냈다. 우리는 매창을 단지 유희경의 연인으로만 바라봄으로써 오히려 매창의 매력과 아름다움에는 눈감고 있었던 것이 아니었을까? 유희경에게서 매창을 놓아주는 것이 매창의 진면목을 보는 시발점이다. 유희경은 매창이 사랑한 많은 사람들 중 한 명이었을 뿐이다. 그것이 진실이다.

그렇다고 해서 둘이 애틋하게 사랑했다는 사실까지 바뀌는 것은 아니다. 매창은 유희경을 사랑했고, 유희경도 매창을 사랑했다. 이 사실은 명확하다. 그 마음을 문집에까지 담아낸 유희경 덕분에 완전히 사라졌을 수도 있는 매창의 어린 시절 모습도 남았다. 유희경이 『촌은집』에 담은 7편의 시는 어린 매창의 모습과 매창의 사랑법을 이해하는 데 중요한 열쇠를 쥐고 있다.

유희경과 매창의 만남. 그들의 사랑은 매창의 나이 열네 살이던 1586년에 갑자기 찾아왔다.

42세 시객 유희경과의
첫 만남

매창이 유희경을 만난 구체적인 시기는 확인된 바 없다. 대체적으로 학계에서는 1591년으로 추정지만 나는 1586년으로 추정한다. 1591년이라고 막연하게 추정하는 것보다 그 가능성이 비교적 높기 때문이다. 『촌은집』이 추정의 출발점이다.

　젊은 시절 부안을 지날 때였다. 이름난 기생 계생이, 유희경이 서울의 시객(詩客)이라는 말을 듣고 물었다. "유희경과 백대붕 가운데 누구신지요?" 대개 그와 백대붕의 이름이 먼 지역까지 알려졌기 때문이다. 그는 일찍이 기생을 가까이하지 않다가 이에 이르러 파계를 했다. 서로 풍류로써 통했기 때문이다. 계생 역시 시를 잘 지었는데, 『매창집』이 간행되었다.[5]

　『촌은집』은 3권 2책으로 되어 있는데, 그중 2권에는 유몽인(柳夢寅, 1559~1623)의 「전(傳)」, 김창흡(金昌翕, 1653~1722)의 「묘표(墓表)」, 홍세태(洪世泰, 1653~1725)의 「묘지명 병서(墓誌銘幷序)」, 남학명(南鶴鳴, 1654~?)의 「행록(行錄)」 등이 실려 있다. 이 글은 남학명의 「행록」 중 일부다. 많은 사람들이 유희경이 죽은 뒤 그를 기억해 글을 써주었지만, 매창과의 관계를 언급한 내용은 이게 유일하다.

　여기에는 유희경이 '젊은 시절(少)' 부안에서 매창을 만났다고 쓰여 있다. 누군가가 매창에게 유희경의 이름을 밝히지 않고 그저 신분이 낮은 유명한 여항시인(閭巷詩人)이라고 소개했나 보다. 이에 매창은 자신이 알고 있는 당대 최고의 여항시인 2명의 이름을 댔다. "그럼, 유희경과 백대붕 가운데 누구신지요?" 유희경을 빤히 쳐다보며 호기심 있게 묻는 장면이 당돌하면서도 인상적이다. 유희경과 백대붕(白大鵬, ?~1592)은 당대 최고의 주가를 올리던 여항시인이었다. 그랬기에 매창도 당연히 그 두 사람의 이름을 댄 것이다. 유희경과 백대붕은 서로 운율에 맞춰 시를 주고받으며 형제처럼 지내던 사이로, 당시 사람들에게 '유백(劉白)'이라 불렸다.[6] 그런 소문이 부안에 있는 매창에게도 들렸나 보다.

백대붕은 1592년 임진왜란 때 죽었다. 매창이 백대붕의 이름을 거론한 것은 곧 그가 살아 있었기에 가능한 일이었다. 따라서 유희경과의 첫 만남은 자연히 임진왜란 이전인 1591년으로 소급된다. 이때 매창의 나이는 열아홉으로, 아마도 이 정도면 사랑을 할 수 있는 나이라고 여겼는지, 후대 연구자들은 유희경과 만난 시기도 이때로 잠정하고 있다. 이 막연한 추정은 시간이 지나면서 점점 사실처럼 굳어지더니 어느새 정설로 자리매김되었다.

그렇지만 이를 입증할 어떤 증거 자료도 없다. 유희경이 이 시기에 전라도에 있었다고 볼 만한 단서도 전혀 없다. 또한 이때 유희경의 나이는 마흔일곱으로, '젊은 시절'이라고 쓸 수 있을지도 모르겠다. 이런 상황에서 매창과 유희경의 첫 만남이 언제 이루어졌는가에 대해 보다 분명하게 알아보자. 그러자면 우선 유희경이 전라도를 방문했던 시기부터 따져봐야 한다. 다행히 『촌은집』에 그 단서가 보인다. 「완산에서 송어사께 바치며[完山呈宋御史]」라는 시가 그 실마리를 제공한다.

나그네의 계획 끝내 이루기 어려워

머물다보니 어느덧 열흘이나 되었네.

저물어가는 단옷날

나는 아직도 고향으로 돌아가지 못했네.

푸른 대나무가 빽빽하게 섬돌을 두르고

꾀꼬리는 벗을 부르며 우는데,

어찌 뜻했으리오, 이곳 풍패(豊沛)에서

예전 친밀하게 지내던 벗님을 볼 줄이야.

客計終難就　淹留又一旬

端陽將盡夕　故國未歸身

翠竹環堦密　黃鶯喚友頻

那知豊沛府　得見舊交親

　　단오 즈음의 어느 봄날, 유희경은 전주에서 열흘 남짓 머물고 있었
다. '나그네의 계획〔客計〕'이 있어서 전주에 내려왔는데, 일이 잘 풀리
지 않았는지 그저 십여 일 허송세월로 지내고 있었다. 그런데 우연
히 풍패로 내려온 송씨 성의 어사를 만났다. 풍패는 본래 한나라 건
국주인 유방의 고향을 뜻한다. 여기서는 조선의 건국주인 태조 이성
계(李成桂, 1335~1408)의 고향 전주를 말한다. 이성계의 고향 전주를
한나라 유방의 고향 풍패에 빗댄 것이다. 전주에서 만난 송씨 성의
어사는 오랫동안 알고 지내던 사람이었다. 오랫동안 친밀하게 지내
던 송 어사를 만난 기쁨에 유희경은 이 시를 써서 그에게 올렸다. 송
씨 성의 어사. 그 어사는 바로 송언신(宋言愼, 1542~1612)이었다.

이런 정황이 확인된 이상, 이제는 송언신이 전라도 지역의 어사로 내려왔던 때만 알면 유희경이 전라도에 내려온 시기도 알 수 있다. 여러 기록을 살펴보면, 송언신은 어사로 세 번 활동했음이 확인된다.[7] 그중 전라도 지역에 어사로 파견된 때는 1586년 봄이었다. 즉 송언신은 1586년 봄에 전라도 지역 순무어사(巡撫御史)로 칙명(勅命)을 받들고 전라도에 내려왔던 것이다. 그리고 그해 겨울에 부수찬(副修撰)이 되어 떠날 때까지 어사 직을 수행했다. 유희경이 이 시를 쓴 것도 송언신이 어사로 내려온 1586년 단오 무렵이었음이 분명하다. 즉 유희경은 1586년 봄에 전라도에 내려왔던 것이다.

그렇다면 유희경은 왜 전주에 내려왔을까? '나그네의 계획'을 이루기 위해서라고 했다. 그렇다면 '나그네의 계획'이란 과연 무엇이었을까? 자못 궁금해진다. 그런데 이 물음은 의외로 간단히 해결된다. 당시 전라도 관찰사 겸 부윤(府尹)으로 재직한 인물이 바로 남언경(南彦經, 1528~1594)이었기 때문이다. 남언경이 누구인가? 바로 유희경의 스승이다. 즉 유희경은 스승 남언경을 찾아 전주로 내려왔던 것이다.

남언경이 전라도 관찰사로 부임한 때는 명확하지가 않다. 전라도에서 출간한 『조선시대 전주부윤과 판관』을 봐도 『선조실록』에 근거하여 1587년 당시 관찰사로 재임하고 있었다고만 밝혀놓았다.[8] 명확하게 남언경이 언제 부임했는지에 대한 구체적인 자료가 없기 때문에 이렇게만 썼으리라. 그런데 남언경의 부임 연도와 관련하여 흥미로운 기록이 보인다. 바로 정탁(鄭琢, 1526~1605)의 문집 뒤, 연보에 삽입된 시 「동강 남언경을 전주의 임소로 떠나보내며(送東崗南彦經赴

全州之任)」가 그것이다. 이 시를 쓴 때가 바로 을유년(乙酉年) 7월, 그러니까 1585년 7월이다.[9] 1585년 7월에 남언경이 전라도 관찰사가 되어 전주로 떠나게 되자, 정탁이 전별연(餞別宴)을 베풀어 환송하면서 이 시를 쓴 것이다. 따라서 남언경이 전라도 관찰사로 부임한 시기는 1585년 7월이 된다. 남언경은 1585년 7월에 전라도 관찰사로 임명되어, 적어도 1587년까지는 그 직을 유지했다.

유희경은 예법(禮法)에도 아주 밝았던 인물이다. 조우인(曺友仁, 1561~1625)이 "당시 사대부들조차 예법에 관한 한, 따라잡을 자가 드물었다"고 칭찬할 만큼 유희경은 발군의 능력을 드러냈다.[10] 특히 제례(祭禮)와 상례(喪禮)에는 더욱 밝아 "양예수(楊禮壽, ?~1597)가 뒷문으로 나가면, 유희경이 앞문으로 들어온다"는 말이 퍼졌을 정도다.[11] 당시 의원으로 최고의 명성을 떨치던 양예수가 손을 쓸 수 없어 뒷문으로 나가면, 유희경이 장례를 주관하기 위해 앞문으로 들어온다는 말이다. 양예수가 의학에 밝았던 만큼, 유희경은 상례에 밝았음을 알 수 있다. 유희경에게 당시(唐詩)를 가르친 스승이 박순(朴淳, 1523~1589)이었다면, 예법을 밝혀준 스승은 바로 남언경이었다.

유희경은 예법과 관련하여 무엇인가 미심쩍은 대목이 있어서 당시 전라도 관찰사로 있던 남언경을 찾아왔던 것이다. '나그네의 계획'이란 바로 이를 지칭한 것이다. 그는 스승 남언경과 토론을 하며 10여 일 동안 전주에 머물렀다. 그 사이에 오랫동안 알고 지내던 송언신이 어사로 내려온 것이다. 그때가 1586년 봄이었다.

전주에 머물던 유희경은 잠깐 부안으로 내려갔다가 매창을 만났을 개연성이 높다. 유희경이 혼자 갔는지, 어사 송언신을 따라갔는지, 혹은 스승인 전라도 관찰사 남언경과 함께 갔는지는 분명하지 않다. 당시 부안현감이던 최전은 어사의 계를 받고 파직되는데, 최전을 파직시킨 어사가 바로 송언신이었다. 그래서 유희경이 송언신과 함께 부안에 갔던 것은 아닐까 짐작해볼 뿐이다.

예법과 관련된 묵은 고민을 머릿속에 담고 전라도로 내려간 유희경은 부안에서 운명의 매창을 만났다. 열네 살의 기생 매창과 마흔두 살의 시객 유희경의 만남은 이렇게 시작되었다.

유희경이 매창을 만나 처음으로 '파계(破戒)'했다고 할 만큼 매창은 매력이 있었던 모양이다. 아마도 허균이 그랬던 것처럼 유희경도 매창에 대해 처음에는 관기라는 사실 외에 별다른 느낌이 없었을 것이다. 예법에 충실한 유희경, 마흔두 살이 될 때까지 '파계'를 해본 적이 없는 유희경이 일개 관기를 보고 무슨 감흥이 있었겠는가? 그러나 허균이 대화를 나누면서 매창에게 매혹되었던 것처럼, 유희경도 그렇게 매창에게 끌렸나 보다. 어디로 튈지 모르는 럭비공과 같은 허균, 그리고 예법에 정형화된 유희경. 두 사람은 완전히 다른 유형의 인간이다. 그런데 둘 다 한순간에 매창에게 매료되었다니, 매창은 분명코 사람을 끄는 매력이 있었으리라. 그 매력은 누구라도 아프지 않게 안아줄 수 있는 따뜻함에서 비롯된 것이 아니었을까?

유희경의 문집에 남은
매창의 흔적

유희경이 매창에게 준 시는 모두 7편이다. 『촌은집』에는 매창과 관
련된 것으로 추정되는 시가 몇 편 더 있지만, 매창(계랑)에게 직접,
혹은 간접적으로 준다고 밝힌 시는 7편뿐이다. 「계랑에게(贈癸娘)」라
는 제목을 붙인 시 두 편과 「계랑을 생각하며(懷癸娘)」, 「길을 가다
계랑을 떠올리며(途中憶癸娘)」, 「장난삼아 계랑에게 주며(戲贈癸娘)」,
「계랑에게 부치며(寄癸娘)」, 「다시 계랑을 만나(重逢癸娘)」가 그것이
다. 그 외의 시는 매창과 연관이 있다고 단언하기 어렵다. 혹자는
7편이 적다고 말하기도 한다. 하지만 문인이 1명의 기생에게 7편이
나 되는 시를 남긴 것은 유례가 없는 일이다. 그만큼 유희경은 매창
을 사랑했다. 갑자기 떠오르는 사람, 길을 가다가 문득 떠오르는 사
람. 정말 유희경은 매창을 사랑했다. 유희경은 그 마음을 문집에 담
았다.

　다음은 유희경이 매창을 처음 만났을 때 주었다고 알려진 시다. 실
제로 그랬을 개연성이 높다. 「계랑에게」라는 제목에서도 알 수 있듯
이, 매창을 앞에 두고 읊은 시다.

　　남쪽 지방 계랑의 이름을 일찍이 들었는데

　　시와 노래 솜씨가 서울에까지 울리더군.

　　오늘 그 진면목을 보고 나니

　　선녀가 하늘에서 내려온 듯하구나.

曾聞南國癸娘名　詩韻歌詞動洛城

今日相看眞面目　却疑神女下三淸

　열네 살 기생이 무에 그리 신통하여 그 이름이 서울에까지 알려졌
는지 모르겠다. 시와 노래 솜씨가 뛰어나다는 소문. 유희경은 그 소
문을 듣고 일찍이 매창의 이름도 알고 있었다고 한다. 이 시에 따르
면, 매창은 시와 노래에 천부적인 재능을 보였던 것이 분명하다. 열
네 살밖에 안 된 지방 기생의 재주가 얼마나 뛰어났기에 서울에까지
이름이 전해졌는지 궁금할 뿐이다. 특히 당시 최고의 시인이라 일컬
어지던 유희경이 칭찬했을 정도라면, 적어도 시에 관한 한 매창의
재주는 독보적이었을 것으로 보인다.

　그렇지만 이 시를 곧이곧대로 믿을 필요는 없다. 이 시는 다분히
형식적인 면이 강하기 때문이다. 그래서인가? 나는 이 시에서 유희
경의 절절한 사랑의 마음을 별로 느끼지 못했다. 마치 앞에 기생을
앉혀놓고 치켜세우는 듯한 느낌. '너를 보니 하늘에서 선녀가 내려온
듯하다'는 말도 너무 상투적이다. 그런 느낌을 받는 것은 비단 나 혼
자뿐일까? 나는 이 시에서 약간의 허풍을 섞어 상대방을 칭찬하는
유희경의 모습이 더 인상적이다. 이 시는 매창과 유희경의 사랑과
관련하여 많이 인용되지만, 개인적으로는 같은 제목의 다른 작품
「계랑에게」가 훨씬 더 좋다.

　내게 선약 하나가 있으니

　고운 얼굴의 찡그린 흔적을 치료할 수 있지.

비단 주머니 속에 깊이깊이 간직해두었다가

사랑하는 사람에게만 주고 싶구나.

我有一仙藥　能醫玉頰嚬

深藏錦囊裏　欲與有情人

　매창에게 무엇인가 속상한 일이 있었나 보다. 그 속마음이 얼굴에
그대로 드러나 살짝 찡그린 표정을 지었던 모양이다. 유희경은 그
모습까지도 너무나 예뻤나 보다. 샘이 난 듯 살짝 얼굴을 찡그린 어
린 기생, 그리고 그런 모습까지도 예뻐서 어쩔 줄 모르는 조금은 나
이 든 시인. 이 모습이 떠오를 때마다 400년이 지난 시대를 사는 내
입가에도 살포시 웃음이 퍼진다. 세상 모든 것을 잊고 오로지 둘만
의 세계에 머무르는 그 모습이 어찌나 아름다운지. 사랑의 마음이
이런 게 아니겠는가? 다소 유치한 유희경의 표현이 오히려 귀엽기
까지 하다.
　이런 장난은 잠자리에 들기 전까지 이어졌다. 「장난삼아 계랑에게
주며」는 잠자리에 들기 전, 유희경이 매창을 놀리는 시가 분명하다.

복숭아꽃 붉고 요염해도 봄 한때뿐이니

수달의 골수로도 주름진 얼굴을 펼 수 없지.

선녀인들 쓸쓸한 독수공방을 어이 견디겠나.

무산의 운우나 자주자주 내려보세.

桃花紅艶暫時春　獱髓難醫玉頰嚬

神女不堪孤枕冷　巫山雲雨下來頻

붉고 요염한 복숭아꽃도 한철이고, 아무리 좋은 약도 세월이 만든 주름을 치료할 수는 없다. 그러니 초(楚)나라 양왕(襄王)이 무산(巫山) 신녀(神女)를 만나 사랑을 나눈 것처럼 우리도 사랑하자고 한다. 독수공방을 견딜 수 없으니, 젊었을 때 자주 사랑을 나누는 것이 옳지 않겠느냐고 한다. 잠자리에서 매창을 놀리는 시지만, 경쾌하면서도 정감이 있다. 아마 매창도 유희경이 자신을 놀리는 시에 화답했을 것이다. 하지만 『매창집』에는 그런 작품이 실려 있지 않다. 유희경의 시를 통해서만 당시의 만남을 유추해볼 뿐이다. 두 사람의 짧은 만남과 사랑. 사랑의 강도는 시간의 길이와 비례하지 않는다. 두 사람은 짧은 시간이었지만 깊은 사랑을 간직했으리라.

유희경이 부안에 얼마나 머물렀는지는 알 수 없다. 아마도 그리 오래 머물지 않았을 것이다. 불과 며칠. 아무리 로맨티스트였다고 할지라도 지방의 기생 때문에 무작정 머무를 수는 없었을 것이다. 짧은 시간이었지만 사랑의 깊이만큼이나 이별의 아픔도 컸으리라. 실제로 부묵자(副默子)가 편찬한 『파수록(破睡錄)』은 영변 기생 옥매(玉梅)의 목소리를 통해 당시 기생들이 겪어야 했던 이별의 아픔을 잘 전해준다.

"소인의 나이 이제 일흔이지만 머리는 이미 마흔 이전부터 백발이 되었습죠. 비단 저만 그런 것이 아니라 기생이면 누구나 다 그렇답니다."

내가 그 까닭을 묻자, 옥매는 이렇게 대답했다.

"기생이 사내를 섬기는 데는 여러 경우가 있죠. 재물을 탐내어 섬기기도 하고, 용모를 사모한다거나 풍채를 사모하여 섬기기도 하고, 인정에 이끌려서 섬기기도 합니다. 또한 속으로는 미워하면서도 위압에 못 이겨 섬기거나, 오랫동안 못 만나다가 다시 만나서 섬기게 되는 경우도 있지요. 그 경우야 어찌 되든 오랫동안 섬기다보면 자연히 정이 깊어져서 차마 헤어지기 어려워지죠. 하지만 누가 우리 같은 사람을 위해 변방에 오랫동안 머물려 하겠습니까? 헤어져야 할 때가 되면 멀리 남포로 전송하러 나가 이별가 한 곡을 부르며 몸조심하라는 인사를 나누지요. 이때의 심정은 천 근이나 되는 둔중한 돌로 가슴을 내리치는 것과 같답니다. 먼지가 사라지는 것처럼 아득히 멀어지는 모습을 바라보다가 마침내 주체할 수 없는 눈물을 흘리면서 집에 돌아오면 살고 싶은 생각조차 없어지게 되지요. 물론 세월이 흘러서 또 다른 사람을 섬기다보면 전날에 맺었던 정리는 까마득히 잊게 되죠. 그러나 사람을 떠나보낼 때의 심정은 늘 똑같습니다. 사람이 목석이 아닌 다음에야 어찌 빨리 늙고 쇠약해지지 않을 수 있겠습니까."[12]

기생 역시 사람이다. 아무리 공물이라 할지라도 기생 역시 사람의 마음을 가지고 있다. 항상 맞이하는 이별인데도, 늘 성품이 다른 임과 이별을 하는데도 그 아픔이 익숙해지지 않는다. 천 근이나 되는 돌로 가슴을 내리치는 듯한 아픔. 그 아픔을 이별에 비할까? 「춘향전」에는 임이 떠나가는 모습이 해처럼 보이다가, 달처럼 보이다가, 별처럼 보이다가, 먼지처럼 보이다가, 마침내 나비처럼 보인다고 했다. 떠나가는 임의 모습을 아득하게 지켜보다가 자기도 모르게 눈물이 그렁그렁하여 마침내 사물이 흔들리는 모습을 나비처럼 보인다고 한 것이다. 옥매도 그렇게 임을 보냈다. 그 아픔이 너무 커서 마흔 이전에 백발 할머니가 되어버린 것이다. 이별은 이런 것이다.

매창과 유희경의 이별도 그러했으리라. 처음으로 파계를 했다고 한 남학명의 말처럼, 유희경은 늘 매창을 떠올렸다. 홀로 앉아 있을 때도, 길을 가다가도 문득문득 매창을 그리워하는 시를 읊었다. 이별 후에야 비로소 진정한 사랑을 알았던 것일까? 가고 싶어도 갈 수 없었던 마음을 드러낸 시. 시 안에는 매창을 그리워하는 유희경의 정서가 담겨 있다. 「계랑을 생각하며」와 「길을 가다 계랑을 떠올리며」를 살펴보자.

> 그대의 집은 낭주에 있고
> 내 집은 서울에 있지.
> 그리워도 서로 볼 수 없으니
> 오동잎에 떨어지는 빗소리에도 애가 끊어지누나.
> 娘家在浪州　我家住京口
> 相思不相見　腸斷梧桐雨

> 한 번 고운 임과 헤어진 후 구름이 가로막혔으니
> 나그네의 마음 복잡하기도 해라.
> 청조도 오지 않아 소식조차 끊어졌으니
> 벽오동 잎에 떨어지는 찬 빗소리 차마 듣기 어렵구나.
> 一別佳人隔楚雲　客中心緖轉紛紛
> 靑鳥不來音信斷　碧梧涼雨不堪聞

부안과 서울, 서로 다른 공간에 살고 있는 두 사람은 같은 하늘 아래 서로 그리워하건만, 볼 수 없다. 그 냉혹한 현실에 대한 아픔과 매창에 대한 애틋함이 잘 드러나 있다. 길을 가다가도 떠오르는 얼굴, 혹시라도 날아가는 새가 내게 소식을 전하려는 파랑새는 아닌가 하는 슬픈 바람. 7월 커다란 오동잎에 후두두 떨어지는 빗소리는 어찌나 애를 끊어지게 하던지……. 유희경의 마음은 복잡하기만 하다. 저 구름 위를 지나가면 고운 임을 만날 수 있을지……. 유희경은 정말로 매창을 사랑했다.

이화우 흩날릴 제
울며 잡고 이별한 임

유희경을 그리워하는 마음은 매창도 마찬가지였다. 소식조차 끊어진 어느 가을날, 매창 역시 조용히 시조 한 수를 읊었다. 현재까지 알려진 매창의 유일한 시조다.

이화우(梨花雨) 흩날릴 제 울며 잡고 이별한 임
추풍낙엽(秋風落葉)에 저도 날 생각하는가.
천 리에 외로운 꿈만 오락가락하는구나.

유희경은 1586년 봄 전라도에 내려왔다. 그때 매창을 만났고, 그때 매창과 헤어졌다. 둘이 이별하던 날은 마치 오늘날에 벚꽃이 날리듯이, 배꽃이 무던히도 날렸나 보다. 비처럼 날리는 배꽃, 하얀 빛을 발하며 날리는 배꽃. 그렇게 눈부시게 화려한 봄날, 두 사람은 이별했다.

우리 고전소설 중에는 「춘향전」을 새로운 형태로 재구성한 「광한루기(廣寒樓記)」란 작품이 있다. 여기에는 작가의 평비(評批)도 붙어 있다. 작품의 특정한 내용에 대해 작가의 소회를 써넣은 것이다. 「광한루기」에서 작가는 「춘향전」에서 가장 슬픈 대목은 춘향과 몽룡이 이별하는 장면이 아니라, "화경(몽룡)이 춘향을 쳐다보고, 춘향이 화경을 응시하는 부분"이라고 말했다. 정말 그렇다. 이별에 임한 연인이 서로를 바라보는 장면을 연상하면 작가의 말에 공감하게 되리라. 헤어지기 직전에 서로를 바라본다는 것, 그 얼마나 슬픈 모습인가. 매창과 유희경도 그렇게 서로를 그윽하게 응시하다가 헤어졌다. 매창은 떠나는 유희경을 하염없이 바라보았으리라. 해처럼 보이다가, 달처럼 보이다가, 별처럼 보이다가, 먼지처럼 보이는 임. 어느 순간 임은 나비처럼 보였으리라.

이별 후 시간이 흘러 가을바람에 낙엽이 날리는 어느 날, 매창은 문득 유희경이 떠올랐다. 배꽃이 흐드러지게 날리던 그날과 달리 오늘은 가을바람에 이리저리 낙엽이 날린다. 어쩌면 우리가 다시 만날 수 있다는 꿈도 그날 날리던 배꽃처럼, 혹은 오늘 날리는 낙엽처럼 오락가락하고 있지는 않은가? 그 마음이 두렵다. 애써 매창은 말을 꺼낸다. '당신도 나를 생각하시나요?' 아름다운 과거는 '정말' 헛된 꿈이었을지도 모를 일이다.

시조창은 기생이 익히는 것이니, 당연히 매창도 시조창에 익숙했다. 그래서 매창은 한시가 아닌 시조로 감정을 그려냈던 것이다. 임에 대한 그리움을 표현하기에는 노래가 더 적합했던 것일까? 알 수가 없다. 쓸쓸하게 낙엽이 날리는 날, 거문고 가락과 함께 들리는 "이화우 흩날릴 제" 하는 매창의 목소리. 매창이 남긴 유일한 시조는 상상만으로도 아픈 곡조임에 틀림없다.

매창이 노래한 이 시조는 1876년 박효관(朴孝寬, 1781~1880)과 안민영(安玫英, 1816~1881?)이 편찬한 『가곡원류(歌曲源流)』에 실려 있다. 이 책은 시조를 소개한 다음, 아래와 같은 주석을 붙였다.

계랑은 부안의 이름난 기생으로, 시를 잘 지었다. 『매창집』이 세상에 나와 있다. 촌은 유희경의 오랜 벗으로, 촌은이 서울로 돌아간 뒤 소식이 없었다. 이에 이 노래를 지어 수절했다.[13]

이 짧은 주석이 참으로 큰 오해를 불러왔다. 매창이 유희경만 사랑하며 수절했다는 신화의 출발점도 이 주석으로 보이기 때문이다. 열녀 담론은 조선시대뿐만 아니라, 지금도 여전히 강한 이데올로기로 작동한다. 매창에 대한 연구가 시작되던 1970년대에는 그 풍조가 지금보다도 훨씬 더 강했다. 따라서 매창과 유희경의 순백색과 같은 지고지순한 사랑 이야기의 근거도 여기에서 찾았던 것이다. "이 노래를 지어 수절했다." 얼마나 애틋한 표현인가. 이후 매창은 평생 수절하며 사랑을 지킨 절개의 화신으로 재탄생했다. 물론 이 주석에서 "부안의 이름난 기생으로, 시를 잘 지었다"나 "『매창집』이 세상에 나와 있다" 등은 부정할 수 없는 객관적 진실이다. 하지만 "촌은이

매창공원에 있는 매창의 시조 비. 현재까지 알려진 매창의 유일한 시조로 교과서에도 실려 있어 많은 이들에게 알려져 있다.

서울로 돌아간 뒤 소식이 없었다"나 "이 노래를 지어 수절했다"는 내용은 사실이 아니다. 『가곡원류』의 주석은 반만 사실인 셈이다.

이런 점을 고려하면, 이 기록을 어디까지 믿어야 하는가에 대한 의문이 생긴다. 특히 이 시조가 정말 유희경을 향한 노래였는가에 대한 원론적인 물음까지 제기될 수 있다. 그러나 다른 자료가 나오지 않는 한, 이 시조는 매창의 것으로 놔두는 것이 옳다. 임을 그리워하는 열네 살 어린 기생 매창의 그리움이 이 시조에 그대로 녹아 있기 때문이다.

햇살이 눈부시게 비추고 하얀 배꽃이 바람에 날리던 날, 임은 떠나갔다. 나는 기약도 없이 그저 그 사람을 기다리고 있는데, 어느새 가을바람이 불며 낙엽이 날리기 시작했다. 가을바람에 날리는 낙엽은 마치 그날 임과 이별할 때 날리던 배꽃과 퍽 닮아 있다. 아마도 임이 계신 그곳에도 낙엽이 날리리라. 그 모습을 보면서 임도 나를 생각하고 있을까? 우리의 운명은 어쩌면 다시 만날 수 없는 처지로, 그저 흩날리는 배꽃이나 떨어지는 낙엽처럼 여기저기 헤매는 것은 아닐까? 다시 읽어도 매창의 마음을 그대로 담아낸 노래로 들린다.

매창의 시조나 유희경의 시를 보면, 두 사람은 무슨 일 때문인지 서로 그리워하면서도 연락조차 못한 채 얼마간의 세월을 보낸 것이 분명하다. 어쩌면 기축옥사와 임진왜란 같은 국내외적인 문제로 인해 쉽게 소식을 전하지 못했던 것은 아닐까, 짐작만 해볼 뿐이다.

십여 년 만의 해후

그 후, 많은 시간이 흘러 유희경은 전주에서 매창을 다시 만나게 된다. 그때가 언제인지는 명확하지 않다. 많은 사람들이 암묵적으로 이야기하는 1607년 재회설에 나는 동의하지 않는다. 연구자들이 1607년 재회설을 주장하는 것은 『촌은집』에 실린 「임정자의 '옥진을 애도하며' 시에 차운하며〔次任正字悼玉眞韻〕」라는 시 때문이다.

맑은 눈동자, 하얀 이, 푸른 눈썹의 낭자
홀연히 뜬구름 좇아 아득하게 사라져버렸네.
꽃다운 넋은 패읍(浿邑)으로 돌아갔지만

누가 옥골을 고향으로 가져가 묻어주려나.

타지에서 죽어 조문하는 사람도 없고

화장대에만 지난날의 향기 남아 있는데.

정미년에 다행히 서로 만나기는 했지만

슬픔의 눈물 참지 못해 옷깃만 적시네.

明眸皓齒翠眉娘　忽逐浮雲入杳茫

縱是芳魂歸淇邑　誰將玉骨葬家鄉

更無旅櫬新交吊　只有粧奩舊日香

丁未年間幸相遇　不堪哀淚濕衣裳

　여기에서 옥진은 1610년에 죽은 매창을 가리킨다고 한다. 그리고 미련(尾聯)에 나오는 "정미년에 다행히 서로 만나기는 했지만"의 정미년, 곧 1607년은 유희경이 매창을 다시 만난 때라고 한다. 이 주장도 어느새 사실처럼 굳어졌다. 하지만 뭔가 이상하다. 매창은 부안에서 죽었건만, 여기 나오는 옥진은 타지에서 죽었다. 또한 경련(頸聯), 곧 "꽃다운 넋은 패읍으로 돌아갔지만 누가 옥골을 고향으로 가져가 묻어주려나"를 보면, 옥진의 고향은 평양이다. 옥진은 평양 기생이다. 매창이 언제 평양에 갔던가? 단언컨대 옥진은 매창이 아니다!

　게다가 이 시는 임정자, 곧 임숙영(任叔英. 1576~1623)이 쓴 「옥진을 애도하며〔悼玉眞〕」에 화답한 시다. 옥진이 매창이라면, 매창은 임숙영과도 무슨 관계가 있을 터인데, 그 흔적을 찾을 수 없다. 이 점만 봐도 여기서 말한 옥진은 매창이 아닌, 전혀 다른 인물임을 알 수 있다. 1607년은 유희경이 옥진을 다시 만난 때일 수는 있어도 매창과 재회한 때일 수는 없다. 또 이와 관련하여 유희경이 지은 「옥진을 애도하며(悼玉眞)」도 매창의 죽음을 애도한 시로 보는 것은 잘못이다.

향기로운 넋, 홀연 흰 구름 따라 가시었으니
푸른 하늘 아득하여 돌아가는 길 멀어라.
그저 이원에는 한 곡조만 남아
왕손들이 다투어 옥진의 노래를 이야기하네.
香魂忽駕白雲去　碧落微茫歸路賒
只有梨園餘一曲　王孫爭說玉眞歌

일부 연구자들은 유희경의 이 시 역시 매창의 죽음을 애도한 것이라 주장한다. 하지만 이 시 역시 평양 기생 옥진을 애도한 시일 뿐, 매창의 죽음을 애도한 시가 아니다.

옥진은 당시 평양에서 서울로 왔던 선상기였다. 이는 이수광(李光, 1563~1628)의 『지봉선생문집(芝峰先生文集)』만 봐도 알 수 있다. 이수광은 "기생 중에 옥진이란 자가 있는데, 서울에서 유명하다(妓有玉眞者, 名于都下)"고 말한 바 있다. 그리고 이어서 옥진이 "꽃다운 나이에 죽자, 호사지사들이 시를 모아 그녀를 애도했다(玉碎芳年, 好事之士, 多綴詞以悼之)"라는 기록도 남겨놓았다. 이에 걸맞게 이수광 역시 그녀를 애도하는 시를 썼다. 유희경의 「옥진을 애도하며」의 마지막 구, 즉 "왕손들이 다투어 옥진의 노래를 이야기하네"라는 구절은 바로 이수광이 말한 것처럼 '호사가들이 시를 모아 그녀를 애도했다'

는 의미일 뿐이다.

유희경의 「옥진을 애도하며」는 매창을 향한 시가 아니다. 호사지 사들이 선상기였던 옥진의 죽음을 애도하며 지은 다양한 시들 가운데 하나일 뿐이다. 따라서 유희경이 매창을 다시 만난 때를 1607년으로 상정하는 것도 잘못이다. 유희경과 매창을 지나치게 연계시키려는 과도한 해석이 오히려 화를 부른 셈이다.

그렇다면 유희경은 매창과 언제 재회했을까? 이 물음은 다시 미궁으로 빠져든다. 이 문제는 잠시 접어두고, 다른 질문을 던져보자. 재회한 유희경과 매창은 예전의 그 애틋했던 감정이 남아 있었을까? 예전처럼 여전히 설레고 떨렸을까? 유희경의 「다시 계랑을 만나」를 살펴보자.

예부터 꽃을 찾는 것도 때가 있는데
번천은 무엇 때문에 이리 더디었는지.
나는 꽃을 찾으러 온 것이 아니라
오직 열흘 동안 시를 논하자는 약속 때문이라네.
從古尋芳自有時　樊川何事太遲遲
吾行不爲尋芳意　唯趁論詩十日期

유희경은 이 시 아래에 주석을 붙였다.

전주에 있을 때 계랑이 내게 말하기를, '바라건대 열흘 동안 시를 논했으면 좋겠어요'라고 했기 때문에 이렇게 말한 것이다.[14]

우연인지 필연인지 모르겠지만, 매창과 유희경은 전주에서 서로 만났다. 그때 매창은 오랜만에 본 유희경에게 '내가 머물고 있는 곳으로 찾아와 열흘 동안 시 이야기나 나누자'고 했나 보다. 아마도 서로 허심탄회하게 이야기하기에는 주변 여건이 맞지 않았기 때문에 매창은 일부러 이렇게 말했을 것이다. 조금 더 편안하고 자유롭게 이야기하기에는 부안이 더 나았으리라. 그래서 매창은 유희경을 부안으로 초청한 것이다. 매창은 정말로 시를 이야기하고 싶었을지도 모른다. 하지만 매창의 본심은 어린 시절 사랑했던 사람과 좀더 많은 시간을 보내며 그동안의 정회(情懷)를 이야기하고 싶었던 것이 아니었을까? 오랜 그리움을 위로받을 수 있는 시간이 매창에게는 필요했을지도 모른다. 열흘이라는 시간. 매창은 유희경에게 그 시간을 함께해줄 것을 부탁했다.

약속대로 유희경이 매창을 찾아왔다. 그리고 대뜸 내놓은 시가 이렇다. 꽃을 찾는 것에도 다 때가 있는데, 나는 너무 늦게야 찾아왔다. 그렇지만 내가 온 것은 단지 꽃이 탐나서가 아니라, 네 요청에 따라 시를 이야기하기 위해서다. 유희경이 시에서 말한 내용이다.

이 시를 두고 많은 연구자들이 오랫동안 만나지 못한 애틋함이 묻어 있다고 이야기한다. 그런데 나는 그 '애틋함'을 도무지 느낄 수가 없다. 애틋한 부분이라면 '너무 늦게 찾아왔다'는 고백 정도다. 그 고백도 직접 드러내지 않는다. 유희경은 자신을 번천(樊川)에 비유했다. 번천은 당나라 시인 두목(杜牧, 803~852)의 호다. 매창이 예전부터 두목의 시를 좋아해서 '번천'이라고 했을 수도 있겠지만, 그 비유가 퍽 어색하다. 억지로 갖다 붙인 것 같다. 그냥 꽃향기에 취해왔다고 말하면 안 되나? 오랫동안 그리던 매화 향기를 좇아 무념무상 발길 닿는 대로 찾아왔다고 말하면 안 되었을까? 직설적으로 그렇게 말하는 게 더 애틋하지 않았을까? '나는 네 요청에 따라 정말로 시를 논하러 왔다'는 말이 오히려 두 사람 사이를 서먹하게 한다. 시를 이야기하자는 네 요청 때문에 왔다는 유희경의 말이 어딘지 모르게 궁색하다. 아무래도 유희경은 나이가 들었나 보다. 처음 파계할 때의 생기발랄한 모습은 드러나지 않는다. 그리움이란 감성은 이성 앞에 묻혀버리는 것일까? 두 사람의 사랑과 그리움도 세월 앞에서 상당 부분 퇴색해버린 것일까? 이미 원숙한 기생으로 자란 매창과 이제는 너무 늙어버린 유희경의 재회. 오랜 그리움이 남긴 상처와 젊은 시절의 재기발랄했던 추억이 파노라마처럼 스쳐 지나가는 순간. 두 사람의 재회는 아마도 그렇지 않았을까?

두 사람은 열흘 동안 많은 이야기를 나누었을 터다. 약속대로 시도 주고받으면서. 그러나 그것은 예전에 사랑했던 모습과는 자못 달라진 형태였으리라. 『매창집』에 실린 57편의 시 가운데 「봄날 시름 2」와 같은 작품은 앞서 소개한 유희경의 시에 대구라도 하듯이 그 정조가 잘 맞아떨어진다. 어쩌면 정말 유희경의 시에 대한 화답시일지도 모른다. 『매창집』에 실린 시들 가운데 유일하게 유희경과의 관련성을 따질 수 있는 작품이다.

지난해 오늘 저녁은 요지에서의 만남과 같아
나는 술상 앞에서 춤을 추는 사람이 되었죠.

선성의 옛 임은 지금 어디에 계신지

섬돌 위에 쌓인 꽃잎만 지난날에 봄이 있었음을 아는 듯.

曾年此夕瑤池會　我是樽前歌舞人

宣城舊主今安在　一砌殘花昔日春

　오래전 오늘 저녁, 매창은 마치 주(周) 목왕(穆王)과 사랑을 나눈 서
왕모처럼 즐거웠다. 술상 앞에 임을 두고 자리에서 일어나 저절로
춤도 추었다. 그렇게 고왔던 선성(宣城)의 옛 임, 곧 두목은 지금 어
디에 있는지……. 그저 섬돌 위에 쌓인 꽃잎만 오래전 우리가 함께
했던 봄의 기억을 말해줄 뿐이다.

　처음 두 구를 보면, 두 사람이 처음 만났을 때의 재기발랄한 모습
이 떠오른다. 임을 보는 것만으로도 그저 즐거워 자기도 모르게 일
어나 춤을 추는 매창. 그리고 웃음을 머금은 채 그 모습을 바라보며
마냥 흐뭇해하던 유희경. 「계랑에게」나 「장난삼아 계랑에게 주며」에
서 보았던 경쾌하면서도 정감 있는 분위기를 그대로 드러낸다. 매창
은 그때의 모습을 떠올렸던 것이다. 그런데 오랜 시간이 흐른 지금,
그 아름다웠던 임은 어디에 있는지. 매창은 그 이름을 부른다. 선성
의 옛 주인. 그를 두고 선성 태수를 지낸 중국 남제(南齊)의 사조(謝
脁, 464~499)라고 주장하지만, 그는 두목을 가리키는 것이 맞을 게다.
두목은 830년부터 839년까지 꼭 10년간 선성 지방에서 벼슬을 했
기 때문이다. 두목은 이 시기를 인생에서 가장 아름다웠던 시절이라
고 평가했다.

　매창은 자신이 좋아했던 두목을 옛 임에 빗대어 '선성의 옛 주인'

이라 했다. 아마도 유희경이 「다시 계랑을 만나」에서 자기를 두목에
비유했으니, 매창도 거기에 시구를 맞춘 것이 아닐까? 선성에서 가
장 아름다운 시절을 보낸 두목처럼, 부안에서 자신과 아름다운 사랑
을 나눈 유희경. 매창은 다시 만난 유희경에게서 그때의 아름다운
모습을 찾지 못한다. 매창은 유희경을 보면서도 임의 부재를 느꼈던
것이 아닐까? 섬돌 위에 쌓이는 꽃잎은 예전 헤어지던 날 날리던 배
꽃과 다름 없건만, 임은 어디로 간 것일까. 꽃잎은 지난날의 아름다
운 봄을 그대로 기억하건만, 임과 나의 관계가 소원해진 것은 무엇
때문일까? 매창은 하염없이 묻는다.

「봄날 시름 2」가 유희경의 시에 대한 대구인지 아닌지는 알 수 없
다. 그렇지만 그 정황이 너무나 잘 맞아떨어진다. 자신을 두목에 빗
댄 유희경과 오래전 아름다웠던 두목은 어디로 가버렸는가를 묻는
매창. 두 사람 사이에는 뜻하지 않은 사이가 생겼다. 시간은 두 사람
을 참으로 점잖게 만들었다. 물론 두 사람의 사랑이 식지는 않았을
것이다. 다만 시간이 지나면서 사랑의 표현 방식도 그만큼 소극적이
되었을 뿐이다.

유희경은 다시 서울로 떠난다. 이번에는 처음 이별할 때처럼 요란
하지 않다. 지난번 이별할 때처럼 배꽃은 여전히 날리는데, 감정은
예전 같지 않다. 어쩌면 이번 이별로 다시는 만날 수 없을지도 모른
다는 사실을 두 사람은 암묵적으로 짐작했을 것이다. 유희경은 매창
과 이별한 후, 그녀에게 시를 보낸다. 「계랑에게 부치며〔寄癸娘〕」에는
그런 분위기가 잘 나타나 있다.

이별 후 다시 만날 기약이 없으니

서로 멀리 떨어진 채 꿈속에서나 생각하려네.

언제쯤 동쪽 누각 위로 뜬 달빛에 의지하여

전주에서 술에 취해 시 짓던 이야기를 하려나.

別後重逢未有期　楚雲秦樹夢相思

何當共倚東樓月　却話完山醉賦詩

　제목을 '증(贈)'이 아닌 '기(寄)'라 했으니, 다른 사람을 통해 이 시를 보냈음을 알 수 있다. 유희경은 매창에게 직접 시를 전하지도 못하고 다른 사람을 시켜 보내야 했다. 이 시는 당나라 시인 이상은(李商隱, 812~858)의 시 「밤비 내리는 날 북쪽에 있는 사람에게 보내며(夜雨寄北)」를 차용한 것으로, 다시 만날 수 없을 것 같은 사람을 그리워하는 정서도 닮아 있다.[15] '언제쯤 동쪽 누각 위에 걸린 달빛에 의지하여 지난날 전주에서 술에 취해 시를 주고받던 이야기를 할 수 있을까?'라는 말은 더 이상 그런 시간을 가질 수 없음을 서로가 알고 있기에 할 수 있는 말이리라. 꿈속에서나 만날 수 있는 사랑. 열네 살의 어린 기생 매창과 마흔두 살의 시객 유희경의 사랑은 이렇게 마무리되었다.

　이제 다시 묻자. 그럼 유희경과 매창이 다시 만난 때는 언제인가? 아마도 꽤 오랜 시간이 흘렀던 듯하다. 열네 살이었던 매창은 어느덧 성숙하고, 비교적 정정했던 마흔두 살의 유희경도 퍽 늙어버린 때다. 유희경 스스로가 이미 꽃을 찾는 나이가 지났다고 대답하지 않았던가.

『촌은집』에는 「전주에 머물며[完山旅懷]」라는 시가 남아 있다. 이 시는 아마도 유희경이 매창과 재회할 즈음 전주에 머물면서, 혹은 매창과 헤어진 뒤 전주에 돌아와서 썼을 개연성이 높다.

빈 서재에 내리는 밤비 소리 차마 들을 수 없어
홀로 앉아 있자니 온갖 잡념이 떠오르네.
천 리 길 나선 나그네의 머리엔 백발만 늘어가는데,
일 년 중 가장 좋은 때, 청명이 가까워졌네.
구름이 한강 북쪽을 가리니 서울은 멀고
길 따라 강남으로 들어서니 변방은 끝없이 아득해라.
묻나니, 그대는 어디에 계신가?
석양에 피리 소리만 간간이 들려올 뿐.

空齋夜雨不堪聽　獨坐悠悠百感生
千里旅遊添白髮　一年佳節近淸明
雲迷漢北秦城遠　路入江南楚地平
借問君山何處是　夕陽長笛數三聲

밤비 내리는 날, 유희경은 홀로 서재에 앉아 책을 읽고 있자니 이런저런 생각에 마음이 몹시 어수선했던 모양이다. 이제 조금 있으면 일 년 중 가장 좋다는 청명인데, 거울에 비친 자신의 모습은 백발만 늘어갈 뿐이다. 아름다움과 추함, 젊음과 늙음, 청명과 백발이 묘한 대비를 이룬다. 그러면서 그는 타향에서 조심스레 묻는다. '그대는 어디에 있나요?' 그대가 구체적으로 누구인가를 밝히는 일은 의미가 없다. 늙음에 대한 유희경의 탄식이 이 시에 담겨 있다는 점이 더 중요하기 때문이다. 너무 오랜 시간이 흘러버린 것일까? 그 사람이 가까이에 있어도 그 사람이 그리운 것은 내가 이미 거기서 멀어져 예전의 모습과 너무도 많이 달라져버린 탓이리라.

이 시를 보면 유희경은 늘그막에야 전주에 내려갔음을 알 수 있다. 그러나 이런 추정은 의미가 없다. 아흔두 살까지 살았던 유희경이기에 이 시만으로는 그때가 언제인지를 분명히 알 수 없기 때문이다. 단지 유희경이 아직은 완전히 백발 노인이 아니었다는 점만 확인할 수 있을 뿐이다. 현재로서는 유희경이 매창과 다시 만난 때를 이렇게 결론지을 수밖에 없다.

그러나 좀더 과감하게 추정한다면, 그때가 1603년이 아니었을까 한다. 왜냐하면 당시 전라도 관찰사가 바로 한준겸이었기 때문이다. 한준겸은 유희경과 친분이 있었다. 유희경은 1625년 봄 침류대에서 성대한 시회를 열고 이를 그림으로 그렸는데, 그 그림이 바로 「침류대부시도(枕流臺賦詩圖)」다. 한준겸도 이 그림을 보고 시 세 편을 보내준다.[16] 침류대의 풍경과 유희경의 풍모를 찬양하는 일반적인 내용을 담고 있음에도, 시에서는 두 사람의 친분이 느껴진다. 아마도 한준겸이 전라도 관찰사로 있으면서 전주에서 생일잔치를 열었을 때 유희경도 겸사겸사 그곳을 찾았던 것이 아닐까 짐작된다. 때마침 한준겸의 잔치에는 매창도 초대를 받았다. 그렇게 둘은 만났지만 자리가 자리였던지라, 매창은 유희경에게 조용히 부안으로 찾아와 달라고 했던 것이 아닐까? 관찰사의 생일잔치에서 둘이 길게 이야기할 수 없었기에, 매창은 유희경에게 시를 이야기하고 싶다는 핑계를 댔던 것이다.

이때 매창은 31세, 유희경은 59세였다. 이 정도라면 꽃을 찾을 나이가 지났다는 말, 백발이 늘어가는 나이라는 말과도 어느 정도 들어맞지 않는가? 확언할 수는 없지만, 그래도 이 추정이 1607년보다는 더 합리적이지 않을까?

기첩으로서의 매창,
그리고 서울 생활

서울에서 보낸 삼 년,
그 흔적 찾기

1586년 매창은 유희경과 짧은 사랑을 나누고 이별했다. 그리고 두 사람이 다시 만났을 것으로 추정되는 1603년까지 17년 동안 유희경은 서울로 돌아가 생활했고, 매창은 아무 일 없었다는 듯이 다시 관기로서의 부역을 감내하며 지냈다. 그런데 이 사이에 매창에게는 중대한 일이 있었다. 하긴 열네 살의 어린 기생이 서른한 살의 원숙한 기생으로 성장하는 도정에 어찌 큰 일이 없었겠는가? 그 가운데서도 매창이 진사 서우관(徐雨觀)을 따라 서울에 올라갔다는 기록이 자못 관심을 끈다. 이 기록은 이능화(李能和, 1869~1945)의 『조선해어화사(朝鮮解語花史)』에 나온다. 해어화(解語花)는 말을 알아듣는 꽃이라는 의미로 기생을 말하는 것이니, 『조선해어화사』는 곧 '우리나라 기생의 역사'라고 보면 되겠다.

계생은 부안 기생으로 호는 섬초(蟾初)니, 진사 서우관의 사랑을 받아 서울로 왔다.[1]

이 기록은 이능화가 처음으로 쓴 게 아니다. 이능화는 1927년 연초부터 『중외일보(中外日報)』에 연재된 안왕거(安往居, 1858~1929)의 「열상규조(洌上閨藻)」를 다시 발췌하여 수록한다고 했으니, 원래의 출처는 안왕거인 셈이다. 안왕거는 본명이 안택중(安宅重)으로, 대대로 경상도 김해 지방에 살다가 대한제국 시절에 법관양성소 교수, 한성사범학교 부교관, 외국어학교 교관을 거쳐 마침내 황실에서 세운 수학원(修學院) 교관을 지냈던 인물이다. 그는 우리나라 규방의 시가를 모두 확인하고 정리할 만큼 해박한 인물이었다. 그래서 이능화도 별다른 의심 없이 그의 기록을 준용해서 『조선해어화사』에 다시 소개한 것이다.

이 기록에는 두 가지 특이한 사항이 있다. 하나는 매창에게 섬초라는 호가 있었다는 점이고, 다른 하나는 진사 서우관의 사랑을 받아 서울로 올라갔다는 점이다. 두 가지 모두 처음으로 확인되는 내용이다.

매창의 호가 섬초라는 것은 큰 문제가 없다. 앞서 계생이라는 기명이 계수나무 위로 달이 처음 떠오르는 모습에 빗대 지어졌을 것이라 추정했다. 그런데 섬초는 달을 뜻하는 두꺼비 섬(蟾) 자와 처음을 뜻하는 초(初) 자가 어우러진 호이니, 계생과 다른 의미가 아니다. 계생이나 섬초는 처음으로 달이 떠오르는 모습을 연상시키는 것으로, 결국은 같은 말로 봐도 무방하다. 따라서 안왕거의 기록이 전혀 근

거 없어 보이지는 않는다. 더구나 「열상규조」 서문을 읽어보면 안왕
거는 철저한 고증을 거쳐 조선 여류문인들의 시가를 선별하여 소개
했다는 사실도 알 수 있다.

「열상규조」는 조선의 여류문인이 지은 시가다. 예부터 동양의 여류시
속에는 차작(借作)이 많으며, 중국에 있어서는 그 정도가 더욱 심하다.
시 작품이 많은 반면에 차작 또한 많은 것이다. 그러나 조선에도 또한
차작의 폐단이 없지 않다. 먼저 그 차작임을 가려낸 뒤에야 논평이 바른
데로 돌아갈 수 있다. 이상협(李相協, 1893~1957) 군이 신문사를 주관하고
있으면서 사람을 보내서 조선 여류작가의 시평(詩評)을 요구해왔다. 신
문에 게재하는 대로 응하는 것이기 때문에 연대에 구애받지 않고 작품
의 우열을 가림 없이 이를 논평하여 사계(斯界) 대가(大家)의 취사(取捨)를
기대하는 바라.[2]

안왕거는 어떤 여류문인이 어떤 작품을 지었다고 전해져도, 그것
을 확실하게 고증하여 실제로 그 작품을 누가 지었는지를 분명하게
실증해야 그 시와 시인에 대해 올바르게 비평할 수 있다고 주장한
다. 그러니 안왕거가 「열상규조」에 소개한 여류문인의 시는 철저한
고증을 거친 것이라 할 만하다. 매창에 대한 기록도 분명한 고증에
의해 당당하게 제시했다고 볼 수 있다. 그런데도 이 주장은 퍽 혼란
스럽다. 매창을 섬초라고 한 것쯤은 문제될 게 전혀 없다. 하지만 매
창이 진사 서우관의 사랑을 받아 서울로 갔다는 주장은 어디에서
도 볼 수 없었던 뜻밖의 것인지라 당혹스러울 뿐이다. 안왕거는 도

대체 어디서 보고 이렇게 쓴 것일까? 출처도 밝히지 않아 더욱 곤혹스럽다.

서우관은 누구인가? 아무리 찾고 살펴봐도 서우관이란 인물의 흔적을 찾을 수가 없다. 진사라고 했으니 소과에 합격했을 법도 한데, 『사마방목(司馬榜目)』을 비롯한 여러 관련 자료를 찾아봐도 서우관이란 이름은 확인되지 않는다. 우관이 이름이 아니라 자나 호일 가능성도 있지만, 그래도 본모습이 드러나지 않기는 마찬가지다. 더구나 이능화가 보았다는 『중외일보』의 「열상규조」에 실린 매창 관련 기록은 아직까지 확인되지도 않았다.³ 그래서 신문을 식자(植字)하는 과정에서 생긴 오류라고 추정해볼 수도 있지만, 이는 성실하지 못한 태도다. 어쨌든 서우관은 유령처럼 존재하고 있는 셈이다.

이런저런 생각을 버리고 그저 기록에 준신해보면, 매창은 서우관의 사랑을 받아 떠났다고 했으니, 아마도 그의 첩이나 구사(丘史)로 들어갔을 것이다. 그래도 그의 정체가 없으니 참으로 곤혹스럽기만 하다. 다소 찜찜하지만 서우관의 정체는 잠시만 보류해두자. 그 돌파구는 다른 방법으로 찾아보자. 일단은 매창이 서우관의 사랑을 받아 부안에서 서울로 갔다는 사실부터 확인해두자. 이는 매창의 시에서도 입증되는 사실이기 때문이다. 「홀로 마음 아파하며〔自傷〕 1」을 보자.

서울에서 보낸 꿈같은 삼 년
호남에서 또다시 새 봄을 맞네.
황금 때문에 옛 마음을 버리고
한밤중에 홀로 마음 아파하네.

京洛三年夢　湖南又一春

黃金移古意　中夜獨傷神

첫 구가 "서울에서 보낸 꿈같은 삼 년"이다. 매창이 부안을 떠나 3년 동안 서울에 머물렀다는 의미다. 그녀가 직접 하는 말인지라 신빙성이 높다. 매창은 서울에서 3년 동안 생활하고 다시 부안으로 돌아와 봄을 맞이했다. 무슨 이유 때문에 부안으로 돌아왔을까? "황금 때문에 옛 마음을 버리고"라는 세 번째 구가 그 해답이다. 지금으로 표현하면 경제적인 이유 때문이라고 해석할 수도 있겠다. 그러나 이런 이유를 직접적으로 시구에 담는 것은 참으로 조야해보인다. 경제적인 이유 때문에 임과 헤어졌다는 말은 천박해보이기까지 한다. 현대를 사는 나도 그렇게 느끼는데, 당시 사람들은 더 말할 것도 없다. 그러니 아전들도 이렇게 조야한 시를 매창의 시집에 굳이 실었을 리는 없다. 분명히 다른 사연이 있으리라.

　기실 이 구절은 당나라 시인 장위(張謂. 721~780?)의 시 「장안 여관집 주인 벽에 시를 붙이다〔題長安壁主人〕」의 첫 구와 둘째 구를 활용한 것이다. 매창은 장위의 시를 빌려 당시 세태를 말하고 있다. 장위의 시를 보자.

　세상 사람들의 사귐은 황금에 달렸던가

　황금이 적으면 사귐도 깊지 않네.

　지금은 모든 것을 허락한 듯해도 잠시일 뿐

　종래는 무심코 지나가는 나그네의 마음일지라.

世人結交須黃金　黃金不多交不深
縱令然諾暫相許　終是悠悠行路心

황금이 적으면 사귐도 옅다. 지금은 모두 줄 것 같지만, 그 역시 잠시일 뿐. 황금이 없어지면, 결국 그 사람은 그저 스쳐가는 한때의 나그네와 같은 존재로 전락해버리리라. 매창은 계산적이며 물질적인 가치가 중시되는 당시 세태를 장위의 시구를 응용하여 비판한 것이다. 아마도 서우관(혹은 다른 사람)은 매창을 지기(知己)처럼 대하며 은근한 정을 보냈고, 매창은 그 마음에 이끌려 그를 좇아 서울로 갔으리라. 그러나 그 사람은 이후 속물 근성을 드러냈나 보다. 매창은 정신적인 사랑을 나누려고 했겠지만, 그 사람은 시류를 좇아 속물로 변해갔나 보다. 세태는 사랑하는 사람을 변하게 만들었다. 자의든 타의든 간에 매창은 버림받았다. 그리고 부안으로 내려왔다. 그 때문에 매창은 몹시도 아팠다. 버림받았다는 사실보다는, 세태가 사랑을 변하게 하는 현실이 더욱 슬펐다.

한밤중에 홀로 깊은 한숨을 내쉬며 아파하는 매창. 사람을 있는 그대로 사랑하기란 얼마나 어려운 일인가? 황동규 시인이 「나는 바퀴를 보면 굴리고 싶어진다」의 시론에서 말한 것처럼 상대방을 내 조건에 맞춰 소유하려고 부단히 애쓰면서, 나는 그것을 사랑이라고 착각하고 있지 않은가? 서울에서 보낸 3년 동안 매창은 상대방을 있는 그대로 사랑하려 했지만, 상대방은 매창을 그렇게 대해주지 않았던 듯하다. 그렇게 나를 버린 사람을 두고 매창은 내 사랑이 부족했다고 아파한다.

매창의 첩살이를
증명하는 이야기들

매창이 서울에 있었다는 기록은 또 있다. 홍만종이 편찬한 『속고금
소총(續古今笑叢)』에도 이를 증명하는 이야기가 실려 있다. 여기에는
'서울에 사는 매창'이 등장한다. 『속고금소총』은 『명엽지해(蓂葉志
諧)』의 다른 이름으로, 홍만종이 편찬한 패설집이다. 홍만종은 이 책
에서 시, 노래, 악기에 능한 매창이 선상기로 뽑혀 서울에 올라왔다
고 밝혔다. 그러자 지체 높은 도령이나 재주 있는 소년들이 앞다투
어 매창을 찾아와 시를 논했다고 한다. 당시 매창과 시를 주고받았
다는 인물들도 쟁쟁하다. 김명원(金命元, 1534~1602), 심희수(沈喜壽,
1548~1622), 정자당(鄭子堂, ?~?), 고경명(高敬命, 1533~1592), 류도(柳
塗, ?~?) 등이 그들이다. 그런데 매창이 선택한 사람은 그중에도 우
리에게 가장 덜 알려진 류도다.

　물론 『속고금소총』에 쓰인 이 이야기는 사실이 아니다. 꾸며진 이
야기 형태라서 사실로 보기에는 주저되는 면이 크다. 그렇다고 해서
이를 전부 거짓이라고 말하기도 어렵다. 왜냐하면 매창이 이들과 교
유했을 가능성도 없지 않기 때문이다. 실제 『속고금소총』에 실린 김
명원의 시는 매창에게 써준 것으로 널리 회자되었다. 비록 후대의
기록이지만, 1855년에 편찬된 『송남잡지(松南雜識)』에서 조재삼(趙在
三, 1808~1866)은 '타령(打令)'에 대해 이야기하면서 김명원의 시를 소
개하고 있는데, 그 시의 제목이 「기생 계생에게 주며(贈妓桂生詩)」다.
김명원이 매창에게 직접 써주었다는 이 시는 『속고금소총』에 소개

된 시와 동일하다. 단지 세 번째 구의 '새로운 정(新情)'이 『송남잡지』
에서는 '흥겨운 정(憧情)'으로 바뀌었을 뿐이다.

삼경, 창밖에 가는 비 내릴 때
두 사람의 마음은 두 사람만이 알리라.
새로운 정이 흡족하기도 전에 하늘이 점차 밝아오니
다시금 비단 적삼을 붙들고 언제 다시 만날까를 묻는다네.
窓外三更細雨時　兩人心事兩人知
新情未洽天將曉　更把羅衫問後期

『송남잡지』에는 이 시 뒤에 "지금 타령의 '파연곡(罷宴曲, 마지막 곡)'
으로 쓰인다"라는 설명이 붙어 있다. 김명원이 쓴 시가 판소리로도
불렸음을 밝혔다. 그렇지만 많은 독자들이 이 시를 퍽 익숙하다고
느꼈으리라. 특히 "두 사람의 마음은 두 사람만이 알리라"라는 대목
이 친숙하게 느껴질 것이다. 어디선가 들어본 구절이 아닌가? 그렇
다. 우리에게 친숙한 신윤복의 「월하정인(月下情人)」에서 화제(畵題)
로 쓰인 시구가 바로 이것이다. "깊은 밤 달빛도 흐릿한데, 두 사람
의 마음은 두 사람만 알겠지"[4]라는 화제. 신윤복의 그림에 쓰인 시구
는 본래 김명원이 매창에게 준 것이었다. 어쩌면 신윤복도 그림을
그리면서 한번쯤은 이 시의 주인공인 매창을 떠올리지 않았을까?
　물론 김명원이 이 시를 직접 썼을까 하는 의심도 없지 않다. 실제
편자를 알 수 없는 야담집 『양은천미(揚隱闡微)』에는 이 시의 작가가
김명원이 아닌 심희수로 소개되어 있다. 『양은천미』에서 심희수의

신윤복의 「월하정인(月下情人)」. 화제로 쓰인 "깊은 밤 달빛도 흐릿한데, 두 사람의 마음은 두 사람만 알겠지(月沈沈夜三更, 兩人心事兩人知)"는 본래 김명원이 매창에게 준 시다. 간송미술관 소장.

시로 소개된 시를 김명원의 시와 비교하면 몇몇 글자만 다를 뿐, 대체로 대동소이하다. 그런데 흥미로운 것은 김명원과 심희수는 『속고금소총』에 매창과 시를 주고받은 인물들로 나와 있다는 점이다. 누가 이 시를 썼든지 간에 매창과 연관된다. 이런 점에서 매창이 서울에 머물면서 김명원이나 심희수 같은 문인들과 만났다는 『속고금소총』의 기록도 일정 부분은 사실이 아닐까 짐작해본다.

특히 이 자리에 고경명도 있었다는 점은 주목할 만하다. 왜냐하면 고경명은 임진왜란 때 의병장으로 활동하다가 전사한 인물이므로, 매창이 서울에 머물렀던 시기도 자연히 그 이전임을 확인시켜주기 때문이다. 매창은 1586년 유희경을 만난 후 1592년 임진왜란이 발발하기 전에 부안을 떠나 서울에서 생활했을 것으로 추정된다. 물론 『속고금소총』을 얼마나 신뢰해야 하는가에 대해서는 의견이 분분할 수밖에 없다. 한갓 패설 작품에 나타난 정황을 보고 사실성을 운운하는 것이 마땅치 않을 수도 있기 때문이다. 한번 웃고 나면 그만일 일회적이며 소비적인 작품 하나에 이렇게까지 의미를 부여할 수 있을까 하는 물음은 당연히 제기될 수밖에 없다.

그러나 중세 사회에서는 패설을 포함한 잡록(雜錄)의 글쓰기에 대한 인식이 지금과 달랐다는 점을 고려해야 한다. 글쓰기에 대한 인식 차이를 이해하면 적어도 이 작품이 완전한 허구가 아니라는 점을 확인할 수 있기 때문이다. 중세 사회에서는 자신이 직접 눈으로 보거나 귀로 들은 일은 사실로 받아들여졌다. 보고 들은 내용은 역사적 실재에 기초하는 경우가 많다. 작가는 이러한 인식을 가지고 자신의 경험을 글로 표현한다. 독자는 그 글을 읽고 그 내용을 사실로

인지한 뒤, 타인에게 전달한다. 독자는 애초에 작가가 직접 보고 들은 것을 글을 통해 간접적으로 보고 듣기 때문에, 자신이 읽은 내용도 사실이라고 믿는다. 물론 이야기가 향유되는 과정에서 내용에 일정한 변화가 일어나기도 한다. 그러나 그것이 크게 문제되지는 않았다. 역사적 실재가 그 틀을 온전히 유지한 채 이야기의 골간을 이루었기 때문이다.

예컨대 누군가는 어떤 스님이 흥덕사(興德寺) 주지가 되고 싶어서 '이조판서를 속였다'고 했고, 또 다른 누군가는 스님이 주지가 되고 싶어한 절이 석왕사(釋王寺)라고 했다. 그렇다면 둘 중 한 사람은 분명히 거짓말을 한 꼴이 된다. 하지만 중세 사회에서 이런 내용을 읽거나 들은 향유자는 둘 중 하나가 잘못되었다고 여기지 않는다. 왜냐하면 어떤 스님이 주지가 되기 위해 이조판서를 속였다는 이야기의 본질은 그대로 유지되기 때문이다. 이야기의 틀만 유지된다면, 그 절이 어디든 문제될 것이 없다. 아니 이야기 집단이 모두 공감할 수 있는 절로 바꾸는 것이 오히려 이야기판의 분위기를 더욱 달아오르게 할 것이다. 이야기라는 것이 이렇다. 내용의 골간을 훼손하지 않는 한, 세부적인 변개는 암묵적으로 용인되는 것이다.[5] 『속고금소총』에 실린 이야기도 이러한 시각으로 보아야 한다.

이 이야기는 완전한 허구일 수 있다. 그렇지만 그 배경은 사실성을 확보한다. 사실적인 배경과 허구적인 내용, 이것이 조선 중기 이후에 발생한 야담이나 패설 같은 장르의 중요한 틀로 작동했다. 이야기의 자잘하고 구체적인 사항은 허구일 수 있지만, 그 토대는 사실에 기초한다. 특히 실명이 거론되는 경우에는. 따라서 세세한 내용은 허구일 수 있지만, 매창이 당시 문인들과 교유했던 상황이나 류도를 선택한 일과 같이 큰 골격을 이루는 스토리(story)는 역사적으로 실재했던 사실적 배경에 토대한다고 말할 수 있다. 역사적 사실과 다른 문학적 진실이라고 해두면 어느 정도 이해가 되려나? 우리가 중학교 때부터 줄기차게 배워온 '그럴듯한 거짓말', 즉 '픽션(fiction)'이 이를 지칭하는 것이라고 하면 좀더 이해가 쉬울지 모르겠다.

매창과 류도의 깊은 인연

아무튼 이 이야기로 매창이 서울에서 생활했다는 사실, 그리고 서울에 머물면서 문인들과 교유했다는 사실을 유추할 수 있다. 그런데 재미난 것은 그 많은 문인들 가운데 매창이 택한 인물이 류도였다는 점이다. 류도. 우리에게는 비교적 낯선 이름이다. 매창은 왜 그 쟁쟁한 문인들을 뒤로하고 류도를 택한 것일까? 매창과 류도 사이에 분명히 무슨 깊은 관계가 있었기에 홍만종은 『속고금소총』에서 이 대목을 핵심으로 두었을 터다.

홍만종은 매창이 죽고 33년 뒤에 태어난 인물이다. 그렇기 때문에 선배들에게서 매창의 일화와 사람됨을 익히 들었음 직하다. 특히 홍만종은 자신이 편찬한 시화집 『시화총림(詩話叢林)』에서 "송도의 황진이와 부안의 계생은 그 사조(詞藻)가 문사들과 비교하여 견줄 만하니 참으로 기이하다"고 기술함으로써 황진이와 매창을 우리나라의 대표 기생으로 만든 장본인이기도 하다. 매창이 문사들과 시를 주고받았다는 정보 없이 이런 평가를 내릴 수는 없었을 터다. 그런 그가 아무 이유 없이 류도와 매창을 연결시켜놓았을 것 같지는 않다. 홍만종은 무슨 이유로 매창이 그 쟁쟁한 문인들을 뒤로하고 류도를 택했다고 한 것일까? 자못 궁금해진다. 앞서 안왕거가 언급한 서우관의 정체를 유보시켰던 것처럼, 홍만종이 왜 류도를 매창과 연관시켰는가에 대한 궁금증도 잠시 접어두자.

현재까지 확인된 몇 가지 기록을 보면, 매창이 서울에서 생활한 것은 사실임에 틀림없다. 서울에서 생활하는 동안 여러 문인들과 만났을 것이라는 심증도 굳어간다. 그러나 확실한 것은 없다. 어떤 기록도 어슴푸레 윤곽만 드러낼 뿐이다. 구름 위에 떠 있는 기분이다. 그런데 임서가 쓴 『석촌유고(石村遺稿)』라는 책에는 흥미로운 기록이 남아 있다. 거기에는 『매창집』에 실려 있지 않은 시가 한 편 수록되어 있고 그 아래에 다음과 같은 주석이 붙어 있다.

낭의 이름은 계생이다. 노래와 거문고를 잘했고, 또한 시에도 능하다. 일찍이 내 친구의 첩이 되었다가 지금은 청루에 있다.[6]

매창은 분명히 첩이 되었다! 그리고 매창을 첩으로 삼은 사람은 임서의 친구였다. 이 글로써 앞서 논의했던 내용이 대략 정리된다. 윤곽으로만 드러났던 그림자의 정체가 약간은 드러날 것 같기도 하다.

매창은 임서의 친구인 아무개를 좇아 서울로 올라가서 3년 동안 기첩 생활을 했고, 그 과정에서 문인들과 만나 시를 주고받았던 것이다. 매창이 첩실 생활을 했음이 분명하게 확인되는 순간이다. 기첩이라는 말이 자못 당혹스러울 수도 있다. 하지만 당시 기첩은 기생이 꿈꾸는 가장 높은 자리였다. 오늘날의 시각으로 보면 안 된다.

기생은 보통 50세까지 기역을 감당한다. 그 자식들도 천역이 대물림된다. 기생의 딸은 관비, 아들은 악공이나 무동(舞童)의 역을 감당하는 것이 보통이었다. 우리에게 널리 알려진 김홍도(金弘度, 1745~1806?)의 그림에 등장하는 무동도 기생의 아들일 개연성이 높다. 기생의 자식들이 사는 게 이렇다. 기역을 한다고 해도 풍족하게 먹고 사는 것도 아니다. 함경도 북청의 행수 기생(首妓)이 매달 좁쌀 세 말(斗), 강원도 원주의 행수 기생이 매달 조 다섯 말을 받았다는 점을 고려한다면,[7] 그 형편을 짐작해볼 수 있겠다. 월급이 고작 좁쌀 세 말이나, 조 다섯 말이다. 그것도 최고참 기생이 되었을 경우로 신참은 상상할 수도 없는 액수다.

한 말은 열 되다. 한 되가 음료수 1.8리터 페트병 하나 정도니, 한 말은 1.8리터 페트병 열 병 정도로 보면 될 듯하다. 당시 관아의 우두머리 기생이 좁쌀 세 말, 조 다섯 말을 한 달 월급으로 받았다고 생각하면 일반 기생들의 삶이 어떠했는가도 대략 짐작할 수 있다. 그러니 먹고사는 문제를 해결할 수 있는 첩이 되는 일은 기생에겐 참으로 다행스러운 일이 아닐 수 없다. 적어도 굶어 죽을 일은 없으니까.

앞서 매창의 동기 시절을 유추하는 데 중요한 자료로 삼았던 해주 기생 명선의 가사를 다시 살펴보자.

김홍도의 「풍속도첩」 중 '무동'. 조선시대 풍속화의 백미라고 할 수 있는 김홍도의 「풍속도첩」은 서당, 논갈이, 씨름, 대장간, 주막 등 18세기의 다채로운 모습들을 담고 있다. 일반적으로 기생의 자식들 중 딸은 관비, 아들은 악공이나 무동이 되었는데 이 작품에서 춤을 추는 무동도 기생의 아들일 가능성이 높다. 국립중앙박물관 소장.

이곳에서 지내려면 거칠어서 될 길 없고,

그 일 저 일 가당찮으니, 이 일 저 일 다 버리고,

용이 구름 쫓듯 호랑이가 바람 쫓듯 우리 임 따라가면,

앞날이 구만 리라. 부귀행락에 한이 있을까.

　양반가의 기첩으로 가게 되면 기생으로 사는 온갖 수모에서 벗어
날 수 있다는 기대감이 충만해 있다. '7년 왕가뭄 끝에 단비를 만난
것'과 같은 행운이 기첩으로 가는 일이다. 그렇기 때문에 명선은 양
반가의 기첩이 된 것을 몹시 자랑스러워한다. 또한 다른 기생들도
그 일을 두고 얼마나 부러워했던가.[8] 아직껏 교방에 남은 후배들에
게 들려주는, 자신을 롤모델로 삼으라는 명선의 당부 겸 자랑은 첩
으로 들어가는 것이 얼마나 좋은 일이었던가를 짐작하게 한다. 매창
도 마찬가지다. 그녀가 기첩이 되었다는 것은 곧 기생으로서 최고의
꿈을 이루었다는 의미다.

　이러한 점을 고려하면, 매창 역시 이른 나이에 누군가의 기첩으로
가는 것에 대해 자못 기대가 컸을 듯하다. 부귀 행복이 끝이 없을 것
같다던 명선만큼은 아니더라도, 매창 역시 기첩으로 가는 것이 자못
자랑스러웠으리라. 안왕거가 서우관의 사랑을 받아 서울에 올라갔
다고 기록한 것이나, 임서가 '내 친구의 첩이었다'고 기록한 것은 결
코 매창을 폄하하는 말이 아니었다. 일부에서는 매창의 높은 절개를
주장하며 매창이 기첩이 되었다는 말은 말도 안 되는 거짓이라고 강
하게 부정하기도 하지만, 이는 잘못된 시각이다. 그들은 심지어 기
록까지도 부정한다. 물론 매창이 죽고 300년 후에 쓴 안왕거의 기록

에 대해서는 그 신뢰성에 문제를 제기할 수 있을지 모른다. 실제 서우관은 투명인간처럼 어떤 행적도 드러내지 않고 있으니까. 그러나 매창과 시를 주고받았던 임서의 말까지 부정할 수는 없지 않겠는가? 임서가 직접 내 친구 '누구'라고 분명히 밝히지 않은 것이 의혹을 증폭시키지만, 그래도 그의 친구 가운데 한 사람이 매창을 기첩으로 두었다는 사실까지 부정할 수 있겠는가. 매창은 기첩으로 갔고, 무슨 이유인지 첩살이를 청산하고 부안으로 돌아와 다시 기역을 감당했다. 이것은 의심할 여지없는 분명한 사실이다.

매창을 첩으로 들인
의문의 주인공

안왕거는 아마도 우리가 현재까지 보지 못한 자료에서 매창을 기첩으로 받아들인 사람이 서우관이라는 기록을 보았던 듯하다. 그리고 그 기록에 따라 아무 의심 없이 매창이 서우관을 따라 서울에 올라갔다고 밝혔으리라. 그렇다면 서우관이 임서의 친구였다는 사실만 확인하면 모든 문제는 간단히 해결된다. 안왕거의 주장과 임서의 기록이 서로 일치하기 때문이다. 그러나 불행하게도 어떤 기록에서도 서우관이란 인물의 행적은 드러나지 않는다. 또한 임서와 그 친구들의 문집을 뒤져봐도 서우관과 연결시킬 만한 근거가 보이지 않는다. 결국은 다시 처음으로 돌아왔다. 어떤 실마리조차 찾을 수 없는 서우관은 다시 접어두고, 우선은 매창을 자기 친구의 첩이라고 밝힌 임서 주변부터 탐색해보자.

임서가 그의 친구들 가운데 기생에 빠졌다고 밝힌 인물은 임현(林晛, 1569~?)뿐이다. 임서가 1599년에 지은 「향렴체를 본떠서 임자승에게 보내다(效香奩體寄示林子昇)」라는 시의 제목 밑에는 "이때 자승이 이름난 기생을 사랑했기 때문에 이렇게 한 것이다"라는 설명이 붙어 있다. 향렴체(香奩體)란 남녀 간의 사랑을 노래한 애정시를 말하고, 임자승(林子昇)은 임현의 자다. 1599년 임현이 이름난 기생에게 푹 빠져 있었기에 임서는 '애정시 형태로 시를 써서 임현에게 보낸다'는 시를 지어 그를 놀렸던 것이다. 그러고 보면 임서의 친구였던 임현이 매창과 무슨 관련이 있을 것이라는 추정도 가능하다. 하지만 매창을 첩으로 받아들인 사람이 임현일 가능성은 거의 없다. 왜냐하면 임현은 허균과 절친한 사이였기 때문이다.

임현은 허균과 동갑내기로, 최천건(崔天健, 1538~1617), 임수정(任守正, 1570~1606) 등과 함께 상곡(庠谷)에서 자랐다. 상곡은 명례방(明禮坊), 곧 지금의 서울 명동을 말한다. 허균은 임현이 죽었을 때 「임현의 제문(祭林子昇文)」을 직접 짓기도 했다. 참고로 말하면, 허균은 1606년에 임수정이 세상을 떠나자, 그의 묘갈명(墓碣銘)도 썼다. 거기에서 허균은 최천건, 임수정, 임현이 상곡에서 함께 자랐다고 한 후, "불행히도 자승(임현)이 먼저 떠나고 군(임수정)도 가버리니, 나머지 두 사람만 남아 있을 뿐이다. 수(壽)하고, 요(夭)하고, 궁하고 통함이 이처럼 고르지 않네"라며 탄식했다. 임현은 임수정이 세상을 떠난 1606년 이전에 이미 죽었음을 알 수 있다. 이렇게 절친한 임현이 1599년 이전에 매창을 첩으로 들였다면 허균이 몰랐을 리가 없다.

더구나 허균은 임현의 애첩이 강남곡(江南曲)을 타는 것을 듣고 극찬한 적도 있었다. 1600년 3월에 임현에게 보낸 편지에 쓰인 내용이다.[9] 반면 허균이 매창을 처음으로 만난 때는 1601년이다. 당시 매창은 부안으로 돌아와 다시 기역을 수행하고 있었다. 따라서 임서가 친구들 중 유일하게 기생에 빠져 있었다고 밝힌 인물 임현은 매창을 첩으로 들이지 않았다.

그렇다면 문제는 다시 원점이다. 임서의 친구 중에 매창을 첩으로 삼은 사람은 과연 누구인가? 서우관은 임서와 연결시킬 만한 고리가 전혀 발견되지 않는 투명인간이라는 점에서 더 이상 가타부타할 여지가 없다. 그럼 누구인가? 여기에서 우리는 앞서 잠시 보류해두었던 인물을 다시 떠올리게 된다. 역사적 사실은 아닐지라도, 문학적 진실성을 갖추고 있는 『속고금소총』에 수재한 류도라는 인물. 이야기에서 류도를 굳이 매창과 연결시킨 것은 두 사람 사이에 무슨 관계가 있었던 까닭이 아니었을까? 홍만종은 두 사람의 관계에 기초한 한 편의 이야기를 꾸며낸 것이 아니었을까? 매창과 류도가 특별한 관계였는지 아니었는지는 알 길이 없다. 어떤 증거 자료도 보이지 않기 때문이다. 전적으로 추측에 의해 당시의 모습을 퍼즐 맞추듯이 꿰어 맞출 수밖에 없다.

홍만종은 매창 사후 30여 년 뒤에 활동했다. 그런데 매창과 교유했던 인물들 가운데는 그와 친인척으로 얽혀 있는 경우가 많았다. 한 예로 권필은 홍만종의 할머니에게 외삼촌이 된다. 그 덕분에 홍만종은 매창에 관해 많은 정보를 가지고 있었던 것으로 보인다. 그런 그가 자신의 작품집에 류도와 매창이 인연을 맺는 이야기를 실은 것은 두 사람의 관계가 보통이 아니었음을 시사하는 것일지도 모른다. 허구를 표면에 내세우지만, 사실은 문학적 진실성에 의해 두 사람의 관계를 간접적으로 담아낸 것이 아닐까? 문학은 역사의 이면에 담긴 수수께끼를 푸는 열쇠로도 작동하기 때문이다. 이런 고민을 하다 보니 류도라는 인물이 자못 궁금해진다.

누군가의
첩이 된다는 것은

류도에 대해서도 알려진 사실은 별로 없다. 그가 남긴 문집도 없다. 심지어 생몰년조차 확인되지 않는다. 『한국계행보』 등을 통해 족보를 확인하고, 관련된 문헌들을 살펴봐도 피상적인 행적만 드러날 뿐이다. 류도의 자는 유정(由正)이고, 호는 귀반(歸盤)이다. 영의정을 지낸 노포당 류순(柳洵. 1441~1517)의 5대손으로, 1591년에 문과에 급제했으며 여러 고을의 수령을 지냈다. 그리고 부인 수원 최씨와의 사이에는 자식이 없었다. 모두 객관적이고 대략적인 정보가 전부다.

그런데 임서의 문집에도 류도의 이름은 보이지 않는다. 임서는 분명히 매창이 자기 친구의 첩이라고 밝혔는데, 류도는 그의 문집에 등장하지 않는다. 류도가 임서의 친구라는 점을 확인할 길이 없어졌다. 물론 임서의 문집이 극히 소략해서 류도와의 관련성을 이야기한 작품이 뜻하지 않게 누락되었을 수도 있지만, 이는 증명할 수 없는 사실이다. 따라서 류도가 매창과 관계되었다는 것은 그저 추정으로 그치는 것이 맞을 듯하다. 매창이 누구의 기첩이었던가 하는 문제는 벽에 막혔다고 솔직하게 고백하고 마무리해야 할 판이다. 그러나 만용을 부려 계속 추론에 추론을 더해보자. 왜냐하면 류도가 임서와 일정한 친분을 가졌다는 점은 확실하기 때문이다.

그 근거가 어디에 있는가? 여러 사람의 문집을 보다보면, 임서와 친분을 유지한 사람이 류도와도 친분을 갖는 경우가 빈번하다. 권필, 양경우(梁慶遇, 1568~?), 이안눌(李安訥, 1571~1637) 등이 그러하다. 제3자를 통해 간접적으로나마 두 사람의 관계를 유추하게 하는 대목이다. 더구나 임서와 류도는 비슷한 시기에 유사한 관직에 있었으니, 서로 모르는 사이였다고 볼 수 없다. 또한 그들의 선조들도 함께 벼슬을 했으니, 직간접적으로 친분이 있었을 것이다. 이런 생각을 좀더 구체화하기 위해 권필을 중심으로 두 사람의 관계를 유추해보자.

권필은 류도나 임서 모두와 친밀한 사이였다. 그러니 류도와 임서가 서로를 몰랐다 해도 권필을 중개자로 하여 교유했을 가능성이 매우 높다. 실제 권필의 문집 『석주집(石洲集)』에는 이들과 주고받은 시가 남아 있다. 「류도의 귀반정 시에 차운하며[次韻柳康翎塗歸盤亭]」와 「임서가 보내준 '칠석감회'의 운에 화답하며[和林正字七夕感懷見示韻]」가 그것이다. 권필은 류도가 자신의 호를 따서 이름 붙인 정자를 노래한 시 「귀반정(歸盤亭)」을 차운했고, 임서가 보내온 시 「칠석감회(七夕感懷)」에 화답하기도 했다. 두 사람 모두 권필과 교유했음을 확인시켜준다. 물론 『석주집』에는 이들과 주고받은 시가 한 편씩만 남아 있어서 그 친분의 깊이를 확인하기 어렵다고 비판할 수도 있다. 하지만 문집에 남은 시가 한편 뿐일지라도 실제 주고받은 시는 훨씬 많았을 것이다. 이는 임서의 문집『석촌유고』만 봐도 알 수 있다.

『석촌유고』에는 권필과 관련된 시가 6~7편이나 된다. 권필이 임서에게 보낸 시가 한 편뿐이라는 사실과 대비해보면 꽤나 많은 수다. 그런데 이 6~7편의 시 중에는『석주집』에 언급된「칠석감회」가 포함되어 있지 않다. 문집에 전하지 않는다고 해서 친분이 없었다고 단언할 수 없음을 확인시켜주는 대목이다. 또한 문집에 수록된 시의 편수가 적다고 해서 두 사람의 친분이 깊지 않았다고 말할 수도 없다. 예컨대 임서의 시「권필을 기억하며〔憶汝章〕」를 보면, 그가 얼마나 권필을 생각했는가를 엿볼 수 있다. 제목에 붙은 여장(汝章)은 권필의 자이고, 본문에 보이는 석주는 그의 호다.

매화 피던 지난해 내가 병들어 있었을 때
석주가 와서 술에 취한 채 시 몇 편을 남겼지.
다시 핀 꽃, 병든 나는 예전과 다름이 없는데
취한 채 시를 읊던 석주만 보이지 않는구나.
梅發去年我抱病　石洲來醉詩篇留
花開人病摠依舊　不見醉吟權石洲

벗을 그리워하는 모습에 마음이 아플 정도다. 임서와 권필은 서로를 애틋하게 생각했던 모양이다. 문집에 수록된 시의 수와 친밀도가 늘 비례하지는 않는다. 그렇다면 임서의 문집에 류도의 시는 등장하지 않지만, 임서는 류도와도 일정한 친분을 유지했을 수 있다. 물론 권필이라는 제3자를 매개로 두 사람의 교유 관계를 추정하는 데는 한계가 있다. 그러나 제3자에는 권필뿐 아니라, 이안눌도 포함된다. 이안눌은 류도가 평양으로 떠날 때 전별연을 마련하고 이별 시「평양서윤으로 가는 류도를 보내며〔送平壤庶尹柳逵由正之任〕」를 지었고, 임서의 모친 서씨가 죽었을 때는「함양 임서의 모부인 서씨의 만사〔林咸陽悎母夫人徐氏挽詞〕」를 지어, 자신의 문집『동악집(東岳集)』에 실었다. 이안눌 역시 임서와 류도 모두와 친분을 가지고 있었다.

이런 점 등을 고려하면 임서와 류도 역시 친구로 지냈을 가능성이 크다. 혹 임서가 말한 '내 친구'는 류도일 수도 있겠다는 상상을 해본다. 아무튼 여러 정황상 류도가 매창과 어떤 관계를 가지고 있었다는 점은 분명해보인다. 매창과 깊은 관계를 맺었던 주인공이었든지, 아니면 그저 서울에서 만나 시를 주고받던 사이였든지 간에 류도라는 인물에 대한 호기심이 생긴다. 그에게는 매창을 유혹할 만한 어떤 매력이 있었던가?

류도의 성품은 양경우의 문집『제호집(霽湖集)』에 실린「제호시화(霽湖詩話)」라는 글을 통해 대략 짐작할 수 있다.

류도는 시에 재주가 있었다. 젊었을 때 청루(青樓)에서 놀다가 절구를 지어 기생 집 벽에 붙여놓았다.

십오 년을 청루에서 먹고 지냈더니
사람들의 비방 하늘에까지 스몄구나.

미친 마음은 그래도 후회가 없는지

백마를 타니 또 황혼일세.

半世靑樓食　熏天衆謗喧

狂心猶未悔　白馬又黃昏

(······) 류도는 술을 좋아하여 책 읽기를 그만두고 마침내 그 재주를 다

하지 못했으니, 애석하도다.[10]

　반평생을 청루에서 보낸 류도의 모습이 그림처럼 선하다. 술에 취

해 시를 쓰고, 미친 듯이 행동하는 모습에서 괴팍한 시인의 형상이

떠오른다. 그러다 그런 모습이 지워지면서 천천히 백마를 타고 지나

다가 황혼을 바라보며 자신을 성찰하는 쓸쓸한 시인의 형상도 함께

드러난다. 서로 다른 그림이 한데 겹쳐지는 느낌이다. 그를 두고 하

는 말도 별반 다르지 않다. "행실이 비천하여 백성들을 다스리는 관

원에 맞지 않다"며[11] 체차(遞差, 관리가 해당 관직에 부적당하거나 임기가 찼을

때 다른 사람으로 바꾸는 일)를 요구하는 사간원. "류도는 인물이 패려하

여 사람 구실을 못한 지가 오래되었다"며[12] 파직을 요구하는 사헌부.

"류도는 행동이 음란하고 패려한데, 시배(時輩)들에게 부탁해서 여

러 번 백성을 다스리는 직임을 제수받았다"는[13] 사관(史官)의 논평

등은 류도가 어떤 규범에도 구애받기 싫어하며 자유로운 삶을 구가

하고자 했음을 짐작하게 한다. 그러고 보니 류도는 매창이 이후에

만나게 되는 허균의 모습과도 닮아 있다.

　미친 듯이 행동하는 사람들 거개가 그렇지만, 류도 역시 행동은 거

칠어도 시류를 보거나 특정 인물을 파악하는 데는 퍽 총명했다. 하긴 그는 1591년에 문과에 급제한 수재가 아니었던가? 한 예를 보자.

1620년 한식날, 유몽인은 소분을 하고 돌아오는 길에 어린 친구인 이귀를 만난다. 허균이 매창의 정인이라고 여겼던 바로 그 이귀다. 이때 유몽인은 "세상 사람 모두가 이귀처럼 어리석다고 하지만, 순풍(淳風)이 오히려 태평성대를 이끈다네"로 시작하는 절구를 한 편 짓는다. 이귀가 순박하고 어리석게 행동하지만, 사실은 그런 사람이 태평성대를 이끈다는 것이다. 이 구절을 본 류도가 껄껄 웃으며 말한다. "자네는 이귀가 어리석다고 생각하시나? 그는 천하에 교활한 사람일세. 저 사람이 어찌 태평성대의 순풍을 이끌 수 있겠는가?"[14] 세상 사람들의 일반적인 시각과는 완전히 다른 입장이었다. 3년 후 이귀는 인조반정의 주역이 되었으니, 류도의 예측이 정확했던 셈이다. 류도는 세상을 보는 눈이 퍽 날카로웠다. 그런데도 그는 속마음을 숨기고 늘 미친 사람처럼 행동했다. 그래서 앞에서도 살펴보았듯이 사람 구실을 하지 못하는 난폭한 광인으로만 평가받았다.

그런 류도를 매창은 안아주고 또 안아주었을 것이다. 매창은 세상과 반목하는 인물들을 감싸주며 그들의 아픔을 대신 지고가려 했을 것이다. 광폭하고 난폭하지만 내면에 아픔을 간직한 사람. 매창은 그런 사람을 달래주고 싶어했다. 오늘날 우리가 사랑하는 매창의 진면목은 바로 여기에 있다. 다른 사람의 아픔을 내 아픔으로 대신 아파해줄 수 있는 사람, 매창은 분명 그런 사람이었다.

이제 홍만종의 『속고금소총』에 형상화된 두 사람을 다시 살펴보자. 미친 사람과 같은 보잘것없는 모습으로 등장하는 류도. 그리고 다른 쟁쟁한 문인들을 모두 거부하고 그를 선택하는 매창. 이야기는 완전한 허구가 아니었다. 실재했던 두 사람의 애틋한 사연을 허구화된 문학 속에 담아두었던 것이다.

흥미로운 인물인 류도가 매창과 각별한 인연을 가졌던 것은 분명해 보이지만, 그래도 그가 매창을 기첩으로 삼았다고 단정하는 것은 무리다. 지금은 그저 모든 가능성을 열어두는 수밖에 없다. '매창이 누군가의 기첩이 되어 서울에 왔지만, 그 사람의 이름은 알 수 없다' 정도로 마무리하는 것이 지금으로서는 최선인 듯하다. 서우관, 류도, 혹은 제3의 인물. 누구든 어떠랴? 매창은 서울에서 그 사람과 3년을 보낸 후, 다시 부안으로 돌아왔다.

관기를 첩으로 들이는 네 가지 방법

그런데 여기서 한 가지는 더 설명해야 할 것 같다. 매창은 어떻게 기첩으로 가게 된 것일까? 관기는 국가에 소속된 공물이기 때문에 누구든 함부로 데려갈 수 없었다. 이는 명백한 불법이었다. 그렇지만 불법이어도 엄격하게 금지되지는 않았다. 관리들은 신경조차 쓰지 않았다. 실제로 서울의 관리들이 연회장에서 만난 기생을 집으로 데려가 첩으로 삼는 일이 비일비재했다. 그러다가 기생 점고가 있는 날이면, 잠시 돌려보냈다가 다시 데려오기도 했다. 그러니 아무리 불법이어도 기생을 첩으로 삼는 일은 보란 듯이 이루어졌다. 그러나 지방 기생은 서울 기생과는 처지가 달랐다. 자기가 속한 지방을 떠나야 하기 때문에 서울에서 아무렇게나 작첩(作妾)하는 것과는 상황이 달랐다.

일찍이 정연식 교수는 관리들이 지방의 기생을 데려가는 방법으로 크게 세 가지를 소개했었다.[15] 첫째, 해당 고을 수령의 배려로 아무런 보상도 치르지 않고 데려가는 방법, 둘째, 대비정속(代婢定屬), 즉 기생을 빼내고 그 자리에 다른 계집종을 집어넣는 방법, 셋째, 경기(京妓)의 봉족(奉足)으로 차정(差定)하여 서울로 데려가는 방법이 그것이다. 이 중 세 번째 방법은 이를 쉽게 말하자면 서울의 어린 기생들이 가무를 배우게 되면 돌봐줄 사람이 필요해지는데, 관리들이 이를 핑계 삼아 지방의 기생을 서울로 불러온다는 것이다. 즉 관리들은 자신이 점찍은 지방 기생에게 이 일을 맡기겠다며 이들을 서울로 데려와서, 실제로는 어린 기생을 돌보게 하는 대신 자신의 첩으로 삼는다는 말이다. 매창은 아마도 첫 번째나 세 번째 방법을 통해 서울로 올라왔으리라. 그러나 이 외에 다른 방법도 생각해봄 직하다.

왕실의 친척인 종실이나 나라에 공을 세운 공신이나 고위 관료들에게는 나라에서 노비를 내려주었는데, 이 노비를 구사(丘史)라고 한다.[16] 관료들은 이 제도를 악용하여 마음에 드는 기생이 있을 경우 종실이나 공신에게 청을 넣어 구사로 만든 다음 첩으로 거두어들였다. 이런 일이 얼마나 빈번했는지『명종실록』을 보면, 대사헌 구수담(具壽聃, 1500~1550)이 "서울이나 지방을 막론하고 공신의 구사들을 모두 자점(自占)하게 했습니다. 이 때문에 성재(成才)한 기생은 빠짐없이 모두 점출(占出)되어 기생이 전수하고 익힐 곳이 없게 되었습니다"라고 말했을 정도다.[17] 정재에 필요한 기생이 부족할 만큼 기생을 구사로 데려가는 일이 빈번했던 것이다. 어쩌면 매창도 이렇게 서울로 올라가지 않을까 생각해본다.

앞서 보았던 류도의 5대조인 류순은 중종반정 당시 영의정이었고, 그의 아들이자 류도의 고조부인 류응룡(柳應龍)은 3등공신이었다. 만약에 류도가 매창을 서울로 부른 것이라면 집안의 권세를 빌려 구사로 데려갔을 가능성이 높다. 특히 『경국대전』에는 "공신이 죽고 3년 뒤에는 본래의 신역으로 돌려보낸다"는 조항이 있는데,[18] 매창은 이 때문에 다시 부안으로 돌아왔을지도 모른다. 구체적인 몰년은 확인되지 않지만, 임진왜란 이전에 류도의 할아버지 류성남(柳成男, 1516~?)이 작고한 것도 매창이 부안으로 돌아오는 동인이 되지 않았을까. 여러 가능성을 열어두고 생각해본다.

첩살이 덕분에 피한 아찔한 사건들

매창이 서울에서 기첩살이를 한 때는 부안에 정주하여 생활한 행적이 분명하게 확인되는 1600년 이전일 것이다. 더 좁혀 추정한다면 임진왜란 이전이 아닐까 한다. 임진왜란 중에 기첩이 되어 서울로 올라갔을 것이라는 추정은 다소 성글어보이기 때문이다. 즉 매창은 유희경과 헤어지고 얼마 지나지 않아 서울로 올라갔을 것이다. 실제로 해주 기생 명선이 열여섯 살 때 기첩이 되었다는 점을 고려하면,

매창 역시 그와 비슷한 때 기첩이 되지 않았을까? 그러면 매창은 열여섯 살이던 1588년 전후에 상경하여 임진왜란 직전인 1591년 즈음에 부안으로 돌아왔음 직하다. 매창의 「홀로 마음 아파하며」에 나오는 "서울에서 보낸 꿈같은 삼 년"도 아마 이 시기를 말하는 것이 아닌가 한다.

매창이 1588년부터 1591년까지 부안에 없었음을 추정할 만한 단서는 또 있다. 1589년 기축옥사로 억울하게 죽임을 당한 조대중(曹大中, 1549~1590)의 일화가 그것이다.

기축옥사는 1589년 10월 정여립(鄭汝立, 1546~1589)이 모반을 도모한다는 황해도 관찰사 한준(韓準, 1542~1601)의 고변으로 시작되었다. 임진왜란이 일어나던 1592년 4월까지 계속된 기축옥사는 서로 죽고 죽이는 그야말로 참혹한 정쟁이었다. 임진왜란이 아니었다면 조선 역사상 가장 큰 정치적 사건으로 남았을지도 모르는, 논란 많은 사건이었다. 또한 임진왜란이 아니었다면 어디로 어떻게 흘러갔을지 전혀 예측할 수 없는 사건이기도 했다. 지금까지도 기축옥사를 두고 일각에서는 혁명이라 하고, 일각에서는 무옥(誣獄)이라 하지 않는가? 정치 조작인가, 아닌가? 굳이 대답한다면 아직 해결되지 않은 미제 사건이라고 하면 적절할 듯하다. 기축옥사의 결과는 참혹했다. 천여 명이 넘는 호남의 무고한 인재들이 한꺼번에 목숨을 잃었고, 전라도는 반역의 고장으로 낙인찍혔다. 기축옥사 이후 전라도 지방에는 한동안 인재가 나오지 않았다는 말이 전해질 만큼 많은 선비들이 희생되었다.

정여립이 살았던 금구현(金溝縣)은 부안과 지척에 있는 곳이었다.

열일곱 살 매창도 풍문으로 들었든지 직접 보았든지 간에 가장 가까이에서 이 사건을 접했을 터다. 그러면서 정치에 대해 여러 생각도 했으리라. 정치란 것이 얼마나 무섭고 잔혹한가 하는 생각, 사익만을 도모하는 정치가 얼마나 많은 사람을 아프게 하는가 하는 회의도 한 번쯤은 해보았으리라. 그런데 이 사건과 관련하여 1590년 『선조실록』에 흥미로운 기록 하나가 실려 있다. 정여립 사건에 연루된 조대중의 일화다.

전(前) 도사(都事) 조대중을 하옥하여 죽였다. 대중이 전라도사가 되어 역변 초기에 부안의 관창(官娼)을 대동하고 보성에 이르러 서로 이별하며 눈물을 흘렸다. 이에 종인(從人)이 지체하는 것을 지루하게 여겨 밖에 나와 사람에게 말하기를 "현재 울고 있는 중이니 어느 겨를에 길을 떠나겠는가?" 했는데, 이 말이 와전되어 "대중이 정여립의 죽음을 듣고 방에 들어가 울었다"는 것으로 되었다.[19]

조대중은 1589년에 전라도사(全羅都事)가 된다. 도사는 관찰사 다음의 벼슬로, 종5품에 해당한다. 즉 전라도 관찰사의 수석보좌관이라고 할 만하다. 그는 기축옥사 초기에 부안 기생을 데리고 보성까지 간다. 부안에 갔다가 그곳 기생에게 푹 빠졌는지, 그녀와 헤어지기 아쉬워 보성까지 데리고 가서 이별한 것이다. 조대중은 사랑하는 기생과 이별하려니, 하염없이 눈물이 났나 보다. 흐르는 눈물을 닦자 다시 눈물이 흐르고……. 이별의 아픔이 너무 커서 조금만 더 붙잡고 싶은 마음이 퍽이나 길었다. 이별의 시간도 자못 길어졌다. 그를 지켜보던 수행원은 지겨움을 참지 못하고 밖으로 나와 무심코 '도사가 울고 있다'는 한마디를 던졌다. 그런데 무심코 던진 이 말 한마디가 사단이 되었다. 그 말은 곧 조대중이 정여립의 죽음을 슬 퍼하여 울었다고 와전된 것이다. 조대중은 이 일로 역모죄에 걸려 처형당한다. 기생과의 이별을 슬퍼하며 흘린 눈물 때문에 정치적 사 건에 연루되어 결국 목숨을 잃었던 것이다. 황당하지만, 실제로 있 었던 사건이다. 이후 35년이 지난 1625년에 조대중은 신원되지만, 그의 죽음은 아무리 생각해도 기가 막힌다.

그런데 여기서 초점을 맞출 부분은 조대중의 기막힌 죽음이 아니 라 그가 데려간 부안 기생이다. 당시 부안현에 2~4명의 기생이 있 었다는 점을 환기해보자. 그럼 당시 조대중이 데려간 부안 기생은 누구였을까? 실록이 기생의 이름을 밝히지 않아 확인할 길이 없다. 하지만 당시 부안 기생 가운데 매창이 가장 주가를 올리고 있었을 것이라는 점에는 별반 이견이 없을 듯하다. 당시 매창은 열일곱 살 로, 한창 아름다움을 뽐낼 시기였다. 더구나 매창은 시와 노래와 춤 에 모두 능하다고 소문까지 자자했다. 그렇다면 전라도 지방의 제2인 자라 할 수 있는 조대중이 데려간 기생도 부안 최고의 기생인 매창 이었을지 모른다. 그 기생이 누구였을까?

역모에 연루되어 죽임을 당한 조대중. 그렇다면 그 곁에 있던 기생 은 어떻게 되었을까? 조대중의 주변인에 대한 기록도 전혀 없지만, 그래도 곁에 있던 기생이 무사했을 것 같지는 않다. 실록에 따르면 조대중은 1차 고문에 이어 2차 고문을 받았다고 한다. 훗날의 기록 에는 그가 장(杖)을 맞다가 죽었다고도 되어 있고, 『광해군일기』에는 참형(斬刑)을 당했다고도 되어 있다. 어찌 되었든 간에 조대중은 혹독한 고문 끝에 목이 베이는 참형으로 죽은 것이 확실하다. 그런데도 당시에는 그 정도로 그친 것을 다행으로 생각했나 보다. 실록에는 "조대중은 참형으로만 그치고 능지(凌遲)는 하지 않았으며 그 족속들도 연좌시키지 않았습니다"라는 기록도 있기 때문이다.[20] 조대중의 죄가 당시로서는 능지처사(陵遲處死)를 시켜야 할 만큼, 그 가족에게도 죄를 연좌시켜야 할 만큼 중죄로 여겨졌던 것이다. 그런 분분한 논의를 뒤로하고 조대중 혼자만 목이 베이는 참형으로 그쳤으니, 그나마 다행이라고 해야 할 판이었다.

그러니 그 곁에 있었던 부안 기생도 무사했을 것 같지는 않다. 적어도 참고인 자격으로 심문은 받았을 것이다. 실제로 홍여순(洪汝諄, 1547~1609)은 당시 보성군에 있던 향관(鄕官)과 아전들에게까지 모두 문서를 보내 실상을 조사하기도 했다. 조대중이 머물렀던 관아에 소속된 아전들까지 조사받는 상황에서 조대중 곁에 있었던 부안 기생이 아무런 조사도 받지 않았을 리는 없다. 역모죄에 연루되었으니, 단순히 조사로만 그치지도 않았을 터다. 실상을 확인할 길이 없다고 해서 조사를 받은 사실까지 없어지는 것은 아니다.

그 기생이 누구였는가에 대한 궁금증이 일지만, 적어도 매창은 아니었던 것 같다. 매창이 조대중 사건에 연루되었다면, 어떤 형태로든 기역을 감내하기가 어려웠을 테니까. 매창에게 조카가 있었다는 사실을 토대로, 그 기생이 매창의 언니는 아니었을까 하는 막연한 추측도 해보지만, 추측은 추측으로 그칠 일이다. 아무튼 매창은 조대중의 사랑을 받지 못했기에 보성까지 함께 가지 못했던 것 같다.

여기서 나는 매창이 조대중에게 선택받지 못한 이유가 자못 궁금하다. 조대중에게 매창은 매력이 없었던 것일까? 개인의 취향이 다르니 그럴 수도 있겠다. 그러나 그보다는 조대중이 부안에 왔을 때, 그곳에는 이미 매창이 없었다고 보는 것이 타당해보인다. 이는 매창이 첩으로 갔다는 증언과도 일치한다. 그렇다면 매창은 기첩으로 서울에 올라간 덕분에 화를 면했다고 볼 수 있다. 어쩌면 "서울에서 보낸 꿈같은 삼 년"이 매창에게는 행운이었는지도 모를 일이다. 매창이 서울에서 기첩으로 살아가던 시기는 매창의 삶에서 공란으로 자리 잡고 있다.

매창이 기첩으로 살았다는 사실을 부정적이고 비판적으로 받아들이는 것은 현대인의 가치 판단일 뿐이다. 당시 매창은 그것만이 삶의 질곡에서 벗어나는 길이라고 생각했을지도 모른다. 그렇지만 무슨 이유에서인지 매창은 기첩 생활을 청산하고 다시 부안으로 돌아온다. 세태의 변화와 사람의 변심. 무엇 때문이든 매창은 큰 상처를 입었으리라. 그러나 그 상처가 매창을 한층 성숙한 기생으로 만들었다. 가끔은 상처가 더 높이 날게 하는 동인이 되지 않는가? 남의 아픔을 더 깊이 감싸 안아줄 수 있는 것도 내가 아파봤기 때문에 가능한 일이다. 이후 매창이 위대한 시인으로 자리잡을 수 있었던 것도 이런 아픔이 있었기 때문이리라.

5장

다시 돌아온 부안,
그리고 전쟁

꿈만 같았던
서울 생활을 마치고

서울에서 돌아온 매창은 다시 기생 생활을 시작했다. 열여섯 즈음에 기첩으로 들어가 열아홉 즈음에 부안으로 다시 돌아왔다. 떠날 때 가졌던 부푼 꿈도 결국은 '헛된 꿈'이 되었건만, 사람처럼 변덕 부리지 않고 옛 모습 그대로인 고향 풍경은 어떤 위로의 말보다 더 큰 위안이 되었으리라. 매창이 떠난 사이 현감도 바뀌었다.

　1589년 12월에 파직된 이서경의 뒤를 이은 현감은 고한운(高翰雲, 1552~1592?)이었다. 그는 1590년 1월에 부임하여, 그해 10월에 암행어사의 계(啓)를 받아 파직되었다. 『동국여지지(東國輿地誌)』에는 부안의 뛰어난 수령으로 두 사람이 소개되는데, 그중 한 명이 바로 고한운이다. 그는 그만큼 부안 백성들에게 사랑을 받았다. 고한운의 부친은 유교적 사유의 근간인 『대학(大學)』을 시조로 바꾼 「대학곡(大學曲)」 28수의 작가 고응척(高應陟, 1531~1605)이다. 한국문학계에서 「대학곡」은 연시조의 형성과 관련하여 논란이 되는 작품이다. 그런 부친의 영향이 없지 않았을 것이니, 매창이 이런 현감을 만났더라면 좀더 많은 시조창을 주고받으며 더 많은 작품을 남기지 않았을까? 고한운의 뒤를 이은 현감은 이성남(李誠南, ?~?)이다. 그는 1590년 12월에 부임하여 그 이듬해인 1591년 12월에 관찰사의 치적 평가에서 하등을 받아 파직된다. 그에 대해서는 뚜렷한 행적을 찾을 수 없다. 아무튼 고한운과 이성남은 매창과 직접 만나지 못했을 것으로 짐작된다.

매창이 부안으로 돌아와 처음으로 만난 현감은 아마도 김여회(金如晦, 1555~?)가 아닌가 한다. 김여회는 1592년 2월에 부임하여 1594년 3월에 전세(田稅) 문제로 파직되기까지 2년 남짓 부안에 있었다. 그러나 그와 매창이 사적으로 여유롭게 만나 이야기를 나눌 시간은 별로 없었다. 김여회가 부임하고 채 두 달이 지나지 않은 4월에 임진왜란이 일어났으니, 그는 전쟁 준비에 모든 힘을 쏟아야만 했을 것이다. 특히 그의 장인이 남명(南冥) 조식(曺植, 1501~1572)과 친하게 지낸 이희안(李希顔, 1505~1559)이란 점을 고려하면, 그 역시 조식의 영향을 어느 정도 받았을 것이다. 임진왜란 때 조식의 문하생들이 직접 의병을 이끌며 행동하는 지식인의 모범을 보여주었다는 점을 고려하면, 김여회 역시 그랬을 법도 하다. 그러나 실록에는 임진왜란이 일어났을 때 그는 도망가버렸다고만 기록되어 있다.[1] 실록은 당시 전라도 관찰사였던 이광(李光, 1541~1607) 역시 "그(도망간 김여회—필자)를 죄주지 않고 도리어 기생을 데리고 고부(高阜)에 있는 집에 가서 편안히 쉬었으니 필시 불측한 마음이 있는 것"이라고 비판하고 있다. 그러나 이 두 사람은 이렇게까지 폄하될 인물들은 아니다. 실제로 이광은 임진왜란 당시 서울을 수복할 계획을 세우고 군사를 이끌기도 했다. 용인 근처에서 적의 기습을 받아 실패하긴 했지만. 사관의 비판이 늘 실제 행적과 일치하는 것은 아니다. 물론 김여회가 임진왜란이 발발하자 도망을 갔고, 이광이 기생과 함께 고향으로 내려간 일은 사실이겠지만.

임진왜란 이후
혼란스러웠던 부안의 사정

부안은 임진왜란의 피해를 입지 않았던 지역 중 하나였다. 그래도 전시인지라 고을의 분위기는 자못 어수선했다. 행정이 거의 마비된 전쟁 초기에 김여회는 2년 남짓이나 부안현감으로 재직할 수 있었지만, 그 뒤를 이은 현감의 임기는 짧았다. 김여회의 뒤를 이은 이규문(李奎文. ?~1614)은 매창이 스물두 살이던 1594년 3월에 부임하여 그 이듬해인 1595년 1월에 해운(海運) 문제로 파직당했다. 다음 현감인 신영(申泳. 1551~?)은 1595년 2월에 부임했으나 업무에 태만하여 1596년 1월 사헌부의 보고에 의해 파직되었다. 다음 현감은 곽기수(郭期壽. 1549~1616)로, 1596년 2월에 부임하여 그해 4월에 90세가 된 부모를 모시기 위해 고향으로 돌아갔다. 다음 현감은 조원상(趙元祥. ?~?)으로, 1596년 5월에 부임하여 그 이듬해인 1597년 3월에 승정원의 보고에 의해 파직되었다. 다음 현감인 권성(權省. ?~?)은 1597년

4월에 부임하여 1598년 6월에 관찰사의 치적 평가에서 하등을 받아 파직된다. 그다음 현감은 이극신(李克新, 1559~?)으로, 1598년 8월에 부임하여 그 이듬해인 1599년 2월에 심문을 받고 파직된다. 그다음 은 이충선(李忠善, ?~?)으로, 1599년 3월에 부임하여 그해 12월에 관찰사의 치적 평가에서 하등을 받아 파직된다.

6년이 채 되지 않는 기간 동안 현감은 7번이나 바뀌었다. 부임 일 정을 제외하면 한 사람당 재직 기간이 평균 9개월도 되지 않는다. 또한 그들의 행적이 뚜렷하진 않지만, 역사 기록의 행간에서 얼핏얼 핏 보이는 단편적인 모습은 실망스럽다.

매창이 스물두 살 때 현감으로 부임한 이규문은 뚜렷한 행적이 드 러나지 않는다. 다만 장현광(張顯光, 1554~1637)이 남긴 이규문의 행 장(行狀)을 보면 그의 인품을 어느 정도 짐작할 수 있다. 장현광은 이 규문이 임진왜란 때 적을 무찔렀다고 하면서도 충(忠)과 신(信) 사이 에서 문제를 일으켜 논란이 되었다는 점을 굳이 밝히고 있다.[2] 아마 도 임진왜란 당시에 이 둘 중 무엇을 선택해야 하는가를 두고 중대 한 과오를 범했던 것 같다. 행장에서까지 지적할 정도니, 적지 않은 논란거리였던 모양이다. 아마도 충 대신 신을 택했기에 이렇게 비판 의 대상이 되었을 것이다. 공(公)과 사(私)의 문제에서 사를 먼저 생 각한 결과가 아니었을까?

이규문의 뒤를 이은 신영은 모든 일을 아전들에게 맡기고 복지부 동하다가 결국 사헌부의 보고에 따라 파직되었다. 얼마나 고을에 신 경을 쓰지 않았으면 백성들까지 "우리 고을에는 현감이 없은 지 오 래다"라고 했을까?[3] 조원상은 평안도 남포현감 시절의 평가가 실록에 남아 있다. 실록은 그가 처음에는 부지런하다가 나중에는 게으름을 피워 민심을 잃었다고 평가하고 있다.[4] 이는 부안에서도 마찬가지였을 것이다. 권성이 현감으로 재직하고 있을 때 정유재란(丁酉再亂)이 발발했다. 그는 경내에 피신했다가 어느 정도 안정이 되자 느지막하게 돌아왔다고 한다.[5] 이충선은 정사를 아전들에게 맡겨 백성들의 피해가 심했다는 기록도 있다.[6]

우왕좌왕하는 모습, 정치는 나 몰라라 하는 모습, 나태한 모습 등 다양한 형상을 가진 얼굴들이 그려진다. 물론 전시 상황이라는 점을 잊어서는 안 될 것이다. 실제로는 실록이나 문집에 기록된 것처럼 이들 현감이 그렇게 무지하고 부정적이지는 않았을 것이다. 임진왜란 당시 이순신 휘하에서 총상을 무릅쓰고 전투에 임했던 이극신 같은 현감도 있지 않았던가. 하지만 상황이 상황인지라, 대부분의 현감들이 참으로 못되게 그려졌다. 아무리 전시 상황이라 해도 개인의 안위를 앞세우며 백성을 돌보지 않았다는 점만은 부정할 수 없다.

매창이 스물두 살에서 스물일곱 살까지 고을을 책임진 자들의 단면들이다. 이들 중에는 인품과 무관하게 매창과 사랑을 나눈 현감도 있었겠지만, 실체를 확인할 방법이 없다. 당시 부안현감들은 모두 문집을 남기지 않아 매창과 어떤 관계였는지 전혀 알 길이 없다. 유일하게 문집을 남긴 곽기수는 부안에 머문 시간이 두 달에 불과했다. 그래도 문집이 남았으니 매창과의 관계를 추측할 단서라도 마련된다.

곽기수가 부안현감으로 재직한 시간은 불과 두 달이지만, 당시 부안 사람들에게는 깊은 인상을 주었던 듯하다. 부안의 서림공원에 유독 곽기수의 선정비만 남아 있는 것을 봐도 그렇다. 하긴 나이 아흔인 부모를 모시기 위해 벼슬에 연연하지 않고 떠났으니, 백성들에게도 인상적이었으리라. 곽기수는 귀향 후 부모를 모시며 『주역(周易)』에만 잠심했다. 이후 그는 전혀 벼슬을 하지 않고 은거하며 지냈다. 아마도 '곽기수' 하면 어디선가 들은 적이 있는 이름이라고 생각하는 독자들이 많을 듯하다. 그렇다. 그는 우리에게 널리 알려진 시조 작가이기도 하다.

> 초당(草堂)의 밝은 달이 북창(北窓)을 빗겼으니
> 시내의 맑은 소리 두 귀를 절로 씻어주네.
> 소보(巢父)의 기산영수(箕山潁水)도 이러한듯 아닌듯.

곽기수의 문집 『한벽당문집(寒碧堂文集)』에 실린 시조다. 근래에는 그의 시비가 전라남도 강진에 세워지기도 했고, 그의 시조가 고등학교 교과서에 실리기도 했다. 학자이면서 시인의 풍모까지 갖추었던 인물이라고 평가할 만하다. 나이 많은 현감이 유수하게 뽑아내는 시조창에 맞춰 젊은 기생이 타는 거문고 소리는 정말 운치가 있었을 법하다. 매창은 나이 든 현감이 부르는 시조창에 맞춰 거문고를 타면서 마음속으로 그를 존경하지 않았을까? 매창이 이렇듯이 철학적 경륜, 학문적 깊이, 그리고 예술적 감각을 모두 갖춘 현감을 만난 것은 행운이었다. 그러나 불행히도 곽기수는 불과 두 달 만에 고향으로 돌아갔으니, 매창이 누린 행운은 지극히 짧았다고 할 수밖에.

부안의 서림공원에 있는 곽기수 선정비. 곽기수가 부안현감으로 재직한 기간은 불과 두 달이지만 그가 남긴 문집으로 미루어보건대 매창과 시조를 주고받으며 교유했을지도 모른다.

아마도 곽기수는 우리에게 널리 알려진 '이화우 흩날릴 제'로 시작하는 매창의 시조에 대해서도 품평을 해주었으리라. 그리고 짧은 기간이지만, 매창과 시조를 주고받기도 했을 것이다. 그러나 『한벽당문집』에서는 그런 흔적을 찾을 수 없다. 곽기수의 문집 역시 20세기에 비로소 간행되었으니, 기생과 연관된 작품을 남겨두었을 리 없다. 상상으로 그려낸 풍경 속에서 들려오는 음악 소리가 제법 멋스럽다.

성숙해진 매창,
시기로 거듭나다

전쟁의 발발과 현감의 빈번한 교체. 어느덧 매창은 스물두 살에서 스물일곱 살이 되었다. 혼란하고 어수선한 상황이 오히려 매창에게는 휴식이 되었을 수도 있다. 기생에게 주어진 두 가지 부역, 즉 춤과 노래로 연회의 흥을 돋우고 남성을 접대하는 일. 전시에는 아무래도 조금은 자유롭지 않았을까? 매창에게 주어진 약간 사치스러운 여유. 매창은 그 시간에 고민을 시로 표현하고 삶을 성찰하며 스스로를 성숙시켰으리라. 매창에게 이 시간은 자기 갱신의 시간이었을 것이다. 자기 갱신의 방향은 분명했다. 외적인 아름다움보다는 내면의 아름다움. 아픈 상처를 안고 돌아온 고향에서 맞이한 참혹한 전쟁. 삶이란 얼마나 허망한 것인가? 보잘것없는 존재들의 아우성과 몸부림. 세상에 존재하는 것들은 어쩌면 처음부터 무의미한 것은 아니었을까? 매창은 이 세상이 아닌 저 먼 세상을 꿈꾸었으리라. 매창은 자의식을 갖춰갔다. 이는 이후 허균과 그의 벗들을 만나면서 구체적으로 드러난다.

스물일곱. 나이 서른이면 퇴기 취급을 받는 당시에는 도저히 꽃다운 나이라고 할 수 없다. 찾아오는 남자들도 줄어들 수밖에 없었다. 특히 매창은 이미 서울에서 기첩으로 지내기도 했으니, 다른 사람이 불순한 목적을 가지고 접근하기도 어려웠을 터다. 그사이에 매창은 공연에 필요한 기생, 혹은 육욕을 채워주는 기생이 아닌, 시를 짓는 시기(詩妓)로서의 이미지를 굳혀갔던 것으로 보인다. 품격을 중시하는 지방관들은 특별한 연회가 있으면 매창을 불렀고, 매창은 그 자리에서 문인들과 시를 주고받았다. 그리고 지방관들이 유람에 나설 때면 매창도 함께 가서 운치를 더해주었다. 1600년 이후 연회에 초대받는 일이 빈번해지고, 당대를 호령했던 문인들과의 만남이 잦아지면서 육체적인 접대는 매창이 아닌 다른 기생들이 맡게 되었다. 그 예를 보자.

1593년 전라도 관찰사를 역임한 이정암(李廷馣, 1541~1600)의 연보에는 특이하게도 그가 사랑했던 기생들의 이름이 적혀 있다.

벼슬길에 나아갔을 때 사랑했던 기생들은 홍원의 주탕(酒湯) 일종(一終), 원주의 기생 명대(命代), 해주의 기생 연개(蓮介)와 명덕(命德), 전주의 기생 덕개(德介), **부안의 주탕 애생(愛生)**, 나주의 방지기(房直)뿐이었다.[7]

이정암이 청렴한 선비임을 강조하는 글이다. 외직으로 나아갔을 때 사랑했던 기생이 7명밖에 없으니 자못 청렴한 선비라는 것이다. 지금의 시각으로 이해되지 않을 수도 있지만, 그 당시에는 한평생 7명의 기생만 상대했다면 연보에 당당하게 실을 수 있을 만큼 매우 도덕적인 삶을 살았다고 평가할 수 있다. 실제로 박취문(朴就文, 1617~1690)의 『부북일기(赴北日記)』를 보면, 인조 22년(1644) 12월 11일부터 그 이듬해인 1645년 10월 25일까지 그가 동침한 여인은 총 20명이었다.[8] 물론 20명은 모두 다른 여인들이었다. 불과 열 달 만에 20명의 여인과 잠자리를 했다. 기록만으로도 그 정도니, 실제로는 훨씬 많은 여인들과 잠자리를 가졌을 것이다. 따라서 한평생 7명의 기생과 잠자리를 가진 이정암은 여색에 초연했던 인물이라고 말할 수 있다.

그런데 우리의 흥미를 끄는 것은 이정암이 몇 명의 기생과 사랑을 나누었는가가 아니라, 부안의 주탕 애생이다. 『연산군일기』에서도 확인할 수 있듯이 "자색이 있는" 관비, 또는 "노래 혹은 음률을 아는" 관비를 주탕이라고 불렀다.[9] 또한 정약용은 『여유당전서(與猶堂全書)』에서 "관비에는 두 종류가 있다. 하나는 기생인데, 다른 말로 주탕이라 한다. 다른 하나는 계집종(婢子)인데, 다른 말로 수급비라 한다"고 했으니,[10] 주탕은 곧 기생으로 볼 수 있다. 기생이 오로지 관기의 역할을 했다면, 주탕은 관비의 역할도 했다는 점에서 약간의 차이가 있다. 참고로 방지기는 현지에서 지방관의 첩 노릇을 하던 기생을 말한다.

아무튼 이정암이 전라도 관찰사로 있던 1593년 부안에는 애생이라는 기생이 있었다. 당시 매창은 스물한 살로, 막 부안으로 돌아왔을 즈음이다. 애생은 매창이 그랬던 것처럼 관찰사의 수청을 들며 사랑받고 있었다. 그런 모습을 보는 매창의 마음은 어땠을까? 서울로 올라가기 전의 자신을 떠올리며 새삼 쓴웃음을 짓지 않았을까? 그리고 기생의 삶을 살아가는 애생을 안쓰럽게 바라봤으리라. 애생은 선배 매창을 대신하여 궂은일은 다 했을 법하다. 육체적인 시중역시 애생의 몫으로 돌아갔을 터다. 매창은 애생과 서로 의지하며지냈으리라. 기생 둘이 서로를 의지하는 모습이 퍽 애절하다.

6장

매창,
연회에 나서다

하층민의 삶을
재구하다

유희경이 매창에게 남긴 『촌은집』에 실린 시를 제외한다면, 1600년 이전 매창의 행적 가운데 분명하게 드러난 것은 거의 없다. 단지 기생의 보편적인 삶에 따라, 또는 당시 지방관이 누구인가에 따라 간접적으로 매창의 삶을 추론하는 것 외에 할 수 있는 일이 별로 없다. 기록되지 못한 삶이란 이렇다. 문자가 지닌 권력성에서 제외된 하층민의 삶을 온전하게 재구하기 어려운 이유가 여기에 있다. 문자는 하층민을 철저하게 배제하는 폭력으로 작동한다.

　매창이 죽은 뒤에 매창을 기억하는 아전들 몇몇이 『매창집』을 간행했다. 문자가 갖는 권력성을 매창도 누리게 된 셈이다. 그런데도 매창의 삶을 엿보기는 여전히 쉽지 않다. 작품의 배경을 알려주는 어떤 정보도 확인되지 않기 때문이다. 작품 제목, 작품 내용도 보편적인 감성에 따른 것이 대부분이다. 작품이 지닌 미학이나 상징성을 찾아낼 수는 있지만, 작품을 통해 매창의 삶을 재구하는 일은 여전히 어렵다. 결국 매창의 삶을 재구하는 일은『매창집』에 실린 시를 토대로, 연관된 상황이나 관련된 인물을 찾는 것이 우선이다. 물론 매창은 1600년 이전에도 많은 사람을 만났고, 많은 일을 겪었다. 그런데 왜 1600년 이전은『매창집』과 연관시키지 않다가, 굳이 1600년 이후부터 그 상관성을 찾겠다고 하는가? 답은 간단하다. 1600년을 기준으로 이전과 이후의 상황이 확연히 달라졌기 때문이다.

그 이전은 유희경이 남긴『촌은집』을 제외한 어떤 기록물에서도 매창의 삶을 찾을 만한 단서가 발견되지 않지만, 그 이후에는 여러 문헌에서 매창의 흔적이 조금씩 드러난다. 부안으로 부임해온 현감들 가운데 더러는 문집을 남기고, 그 안에 매창과 관계된 시를 한두 편씩 싣기도 했다. 매창이 당시 누구와 만나 시를 주고받았는지에 대한 정황이 분명하게 드러난 것이다. 임방(任埅, 1640~1724)이『수촌만록(水村漫錄)』에서 언급한 것처럼 "당시 최고 시인들 중에 매창의 시권에 시를 지어 써주지 않은 사람이 없었을" 정도로 많은 문인들이 매창의 재주를 사랑하여 그녀와 시를 주고받았음이 확인된다. 실제로 시를 주고받은 것이 확인된 문인들만 해도 권필, 심광세, 임서, 한준겸 등에 이르고 여러 정황상 시를 주고받았을 것으로 유추되는 인물은 그보다 더 많다. 어떻게 이런 일이 가능했던가? 왜 1600년을 전후하여 뜬금없이 매창의 삶이 드러나게 되었는가? 답은 의외로 간단하다. 허균이 그 중심에 있었기 때문이다.

임진왜란과 정유재란 이후 정국이 어느 정도 안정된 1600년 전후에 매창은 조선 최고의 기생으로 등장한다. 이는 전적으로 허균과의 만남에서 비롯된 일이었다. 허균과 교유하면서 매창은 비로소 다른 사람의 문헌에도 간헐적으로 이름을 드러내기 시작한다. 허균은 매창을 조선 최고의 기생 시인으로 만든 배경이었다. 당대 최고의 시 비평가였던 허균이 매창을 높이 평가하면서 많은 문인들이 매창과 시를 주고받고자 했다.

지금처럼 대중매체가 발달하기 전에는 기생이 문학 작품을 전달하는 중요한 역할을 했다. 누군가의 시를 노래로 불러 입에서 입으로 전승시키는 것은 기생의 몫이었다. 우리나라에서는 아직 그 사례를 찾지 못했지만, 중국에서는 당나라 시인 왕지환(王之渙, 688~742)이 좋은 사례일 듯하다. 왕지환은 당대 최고의 기생에게 자신의 시를 노래로 불러달라고 부탁한다. 기생은 마지못해 그의 노래를 불렀는데, 그 노래가 바로 「양주사(涼州詞)」다. 그 유명한 "황하는 멀리 흰 구름 사이로 올라가고, 만 길 높은 산에 외로운 성 하나(黃河遠上 白雲間, 一片孤城萬仞山)"라는 시는 이렇게 전승되었다. 「양주사」는 당대 최고의 기생을 통해 실제보다 더 아름답게 표현되었으리라. 그리고 지금까지도 널리 회자되는 시가 되었다. 기생은 문인들의 시를 더 빛나게 만드는 존재였다. 시에 곡조를 붙인 기생의 노래는 뜻하지 않게 문인들의 입에 오르내리며 문단의 중심에 놓였다. 기생은 문화 전달을 담당하는 중요한 역할을 했던 셈이다.

그런 이유로 많은 문인들이 매창과 시를 주고받았을 터다. 당대 최고의 기생이었던 매창이 노래로 부른 시는 더욱 빛을 발할 수 있었기 때문이다. 『매창집』에 허균의 문객이었던 이원형의 시가 매창의 시로 둔갑하여 실린 이유도 바로 여기서 찾을 수 있다. 이원형의 시

라 해도 매창이 노래했기 때문에, 매창이 지은 것으로 오해해서 『매
창집』에 실었던 것이다. 매창이 직접 시를 지었는지, 아니면 남의 시
를 노래로 부르기만 했는지는 확인할 길이 없었기 때문이다.

스물아홉,
허균과의 첫 만남

매창은 스물아홉 살이 되던 1601년, 부안에서 허균을 처음 만난다.
1601년 7월, 허균은 배로 세금〔세미(稅米)〕을 실어 나르는 일을 감독
하는 전운판관(轉運判官)이 되어 전라도로 내려온다. 국가 재정과 관
련된 관직인지라, 지방 수령들은 그를 극진히 환대했다. 밀실 외교
를 위해 기생을 앞세워 접대하기도 했다. 허균은 그 당시의 상황을
「조관기행(漕官紀行)」이라는 제목을 붙인 일기에 모두 기록해두었는
데 여기에 매창과의 만남도 적어놓았다.

  23일. 부안에 도착했다. 비가 몹시 내려 머물기로 했다. 고홍달이 인
  사를 와서 만나보았다. 기생 계생은 이옥여(李玉汝)의 정인(情人)이다. 거
  문고를 타고 시를 읊조리는데, 모습은 비록 대단치 않았으나 재주와
  정감이 있어 함께 이야기할 만했다. 하루 종일 술잔을 나누고 시 읊기
  를 주고받곤 했다. 밤에 침소에 그 조카를 들이니, 혐의를 피하기 위함
  이다.[1]

1601년 7월 23일. 허균은 부안에 도착했다. 거기에서 처음으로 매창을 만났다. 아마도 부안의 선비 고홍달이 객사 부풍관으로 찾아와 허균에게 인사를 하고, 이어서 매창을 소개했나 보다. 그는 허균에게 매창이 이귀의 정인이라고 했을 것이고, 허균도 그렇게 받아들였을 것이다. 이미 이귀는 그해 3월에 서울로 올라간 상태였다. "지난 번 김제군수로 있었던 이귀 대감이 매창을 사랑했습죠." 고홍달의 말을 듣고 허균은 매창을 이귀의 정인으로 여겼을 것이다.

매창의 첫인상은 그리 좋지 않았던 듯하다. 여성 편력이 심한 허균이 보기에 매창의 얼굴은 별로였다. 하긴 기생 나이 서른이면 퇴물 취급을 받는 판인데, 스물아홉 살이나 된 기생에게 누가 그리 혹했겠는가. 대단치 않은 모습. 숱한 기생을 만난 허균이 평가한 매창의 첫인상이었다. 하지만 허균이 누군가? 당대 최고의 문학 비평가가 아닌가? 매창의 얼굴은 별로였지만, 허균은 그녀의 재주에 한껏 매료된다. 거문고를 끼고 앉아 시를 읊는 모습. 음악과 시에 관한 한, 당대 최고로 자부하던 허균에게 매창은 자못 품격이 있어 보였나 보다.

거문고를 타는 솜씨와 시를 쓰는 재주에 빠져든 허균은 마음으로 매창을 받아들였다. 비가 내리는 한여름 날, 거문고가 놓인 방 안에서 두 사람이 마주 앉아 술잔을 주고받으며 시로 수작하는 풍경. 나지막한 빗소리와 시를 읊는 소리, 그리고 이따금 울리는 거문고 소리. 매창과 허균, 두 사람의 가슴속에 영원히 남았을 풍경이다. 이렇게 시작된 둘의 우정은 매창이 죽을 때까지 지속되었다.

매창의 연인
이귀

허균이 말한 것처럼 당시 매창은 이귀의 사랑을 받고 있었다. 이귀
는 1599년 김제군수로 내려왔다. 김제는 부안과 지척이었다. 2년 남
짓 김제에서 지내는 동안 이귀는 매창과 연인처럼 지냈다. 그래서
허균은 매창을 이귀의 정인이라 말한 것이다. 허균과 이귀는 먼 인
척이기도 했다. 그래서 매창은 자신이 직접 허균을 모시지 않았다.
그 대신 언니의 딸로 보이는 조카를 허균의 침소로 보냈다. 조카도
기생이었기 때문이다.

　허균이 매창을 이귀의 정인이라고 했으니, 이귀는 매창을 사랑했
을 것이다. 하지만 그는 매창을 기첩으로 들이지 않았다. 어쩌면 이
미 한 번 기첩이 되었던 매창이 또다시 다른 사람의 기첩이 되는 것
을 거부했을지도 모른다. 대개 기생이 적극적으로 요구하고, 상대
남성이 이를 수용해야 기첩으로 들어갈 수 있었다는 점을 고려하면,
매창은 굳이 기첩이 되기 위해 노력하지도 않았을 것이다. 이제는
사랑에 혹해 마음 아파하는 열여섯 어린 나이도 아니지 않은가. 매
창은 그저 기생 본연의 역할에 충실할 뿐이었다.

　이귀와 매창의 관계에 대해 아직까지 구체적인 자료는 나오지 않
았다. 이귀의 문집『묵재일기(默齋日記)』에서도 그 흔적을 찾을 수 없
다. 그저 이귀가 2년 동안 부안과 김제를 오가다가 1601년 3월 무리
한 제방 축조 공사로, 암행어사의 탄핵을 받아 서울로 떠나면서 두
사람의 관계도 자연히 멀어진 것이 아닌가 짐작해볼 뿐이다. 이제

매창도 이별에 제법 익숙해졌으리라. 기생의 삶에 어느 정도 길들여졌기 때문이다.

　다만 많은 사람들이 이귀와 매창의 관계를 지나치게 친밀하게 보는 것은 문제가 있다. 이귀의 정인이란 말을 지나치게 확대 해석할 필요는 없다. 일부에서는 이귀와 매창 사이에 애틋한 사랑 이야기를 꾸며내기도 하지만, 사실 정인은 말 그대로 사랑받는 사람일 뿐이다. 그 이상도, 이하도 아니다. 이는 유희춘(柳希春, 1513~1577)의『미암일기(眉巖日記)』에서도 확인할 수 있다.

　유희춘은 1571년 2월 4일부터 같은 해 10월 14일까지 전라도 관찰사를 역임했다. 매창이 태어나기 두 해 전이다. 당시 유희춘은『명종실록』을 전주 사고지에 봉안한 후 성대한 연회를 베풀었다. 5월 11일부터 13일까지 이어진 대연회였다. 연회가 얼마나 길었던지 연회를 주관한 사람들까지 지쳐 쓰러질 정도였다고 한다. 연회에는 전주 기생 옥경아(玉瓊兒)와 준향(峻香)도 참석했다. 일기에 따르면 옥경아는 유희춘의 '정인'이 되고, 준향은 이후 박순(朴淳, 1523~1589)의 '기첩'이 되었다고 한다. 유희춘의 정인이 된 옥경아, 말 그대로 옥경아가 유희춘의 사랑을 받았다는 의미다. 첩으로 삼지 않고 단지 정만 나눈 사이를 정인이라 했던 것이다. 허균이 매창을 이귀의 정인이라 부른 것도 이런 의미일 뿐이다. 지나치게 확대 해석할 필요는 없다. 매창이 허균을 꺼려 조카를 침소에 들여보낸 것도 허균과 이귀가 인척이었기 때문이지, 그 외 다른 이유가 있었던 것은 아니다.

　아무튼 이귀가 떠나고 얼마 지나지 않아 허균이 부안으로 왔다. 조선 희대의 문제아 허균과 조선 최고의 시기 매창의 만남은 두 사람 모두에게 큰 충격이었던 듯하다. 많은 기생들과 염문을 터뜨렸던 허균 역시 매창만큼은 함부로 대하지 않았다. 아니, 오히려 그녀를 지기(知己)로 대했다. 매창을 하룻밤 잠자리를 위한 존재가 아닌, 위안을 주는 마음의 안식처로 생각했던 것이다. 두 사람은 성과 신분을 떠나 시와 노래를 이야기할 수 있는 친구가 되었다.

매창은 허균을 통해 지난 시간 고민하던 자아에 대한 물음을 조금씩 풀어가기 시작했다. 이 세상이 아닌 저 세상에 존재하는 그곳, 오랫동안 꿈꾸었던 그곳으로 향하는 갈망의 열쇠를 허균은 선뜻 내주었다. 허균을 통해 매창은 새로운 사람을 만나고, 새로운 세계를 열수 있었다. 기생에서 시인으로 새로운 세계에 들어간 것이다. 매창의 시에 드러나는 도가적인 풍모와 불교적인 색채, 그리고 가끔 보이는 허균의 누나 허난설헌(許蘭雪軒, 허초희(許楚姬), 1563~1589)의 시풍, 그 모두는 허균과의 관계에서 만들어졌다.

하지만 허균과 매창의 관계에 대해서는 잠시 보류해두자. 허균 덕분에 매창은 명성을 날리지만, 허균과 매창이 본격적으로 동지가 된 것은 5~6년 후인 1607년 즈음이다. 둘의 관계는 잠시 접어두고 그당시 기생들이 참석하던 연회에 초점을 맞춰보자. 『매창집』에 실린 시들 가운데도 그와 관련된 것들이 더러 보인다.

「해영연로도(海營宴老圖)」. 김양진(金楊震, 1467~1535)이 황해도 감영에 있을 때 양로연을 베풀어 민심을 위로하는 장면이다. 조선시대 기생들은 각종 연회에 참석하여 노래와 춤으로 흥을 돋우는 역할을 했다.

허균을 통해 이어진
인연의 고리들

허균은 매창을 만난 다음 날 부안을 떠난다. 그리고 고부 지방을 순
시하는 등 공적인 업무를 수행하는 동시에 율곡 이이(李珥, 1536~
1584)의 동생인 이우(李瑀, 1542~1609)와 부안현감으로 있다가 파직된
민인길(閔仁佶, 1569~?)을 만나는 등 사적 행보를 갖는다. 그러던 중
허균은 큰형 허성(許筬, 1548~1612)이 전라도 관찰사로 내려온다는
소식을 듣게 된다. 매창을 만나고 불과 한 달 뒤의 일이다. 허균은
충청도 직산 지방까지 가서 형님을 맞이하고, 그날 밤 한 이불을 덮
고 잠을 잔다. 3년 만에 큰형을 본다고 했으니 감회가 자못 깊었을
것이다. 그다음 날, 그는 하루 늦게 도착한 형수, 조카들과 함께 전
주로 향한다.

1601년 9월 7일, 전라도 관찰사로 부임하는 허성은 가솔을 이끌
고 천안, 덕평원, 궁원, 공주, 이산, 은진, 여산, 삼례를 거쳐 전주에
입성한다. 큰형과 함께 전라감영에 들어갈 때의 모습을 허균은 다음
과 같이 기록했다.

삼례(參禮)에서 점심을 먹고 전주로 들어가는데, 판관이 기악(妓樂)과
잡희(雜戱)로 반 마장(2킬로미터 정도―필자)이나 나와 맞이했다. 북소리, 피
리 소리로 천지가 시끄럽고, 천오(天吳)와 상학(翔鶴), 쌍간희환(雙竿戱丸)과
대면귀검(大面鬼臉) 등 온갖 춤으로 길을 메우니 구경하는 사람들이 성곽
에 넘쳤다. 나는 큰조카에게, "이 길이 네가 과거에 합격해서 돌아오는

길이 아닌 것이 한스럽다"고 농담을 하니 그도 배를 잡고 웃었다. 마침 내 동헌에서 형님을 뵈었다. 중동헌(中東軒)을 비워 나의 숙소로 했다.[2]

새로 온 관찰사를 맞이하는 풍경이 호화롭게 그려졌다. 부임지인 전주 감영에서 2킬로미터나 떨어진 곳까지 기생과 광대들이 나와 관찰사 일행을 맞이했다. 기생들은 악기를 연주하며 춤을 추고, 광 대들은 온갖 재주를 선보였다. 기생들이 연주하는 북소리와 피리 소 리는 퍽 요란했다. 광대들의 기예 솜씨도 흥미로웠다. 머리가 여덟 개 달린 수신(水神)의 형상으로 노는 천오 놀이, 학이 비상하는 춤(상 학), 두 개의 장대를 세우고 그 위에서 부리는 재주(쌍간)와 여러 개의 공을 가지고 부리는 재주(희환), 탈춤(대면)과 가면극(귀검) 등 관찰사 를 맞이하는 풍경이 눈앞에 펼쳐지는 것처럼 사실적으로 묘사되었 다. 사람들은 마치 담장처럼 그 주위를 에워싸고 그 광경을 구경했 다. 관찰사의 부임은 이렇게 요란했다. 관찰사의 부임 행렬에 끼어 있던 허균은 오히려 자신들을 바라보는 사람들을 구경하고 있다. 서 로가 서로를 구경한 셈이다.

허균은 10여 일을 중동헌에 머물며 큰형과 함께 지냈다. 이때 허 균은 얼마 전 부안에서 만난 기생 매창에 관해서도 이야기했으리라. 어쩌면 허균이 미처 일기에는 기록하지 못했지만, 이날 공연에 매창 도 동원되었을지 모른다. 관찰사의 부임에 현감들이 참여하지 않았 을 리는 없고, 현감들이 참여하면서 연회에 필요한 기생을 동반했으 리라는 추정은 너무도 당연하기 때문이다. 어쩌면 매창도 악기를 연 주하고 춤을 추는 무리에 포함되어 있었을지도 모른다. 당시 부안현감은 임정(林程, 1554~?)이었다.

새로 부임한 전라도 관찰사 허성이 이날 매창을 보았든, 아니면 그 이후에 보았든 간에, 그는 매창을 퍽 아꼈음 직하다. 허균이 누군가? 아무리 철없는 동생이라지만 당대 최고의 시 비평가가 아닌가? 그런 동생이 시재(詩才)를 칭찬했다면 허성도 흐뭇하게 매창을 바라봤으리라. 연회가 있을 때는 매창을 불러서 시를 들으며 동생의 목소리를 떠올리지 않았을까? 허성과 매창이 시도 주고받았으리라는 생각이 들지만 허성의 문집 『악록집(岳麓集)』과 매창의 시집에서는 그 흔적을 찾을 수 없다. 그렇다고 해도 그 사실까지 지워진 것은 아니리라.

아무튼 매창은 허균을 통해 당시 최고의 권력자를 만났다. 그사이 매창의 명성도 점점 높아갔다. 명사들과 만나 시를 짓고 품평하는 과정에서 시재에 대한 소문도 문인들 사이에 점점 퍼졌으리라. 그렇게 맺어진 관찰사와의 좋은 인연은 이후에도 계속된다. 그 인연역시 허균이라는 고리가 있었기에 조금은 쉽고 편안하게 이어졌으리라.

관찰사와 기생의 관계

허성의 뒤를 이어 부임한 전라도 관찰사는 한준겸이었다. 허균과 한준겸은 나이 차가 제법 있지만, 그래도 비교적 친분이 두터웠다. 허균의 문집 『성소부부고(惺所覆瓿藁)』에는 한준겸에게 보낸 편지가 세 편 남아 있다. 세 편 모두 두 사람이 광주에서 만난 직후인 1601년 8월에 보낸 것이다. 그중 한 편은 공무와 관련된 답장이고, 나머지 두 편은 사적인 편지다. 애틋함 속에 허균 특유의 위트가 넘치는 편지 한 편을 보자.

공께서는 용성(龍城, 남원(南原))에 가시어 큰 고을의 음식을 드신다고 하는데, 그 맛이 해양(海陽, 광주(光州))의 작은 고을 음식에 비해 어떻습니까?

내가 공을 환송한 후 성곽을 나와 봉생정(鳳笙亭) 위에 외로이 앉아 있으려니, 외줄기 연기는 대숲을 덮고 차가운 바람은 휘장에 불어왔습니다. 고개 들어 동쪽으로 바라보니, 푸르른 큰 들판에 아득히 가시는 공의 장대기와 수레 일산이 보이지 않았습니다. 타향에서 친구를 이별하는 것은 옛날 사람들도 모두 탄식했던 바인데, 뜻밖에 오늘 제가 그 일을 직접 당했습니다그려. 생각하건대 아마 공께서도 이러한 회포가 나와 같을 것입니다.

억지로라도 식사를 많이 하셔서 몸을 잘 보중하소서. 다 갖추지 않습니다.[3]

허균이 매창을 만난 날은 1601년 7월 23일이다. 허균은 이달 26일 지금의 영광 법성창(法聖倉)에 이르러 서울에서 유배 온 기생들과 밤새 논다. 그리고 그다음 날인 27일 광주로 내려간다. 광주에 도착하자, 가장 먼저 강항(姜沆, 1567~1618)이 인사를 왔다. 그에게서 당시 관찰사였던 이홍로(李弘老, 1560~1612)와 부체찰사(副體察使) 한준겸이 군사를 위로하기 위해 광주에 와 있다는 소식과 태사(太史) 소광진(蘇光震, 1566~1611)이 왕명을 받들고 광주에 와 있다는 소식을 듣는다. 이에 허균은 편지로 간단하게 안부를 물었고 한준겸이 연락을 해왔다. 당시 한준겸이 맡았던 부체찰사는 도체찰사(都體察使)에 버금가는 벼슬이었다. 도체찰사는 왕명에 의해 특정 지역에 파견되어 군정과 민정을 총괄하던 임시직이었다. 한준겸은 전쟁 직후 전라도 지역의 군정과 민정을 정돈하기 위해 파견되었다가 조졸(漕卒)을 선격(船格)으로 배치하는 일을 논의하고자 허균에게 연락한 것이다. 쉽게 말하면 물자 수송선의 선원을 사공으로 쓰면 어떻겠냐고 의견을 묻고자 했던 것이다. 허균이 전운판관으로 내려왔으니, 그럴 수 있는 일이다. 아마도 그날 허균과 한준겸은 공적인 이야기는 물론, 이런저런 사적인 이야기도 나누었을 것이다.

28일, 허균은 사기원(四岐院)에 갔다가 다시 광주로 돌아온다. 그날 밤 연회가 마련되었다. 허균에게 참석해 달라는 연락이 왔다. 허균은 연회에 가기 싫었지만 억지로 참석했다고 말한다. 천하의 허균이 설마 연회를 마다했을까? 결국은 참석하는데, 그 이유가 허균답다. "젊은 시절 서울에서 정을 주었던 기생 광산월(光山月)이 요구했기" 때문이었다. 그래서 못 이기는 척하며 연회에 참석했다는 것이다. 그날 밤 연회는 "술이 동이에 넘치고, 고기는 산과 같이 많았다. 그리고 이웃 고을에서 소리를 하는 사람들을 불러서 공연까지 베풀었다." 동이에 넘치는 술과 산같이 쌓아둔 안주를 보고 허균은 품위가 없다고 했다. 멋없이 그저 먹고 마시는 데만 열중하는 풍경이 썩 좋지는 않았던 모양이다. 허균다운 발언이다. 그날 허균은 한준겸과 함께 광주에 묵었다. 물론 잠자리는 광산월과 함께했지만.

허균은 이날 연회가 품위 없었다고 일기에 썼지만, 사실 연회장을 가장 자유롭게 휘젓고 다닌 인물은 바로 허균 그 자신이었다. 이런 허균에게 사람들이 뭐라고 했나 보다. 아마 한준겸도 한마디 거들었던 모양이다. 허균은 이 일로 편지를 썼다. 한준겸에게 보낸 두 번째 편지다.

사람들은 저의 이번 행차를 두고 소상(蕭湘)의 만남이라고 비웃습니다. 이러한 비판이야 충분히 피할 수 있지만, 꼭 피할 필요가 있겠습니까. 대장부가 세상에 나매, 젊은 시절은 번개처럼 빨리 흘러가버리죠. 그러니 젊어 한 차례의 환락은 충분히 만종(萬鍾)의 녹봉에 해당하지요. 참으로 그런 즐거움을 얻을 수 있다면, 욕하는 사람이 아무리 많은들 어찌 내 털끝 하나라도 움직일 수 있겠습니까? 더구나 의리에 해롭지도 않은데 말할 나위가 있겠습니까?

공께서는 음식을 드시다가 이 사연을 보시면 반드시 웃음이 나서 밥상 가득히 입속의 밥을 뿜어내실 것입니다. 다 갖추지 못합니다.[4]

다시 만난 광산월에게 연연하는 허균을 두고 서로 헤어졌던 연인이 극적으로 만나는 내용을 다룬 원나라 희곡의 제목에 빗대 '소상의 만남'이라고까지 하며 말이 많았던 모양이다. 허균은 그런 말들을 애써 무시한다. '아니다, 그렇지 않다'고 변명할 수 있지만, 굳이 그럴 필요가 없다는 것이다. 젊은 시절은 번개처럼 빨리 흘러가버리는데, 굳이 의리에 얽매일 필요가 있겠느냐는 것이다. 허균은 한준 겸이 자신의 입장을 알아주리라는 생각에 이런 편지를 보냈다. 물론 한준겸이 어떻게 생각했는지는 알 수 없다. 허균과 다른 생각을 가졌을 수도 있지만, 그래도 허균을 이해하려고 노력하지 않았을까? 편지란 본래 자기편에게 보내는 것이 아닌가? 허균은 한준겸이 자기를 이해해줄 것이라 생각하고 편지를 썼다. 허균과 한준겸의 관계는 이랬다. 그런 한준겸이 이홍로와 허성의 뒤를 이어 1602년 전라도 관찰사가 되었다.

한준겸은 허균에게서 매창에 대해 들었을 터다. 그러니 허성처럼 한준겸 역시 매창을 함부로 대하지 않았을 것이다. 조선시대에는 전임 지방관이 아꼈던 기생을 후임 지방관이 잘 보살펴주는 것이 하나의 관행이었다.[5] 예컨대 유희춘은 임지를 떠나면서 그곳에 새로 부임한 관리에게 이전 관찰사가 아끼던 관기를 부탁하기도 했다. 그러자 새로 부임한 관리는 유희춘의 부탁에 따라 그 기생의 역(役)을 면제시키고 양식도 따로 주었다.[6] 허성 역시 한준겸에게 이런 부탁을 하고 갔으리라. 설령 부탁하지 않았더라도, 한준겸은 매창을 퍽 아꼈을 법하다. 매창은 허균과의 만남을 통해 직간접적으로 혜택을 입었던 셈이다.

왜 갑자기 이홍로, 허성, 한준겸으로 이어지는 전라도 관찰사에 대해 이야기하는지 의아해할 사람도 있으리라. 그 이유는 간단하다. 한준겸은 매창과 밀접한 관계가 있는 인물이기 때문이다. 그뿐만 아니라 그는 매창을 우리나라 최고의 여류시인으로 평가한 사람이었다. 자칫 군더더기로 보이는 내용을 첨가한 것은 이런 이유 때문이다. 그래서일까? 『매창집』에도 한준겸과 관련된 시가 두 편이나 실려 있다.

연회의 꽃 기생

『매창집』에는 「한순상이 생일잔치에 지은 시에 차운하며(伏次韓巡相壽宴時韻) 1」이란 시가 실려 있다. 다른 작품과 달리 제목이 구체적이어서 시를 짓게 된 배경을 쉽게 엿볼 수 있다. 한순상의 생일잔치에 참석한 매창이 한순상의 시를 차운하여 시를 지었다는 사실이 제목에 분명히 드러나기 때문이다. 한순상이 누구인가? 한씨 성을 가진 순상(巡相)일 터다. 순상은 관찰사를 의미한다. 1600년 즈음에 전라도 관찰사로 있던 인물. 그는 누구인가? 바로 한준겸이다. 즉 「한순상이 생일잔치에 지은 시에 차운하며 1」은 매창이 전라도 관찰사 한준겸의 생일잔치에 참석했다가, 그가 시를 짓자 그 시에 차운하여 지은 것이다.

한준겸은 1602년 정월에 전라도 관찰사로 부임했다가 이듬해인 1603년 8월 예조참판으로 자리를 옮겨갔다. 전라도 관찰사로 부임한 첫해. 아마도 소쩍새가 우는 늦봄이었으리라. 그는 주변의 현감들을 모두 초청하여 생일잔치를 열었다. 전주 감영으로 주변의 현감들과 그들이 대동한 기생들이 모여들었다. 당시 부안현감 윤선(尹銑, 1559~1637)도 이 잔치에 참석했다. 매창을 대동하고.

매창을 특별히 부른 것을 보면, 한준겸은 그 이전부터 매창을 알고 있었을 개연성이 높다. 이전에 허균을 통해 매창에 대해 들었을 것이다. 허균과 한준겸은 밤새 술을 마시고, 서로 편지를 주고받는 사이가 아니었던가. 한준겸이 전라도 관찰사로 맞이한 생일잔치에 매창을 부른 것도 이런 배경 덕분이었다.

이날 한준겸은 생일을 맞은 감회를 시로 드러냈고, 매창도 그 시에 차운하여 시를 지었다. 한준겸이 지은 시는 「자규새의 울음소리를 듣고 느낌이 있어서(聞子規有感)」다.

두견새 울음소리 어쩌나 괴로운지
장안의 길 모두 통하지 않네.
돌아가고자 하는 생각 천고의 한이러니
새벽바람에 실려 오는 피를 토하는 울음소리
달빛 밝은 도산의 새벽
찬 하늘 은하수도 텅 비었어라.
외로운 신하는 재배하며 눈물 흘리는데
홀로 술 마시니 어지러운 구름 속에 있는 듯.
蜀魄聲何苦　長安路不通
思歸千古恨　啼血五更風
月白刀山曙　天寒錦水空
孤臣再拜淚　獨酒亂雲中

이 시는 오언율시의 율격을 맞추고 있다. 이 시는 시운(詩韻)을 엄격하게 지켜야 하는 근체시로, 평성(平聲)인 '동(東)'을 시운으로 했다. 운서(韻書)에는 '동(東)'을 운으로 하는 '동(同)', '궁(弓)', '공(公)', '궁(宮)', '통(通)', '공(空)' 등 250여 글자가 소개되어 있다. 운이 놓이는 위치는 수련(首聯), 함련(頷聯), 경련, 미련의 마지막 글자다. 율시는 두 구씩 총 4연으로 이루어지는데, 첫 연을 수련, 둘째 연을 함련, 셋째 연을 경련, 넷째 연을 미련이라고 한다. 그러니 한준겸의 시에서는 수련의 '통(通)', 함련의 '풍(風)', 경련의 '공(空)', 미련의 '중(中)'이 운이 되는 것이다. 그러면 그 자리에 있던 누군가가 이 운에 맞춰 화답을 한다. 이를 '차운한다'고 한다. 바로 『매창집』에 실린 「한순상이 생일잔치에 지은 시에 차운하며 1」이 한준겸의 시에 대한 화답이다.

> 이곳은 신선이 사는 산과 가까이 접해 있고
> 시냇물은 흘러 약수와 통했네.
> 벌들은 따뜻한 봄날을 날아다니고
> 돌아온 제비는 맑은 바람에 지저귀네.
> 오묘한 춤사위로 꽃 그림자를 흔들리게 하고
> 고운 노랫소리는 벽공을 울리지.
> 반도 복숭아를 서왕모께 바치며 장수를 비나니
> 모두 술잔을 들어 축수하리라.
> 地接神山近　谿流弱手通
> 遊蜂飛暖日　新燕語淸風
> 妙舞搖花影　嬌歌響碧空
> 蟠桃王母壽　都在獻盃中

두보(杜甫, 712~770)가 그랬던가? "늦봄이면 두견새가 찾아와 슬프고도 슬프게 그사이에서 우짖는데, 나는 이를 볼 때마다 항상 두 번씩 절을 하나니, 옛날 임금의 넋을 소중히 여겨서라네(杜鵑暮春至 哀哀叫其間 我見常再拜 重是古帝魂)"라고. 한준겸도 그랬다. 생일을 맞은 늦봄. 두견새가 울고 가는 시기라서 임금님 걱정에 좋은 줄도 모르겠다고. 한준겸은 이렇게 좋은 날에도 임금님 걱정에 늘 슬프고 걱정스럽다는 메시지를 시에 담았다. 자신의 생일잔치에도 임금님 생각에 마음이 편하지 않다는 한준겸. 흥이 지나치면 말썽이 생기니, 한준겸은 일부러 분위기를 정화하기 위해 이런 시를 지었을지도 모른다. 관찰사가 이런 시를 지었으니, 연회장의 분위기는 가라앉을 수밖에 없었을 터. 누군가 나서서 분위기를 반전시킬 일만 남았다.

매창이 나선다. 신선들이 살 법한 공간에, 그리고 따뜻한 봄날에 꽃을 찾아 날아다니는 벌. 시원한 바람 사이로 강남에서 돌아온 제비의 지저귐이 들려오고 거기에 살포시 흔들리는 꽃 그림자처럼 오묘한 춤사위와 하늘로 울려퍼지는 노랫소리가 곁들여진다. "이런 아름다운 때 장수를 기원하는 술잔을 바치나니, 드시옵소서." 매창의 시는 밝고 명랑하다. 어두운 그림자가 물러나 밝은 햇빛이 다시 비치는 듯하다. 침체되었던 잔치의 분위기는 다시 밝고 흥겨워진다. 매창의 시 한 편을 통해 당시 잔치 분위기가 어떻게 흘러갔는가를 엿볼 수 있다. 그리고 서른 살이 된 기생 매창의 원숙함을 엿볼 수 있다.

위로받고
위로하는 존재

춤사위에 맞춰 시를 지은 후 축수와 함께 다시 올리는 술잔. 그 술잔을 받아든 한준겸은 어떤 생각을 했을까? 능숙하게 분위기를 반전시키는 솜씨가 마냥 사랑스러웠으리라. 그리고 자신의 슬픔을 유쾌하게 달래주는 매창의 마음 씀씀이가 참으로 고마웠으리라. 아울러 매창의 시재에 대한 허균의 칭찬이 빈말이 아니었음도 새삼 느끼지 않았을까?

한준겸은 매창에게 호감을 가졌다. 생일잔치를 배설하고 그 이듬해인 1603년 봄에 한준겸은 부안을 찾는다. 무슨 일 때문이었는지는 알 수 없다. 아마도 정례적인 지방순시를 위해 갔던 것이리라. 한준겸은 일을 마친 후, 유람을 떠난 것으로 보인다. 유람길에 한준겸은 매창을 데리고 간다. 생일잔치에서 보여준 시재를 잊지 못한 탓이다.

매창을 데리고 유람한 곳이 어디일까? 그 단서는 『매창집』에 실린 「용안대에 올라」라는 시 제목에서 알 수 있다. 용안대가 구체적으로 어디인지 분명치 않지만, 아마도 김제의 모악산 근처에 있는 용안대가 아닐까 한다. 용안대는 금산사(金山寺) 가는 길에 있으니, 한준겸은 매창을 데리고 퍽 멀리까지 유람한 셈이다. 매창과 시를 수작하는 흥취에, 매창의 사람됨에 한준겸은 시간과 거리를 모두 잊었던 모양이다. 한준겸은 매창과 함께 용안대에 올랐다. 그리고 매창에게 시 한 편을 건넨다. 그 시가 그의 문집 『유천유고(柳川遺稿)』에 남아 있다.

변산의 맑은 기운 호걸을 품었더니

규수 천 년에 설도가 다시 있어라.

시와 새로운 노래 들으며 고즈넉한 밤 지내나니

복숭아꽃 가지 위에 둥근 달이 높아라.

邊山淑氣孕人豪　閨秀千年有薛濤

聽書新詞淸夜永　桃花枝上月輪高

「가기 계생에게 주며〔贈歌妓癸生〕」라는 제목을 붙인 시다. 한준겸은
이 시 뒤에 "계생은 부안의 창녀다. 시에 능해 세상에 알려졌다〔癸生,
扶安娼女也. 以能詩鳴於世〕"고 써놓았다. 다른 것보다 시로써 세상에 알
려졌다는 점을 강조한다. 제목도 단순한 '기생〔妓〕'이 아니라, '노래
하는 기생〔歌妓〕'이 아닌가. 이즈음에 매창은 기생보다 시인으로서
이름을 날리고 있었음을 알 수 있다. 기생이 아닌 시인. 매창은 그렇
게 불리기를 바랐는지도 모를 일이다. 매창이 꿈꾸었던 세계는 조금
씩 구체화되고 있었다.

한준겸은 매창의 재주에 놀라고 또 놀랐던 모양이다. 매창에 대한
칭찬이 지나치다 싶을 정도다. 변산 지방의 맑은 기운이 당당한 호
걸을 배출할 줄 알았는데, 오히려 설도(薛濤, 770?~834?)와 같은 당대
최고의 여류시인을 탄생시켰다고 했다. 부안의 맑은 기운이 모두 매
창에게 쏠렸다는 말이다. 한준겸은 남녀를 불문하고 부안 일대 최고
의 시인은 매창이라고 평가한 것이다. 매창에 대한 최고의 찬사다.
설도가 누구인가? 당나라 최고의 여류시인이 아닌가? 아니, 그 정도
에 그치지 않는다. 설도는 당나라를 넘어서 중국 최고의 여류시인으

신윤복의 「상춘야흥(賞春野興)」. 어느 봄날 지체 높은 양반들이 기생과 악공을 불러 한바탕 유흥을 즐기고 있다. 한준겸도 매창과 함께 유람을 떠나 봄날의 흥취를 즐겼다. 간송미술관 소장.

로 평가받기도 한다. 설도는 우리에게도 낯선 인물이 아니다. "꽃잎
은 하염없이 바람에 지고 만날 날은 아득타 기약이 없네." 누구나 한
번은 불러봤음 직한 「동심초」라는 노래다. 이 가사는 설도의 「춘망
사(春望詞)」 4수 가운데 세 번째 수를 번역한 것이다.[7] 한준겸은 설도
가 중국을 대표하듯이, 매창을 우리나라 최고의 여류시인으로 손꼽
았다. 매창을 설도에 견준 것은 한준겸만이 아니었다. 이후 허균도
매창을 설도에 견주었다. 그는 매창의 죽음을 슬퍼하며 "이듬해 작
은 복사꽃 필 즈음에는, 그 누가 설도의 무덤 곁을 지날까(明年小桃
發, 誰過薛濤墳)"라고 끝나는 시를 썼던 것이다.

한준겸이나 허균은 우리나라 최고의 여류시인으로 매창을 꼽았
다. 허균은 매창 사후에, 한준겸은 매창 면전에서 그녀를 설도에 견
주었다. 면전에서 자신을 설도와 비교하는 시를 보고 매창도 쑥스러
웠을 것이다. 그러나 한준겸의 말은 결코 빈말이 아니었다. 이미 매
창은 조선 최고의 여류시인으로 자리 잡고 있었기 때문이다. 지금도
여러 연구자들이 매창을 설도에 비교하며 그 시재가 전혀 뒤지지 않
는다는 평가를 내린다. 한준겸이 매창에게서 설도의 모습을 떠올렸
을 만큼 그 재주는 타의 추종을 불허했다.

한준겸은 시간이 깊어가는 줄도 모르고 흐뭇하게 매창의 노래를
듣고, 매창과 시를 주고받았다. 그사이 둥근 달이 복숭아 가지 위로
떠올랐다. 복숭아꽃이 흐드러진 동산에 둥근 달이 떠오르는 풍경.
나는 그 풍경 앞에서 '태탕(駘蕩)하다'는 표현이 떠올랐다. 국어사전
에 정의된 의미가 아니라, 몸에서 반응하는 의미. 마음에 돋아나는
미친 흥. 한준겸도 그랬을 것이다. 매창의 시재를 보고 주체할 수

없을 만큼 흥이 오른 관찰사의 모습이 정겹다. 매창이 그런 한준겸의 시에 화답했다. 이 시가 『매창집』에 실려 있다.

말하기를 장안의 으뜸가는 호걸이라지요.
구름 깃발 닿는 곳마다 물결이 고요해라.
오늘 아침 임을 모시고 신선 이야기를 하는데
봄바람 맞으며 제비는 날고 서쪽으로 지는 해는 높아가네.
云是長安一代豪　雲旗到處靜波濤
今朝陪話神仙事　燕子東風西日高

매창도 한준겸에게 답시를 바쳤다. 칠언절구다. 칠언절구는 기승전결(起承轉結)의 네 구로 구성되고, 운은 기·승·결련에 나온다. 이 시는 평성인 '호(豪)'를 시운으로 했다. 즉 매창은 기련의 '호(豪)', 승련의 '도(濤)', 결련의 '고(高)'를 운으로 거리낌 없이 화답한 것이다. 뜻하든 뜻하지 않았든 간에 한준겸은 앞서 생일잔치에서는 오언율시로, 이번 유람에서는 칠언절구로 매창의 시재를 시험해본 셈이다. 매창이 그에 즉흥적으로 화답했으니, 그 재주가 분명히 확인된 셈이다.

한준겸이 매창을 극찬했듯이 매창도 한준겸을 극찬한다. 기·승련, 즉 1, 2연에서는 한준겸의 칭찬을 그대로 되받아 한준겸을 칭송한다. 장안의 으뜸가는 호걸인 관찰사 한준겸. 관찰사의 깃발을 드리운 곳마다 고요해지는 물결. 당신이 이르는 곳마다 물결이 잔잔해진다고 했으니, 이는 선정을 베풀어 분란이 없게 한다는 의미다. 그

리고 한준겸이 매창과 함께 있으니 시간 가는 줄 모르겠다고 말했던
것처럼, 매창은 3, 4연에서 아침부터 임을 모시고 신선의 풍모를 이
야기하자니 어느덧 날이 저물고 있다고 말한다. 매창 역시 신선 같
은 풍모의 관찰사와 이야기를 나누느라 날이 저무는 줄도 몰랐다는
의미다. 참으로 상대방을 기분 좋게 하는 대구다.

매창의
시재를 아낀 이들

한준겸과 주고받은 시를 보면 매창이 상대방을 얼마나 편안하게 해
주었는가를 알 수 있다. 유희경이 42년 만에 처음으로 파계한 것처
럼, 허균이 매창의 외모에 실망했다가 대화를 나누면서 점점 끌려들
어갔던 것처럼, 한준겸도 매창과 시를 주고받으면서 한껏 매료되었
음을 확인할 수 있다. 아침부터 흥에 겨워 이야기를 나누다 보니 어
느 순간 달이 떠올랐다는 말은 결코 거짓이 아니리라.
  『매창집』에는 이 시의 제목이 「용안대에 올라」로 되어 있지만, 「한
순상에게 바치며」가 맞을 것이다. 1807년 김정환이 필사한 『매창
집』에는 '한순상에게 바치며'로 되어 있기 때문이다. 또한 신석정(辛
夕汀, 1907~1974)이 보았다는 『매창집』에도 이 제목으로 실려 있었다
고 한다. 신석정은 김정환 필사본을 보았을 개연성이 높지만, 아무
튼 부안 아전들의 입에서 입으로 전해지는 동안 시의 제목이 바뀌었
을 것이다. 이는 흥미로운 현상이다. 문자로 기록된 작품이 있는데

도 여전히 말로 구술되는 작품이 생명력을 유지하는 것은 민중이 문자의 권력에 잠식되지 않고, 자기 방식을 고수했다는 의미이기 때문이다. 문자가 잘못된 정보를 제공해도, 구술은 여전히 진실을 말한다. 매창은 민중에게 무엇인가 각별한 애정의 대상임에 틀림없다. 구전되던 시 제목을 통해 우리는 한준겸이 매창을 우리나라 최고의 여류시인으로 평가한 대목을 접할 수 있었다. 민중의 입이 이를 증언했던 셈이다.

한준겸은 매창과 모악산 일대를 유람한 그해 여름에 서울로 떠난다. 그는 퍽 매창을 아꼈다. 매창을 두고 부안이 천 년 만에 낳은 최고의 여류시인이라고 평가했을 만큼, 그는 매창의 시재를 사랑했다. 그래서였을까? 매창은 한준겸이 떠난 후, 그를 그리워하는 시 한 편을 남겼다. 「옛날을 그리워하며〔惜古〕」라는 시다.

적하하여 내려오신 때는 임계년
이 몸의 근심과 시름을 누구와 더불어 풀었던가요.
거문고 끼고 홀로 고란곡을 타자니
삼청 세계에 계실 그대를 멍하니 그리워합니다.
謫下當時壬癸辰 此生愁恨與誰伸
瑤琴獨彈孤鸞曲 恨望三淸憶玉人

학계에서는 이 시를 유희경과 연관시켜 해석한다. 특히 "적하하여 내려오신 때는 임계년"을 두고 해석이 분분하다. '임계년(壬癸辰)'을 임진년(壬辰年, 1592)과 계유년(癸酉年, 1593)으로 이해하고, 유희경과 매창이 이때 만났다고 주장하기도 한다. 또 임진왜란 당시에는 유희경이 왜적을 정탐하느라 정신이 없었을 테니, '귀양 간다'는 의미의 '적(謫)'을 왜적의 침입을 뜻하는 '적(敵)'의 오자로 봐야 한다는 주장도 한다. 하지만 이 시는 그렇게 볼 수 없다. 앞에서도 장황하게 말했듯이 매창의 시는 대부분 1600년 이후에 쓰였다. 그렇다면 이 시역시 1600년 이후의 것으로 보아야 한다. 그렇다면 '임계년'은 임진년과 계유년이 아니라, 그보다 10년 뒤인 임인년(壬寅年)과 계묘년(癸卯年)으로 보는 것이 옳다. 즉 '임계년'은 1602년과 1603년을 말한 것이다.

그러니 이 시의 주인공은 1602년부터 그 이듬해인 1603년까지 매창의 주변에 있었던 인물일 수밖에 없다. 그가 누구인가? 바로 한준겸이다. 곧 이 시는 한준겸에게 바친 시였던 셈이다. 매창은 한준겸을 신선과 같은 존재로 표현했다. 하늘에서 인간 세계로 귀양 온 신선. 그래서 매창은 '귀양 왔다(謫下)'고 표현한 것이다. 이 시를 유희경과의 관계 속에서 읽어서는 안 된다. 유희경과의 고리를 만들고싶은 마음이 실체를 가렸던 것이 아닐까?

한준겸이 전주에 머물렀던 1602년부터 1603년. 매창은 그가 있어서 많은 근심과 걱정을 덜 수 있었다. 그가 떠난 후, 매창은 자신을 이해해준 그가 몹시도 그리웠다. 내 시재를 인정해주고, 내 음악을 들어주던 그 사람을 생각하며 매창은 홀로 거문고를 끌어안고 「고란곡(孤鸞曲)」을 탄다. 홀로된 난새의 노래. 난새는 짝이 있어야만 즐겁게 춤을 춘다. 난새는 짝이 없으면 슬퍼하는 새다. 사람들은 그 슬픔을 달래주기 위해 새 앞에 거울을 둔다. 그러면 난새는 거울에 비친 자신을 보고 짝이 돌아온 것으로 착각하여 다시 춤을 춘다. 난새의 속성이 그렇다. 그런데 그렇지 않은 경우도 있었다. 옛날 계빈국(罽賓國. 지금의 북인도 근처) 왕이 난새를 얻어 새장에 가두었다. 그러나 난새는 3년 동안 울지 않았다. 왕은 난새 앞에 거울을 갖다두었다. 그러자 난새는 거울에 비친 자신을 보며 슬피 울더니, 이윽고 거울로 달려들어 몸을 부딪쳐 죽고 말았다. 「고란곡」은 이처럼 사랑하는 임과 이별하고 혼자된 설움을 노래하는 곡조다. 매창은 그 노래를 부르며 하늘로 돌아간 임을 그리워한다고 말했다. 숱한 이별을 했지만, 한준겸과의 이별은 퍽 아팠던 모양이다.

한준겸도 매창을 그리워했다. 그 역시 매창에게 준 시 두 편을 자신의 문집에 수록했다. '가기 계생에게 주며'라는 제목도 바꾸지 않고 말이다. 물론 매창이 화답한 시는 싣지 않았다. 하지만 이 시들 덕분에 매창이 연회에 나갔다는 사실과 함께 매창에 대한 당시 문인들의 평가를 확인할 수 있었다. 매창이 자신의 재주를 인정해주는 관찰사를 만난 것은 행운이었다.

문인들의 기록에 남은
서른셋 기생의 삶

매창이 연회에 나간 사실은 한준겸 외에 다른 문인의 문집에서도 확인할 수 있다. 그 문집은 매창이 '내 친구의 첩'이 되었다고 밝힌 임서의 『석촌유고』다. 임서는 1603년부터 1608년까지 무장현감으로 있었던 인물로, 임제(林悌, 1549~1587)의 사촌 동생이기도 하다. 1608년 그는 무장현감으로 있으면서 현재의 전라북도 고창군 무장면 덕흥리에 충현사(忠賢祠)를 창립하기도 했다. 이곳은 이존오(李存吾, 1341~1371)와 유희춘을 배향한 곳이다.

그는 무장현감으로 있던 1605년 자신의 생일잔치에 매창을 초대한다. 한 고을에서 기생을 불러오는 일은 그리 어렵지 않았다. 지방관이 해당 관아에 단자를 보내 허락을 얻기만 하면 되었다. 이는 지방관이 아닌, 일개 양반도 마찬가지였다. 이렇게 무장현감 임서는 시를 지어 부안 기생 매창을 초대했다. 이 시는 그의 문집『석춘유고』에 온전히 실려 있다.

봉래산 소식이 아득하여 전해지지 않으니
홀로 향기로운 봄바람을 맞으며 멍하니 생각합니다.
아름다운 사람이여, 잘 지내시는가요?
요지 술자리에 선녀가 돌아오기를 기다립니다.
蓬萊消息杳難傳　獨香東風思惘然
爲報佳人無恙否　瑤池席上待回仙

제법 운치 있다. 당신이 계신 곳에서 불어오는 바람, 그 바람을 맞으며 멍하니 당신을 그리워한다고 했다. 그리고 문득 던지는 말 한마디, "아름다운 사람이여, 잘 지내시나요?" 그리고 선녀 같은 당신을 기다린다고 했다. 자신의 생일잔치에 초대하는 시로서는 더할 나위 없이 예쁘다.

매창도 초대에 응하는 답시를 적어 보낸다. 이 시는『매창집』에는 실려 있지 않고, 오직『석촌유고』에만 실려 있다. 이로써 현재까지 확인된 매창의 시는 총 58편이 된다.

파랑새 날아와 소식을 전하니
병든 와중에 근심스러운 생각이 도리어 처연하게 하네요.
거문고 끌어안고 연주를 마쳐도 알아주는 사람 없으니
이제 장사 땅에 신선을 찾아 떠나렵니다.
靑鳥飛來尺素傳　病中愁思轉悽然
瑤琴彈罷無人識　欲向長沙訪謫仙

장사는 임서가 현감으로 있던 지금의 고창군 상하면을 가리킨다. 임서가 매창을 선녀에 빗대었으니, 그녀 역시 그를 장사 땅에 사는 신선에 견준 것이다. 선녀가 신선을 찾아가겠다고 했으니, 생일잔치에 참석하겠다는 의미다. 자기의 음악을 알아주는 임서를 적선(謫仙)에 비유했으니, 주고받는 내용이 심상찮다. 두 사람은 분명 한두 번만난 사이가 아니다. 글로써 농담을 할 수 있을 만큼 친숙한 사이다. 더구나 세 번째 시구, 연주를 해도 알아주는 사람이 없다는 말은 곧 그 이전에 임서가 매창의 연주를 듣고 그 의미를 알아주었다는 뜻이기도 하다. 임서와 매창은 이전부터 서로 기탄없이 음악에 대해 이야기를 나눌 만큼 친밀했던 관계임을 짐작할 수 있다. 그런데 이 시에는 뭔가 수수께끼 같은 내용도 담겨 있다.
　파랑새가 날아와 소식을 전했다는 것은 임서의 초대장이 도착했다는 의미니, 별 문제가 되지 않는다. 그런데 병든 와중에 근심스러운 생각이 도리어 처연하게 한다는 말은 무슨 의미일까? 병든 몸보다 여러 가지 복잡한 생각이 더 슬프다는 뜻일 것이다. 초청장이 도착하기 전에 매창은 몸 상태가 좋지 않은 데다 뭔가 복잡한 일이 있어 괴로웠던 모양이다. 음악을 통해 모두 떨쳐버리려고 했지만, 자신의 마음을 알아주는 사람은 없고 거문고 연주는 그저 공허한 메아리로 돌아올 뿐이다. 그러니 자신을 알아주는 사람이 있는 그곳, 곧 임서가 있는 곳으로 즐거이 가겠다는 말이다. 시의 내용은 이러하다. 핵심은 초청에 응하겠다는 말이지만, 그 말을 하기까지가 자못 의미심장하다. 임서의 초대장이 도착하기 전, 무엇이 매창을 괴롭혔던 것일까? 도무지 알 수 없다. 그런데 임서는 매창의 시 아래에 다음과 같은 주석을 붙였다.

> 낭의 이름은 계생이다. 노래와 거문고를 잘했고, 또한 시에도 능하다.
> 일찍이 내 친구의 첩이 되었다가 지금은 청루에 있다. 생일잔치에 오도
> 록 하기 위해 이 시를 써서 초청했다.[8]

앞서 말했듯이 매창이 기첩으로 있었다는 사실은 이 기록을 통해 확인된다. 매창을 오래전부터 알고 있었던 임서는 생일잔치를 열면서 가까이서 기억을 지던 매창을 떠올리고, 이에 그녀를 부른다. 그런데 굳이 이런 주석을 붙인 것은 임서가 매창의 고민을 알고 있었기 때문이 아닐까? 매창은 옛 임의 친구가 보낸 초대장을 받고 잠시 예전 일도 떠올렸을 것이다. 혹 매창을 슬프게 한 '근심스러운 생각'

은 옛 임과 관련된 것이 아니었을까? 매창이 초대장을 받기 얼마 전, 류도가 부안과 가까운 공주의 판관으로 내려왔는데, 혹 이 일과 무슨 관련이 있는 것은 아니었을까? 상상은 더 큰 상상을 낳고, 더 큰 상상은 공상을 낳을 뿐이다. 매창의 고민은 이쯤에서 그치자.

아무튼 당시 매창의 나이는 이미 서른셋이었다. 기생으로는 꽤 많은 나이다. 그런데도 임서가 매창을 부른 것은 오로지 그 재주를 사랑해서였다. 친구의 첩이었던 사람과 육체적인 관계는 생각할 수도 없는 일이니, 임서는 오로지 매창과 시를 나누고 싶었을 것이다. 당시 문인들이 기생과 시를 주고받음으로써 자신의 명성을 높이곤 했던 것도 한몫했을 것이다.

매창은 부안 주변 현감들의 생일잔치나 연회에 빈번하게 불려다녔다. 그러나 매창은 공연을 하기 위한 목적으로 연회에 참석한 것이 아니었다. 임서의 편지에서도 확인할 수 있듯이, 매창은 초대를 받고 연회에 참석했다. 물론 연회장에서 노래도 부르고 춤도 추었겠지만, 사실 매창에게 주어진 역할은 문인들과 이야기를 나누는 것이었다. 매창의 시재가 소문나면서 연회장에 매창을 부르지 않으면 안 될 정도가 되었던 탓이리라. 요즘 말로 매창은 문화계 명사로 자리매김했던 것이다.

매창이 남긴
의문의 시 한 편

여기서 한 가지 문제를 짚고 넘어가자. 『매창집』에는 「한순상이 생일잔치에 지은 시에 차운하며」라는 제목이 붙은 시가 두 편 있다. 한 편은 앞서 보았던 한준겸의 시 「자규새의 울음소리를 듣고 느낌이 있어서」에 차운한 것임을 확인했다. 그런데 문제는 다른 한 편이다. 이 시는 한준겸의 생일잔치와는 무관하다. 그런데도 『매창집』에는 「한순상이 생일잔치에 지은 시에 차운하며」에 이어져 있으니, 정황상 이 시 역시 한준겸의 생일잔치에서 부른 시로 받아들일 수밖에 없다. 그런데 한준겸의 문집 『유천유고』에는 그 운과 합치하는 작품을 찾을 수 없다. 그런 작품이 의도하지 않게 누락되었다고 보기에도 미심쩍다. 더구나 「한순상이 생일잔치에 지은 시에 차운하며 2」는 생일잔치에서 불렀다고 보기에는 그 내용도 퍽 낯설다.

파랑새 날기를 다하고
강남에는 기러기 그림자 차가워라.
근심은 싱그러운 풀잎에도 내리고
걱정은 떨어진 꽃잎에도 맺었어라.
구름 너머 돌아갈 생각을 하니
나그네의 마음은 꿈속에서만 즐거워라.
손님 방에는 찾아오는 사람 없어
높은 난간에 말없이 기대고 앉았어라.

靑鳥飛來盡　江南雁影寒

愁仍芳草綠　恨結落紅殘

歸思邊雲去　旅情夢裏歡

客窓人不問　無語倚危欄

　한준겸의 문집에는 평성인 '한(寒)'을 시운으로 하여 '잔(殘), 환(歡), 란(欄)'으로 연결되는 운자를 사용한 시가 없다. 또한 이 시는 돌아갈 수 없는 곳에 대한 그리움과 기다림을 주된 정조로 했다. 생일잔치를 축하하는 시로는 적합한 내용이 아니다. 그렇다면 왜 이 시가 「한순상이 생일잔치에 지은 시에 차운하며 1」에 붙어 있는 것일까? 분명히 연회와 직간접적으로 관련이 있어서 두 시를 붙였으리라.

　첫 구절, '파랑새 날기를 다하고'를 살펴보자. 앞의 네 글자 '청조비래(靑鳥飛來)'는 임서의 초대에 응하는 시의 첫 부분 '파랑새 날아와 소식을 전하니(靑鳥飛來尺素傳)'와 겹친다. 어쩌면 매창이 임서에게 보낸 시가 향유되는 도정에서 와전된 것이 아닐까 의심할 수도 있다. 하지만 그럴 가능성은 거의 없다. 우선 두 시는 오언율시와 칠언절구로 형식상의 차이가 클 뿐만 아니라, 첫 구절을 제외한 나머지 부분이 모두 다르기 때문이다. 분위기 역시 전혀 다르다.

　그렇다고 「한순상이 생일잔치에 지은 시에 차운하며」라는 제목이 붙은 두 시를 서로 무관하다고 판정하고 방치해버릴 수도 없다. 물론 앞서 확인한 「용안대에 올라」처럼 『매창집』의 제목과 구전되는 제목이 다를 것이라는 추정도 가능하다. 그러나 이런 추정은 『매창집』에 수록된, 구체적인 제목이 붙은 몇 안 되는 작품을 단지 타인의 문집에 보이지 않는다는 이유로, 임의로 판단했다는 비판에서 자유로울 수 없다. 「한순상이 생일잔치에 지은 시에 차운하며 1」 뒤에 이 시가 놓였다는 것은, 분명 이 시가 연회와 무슨 관련이 있다는 의미다. 즉 매창이 한준겸의 생일잔치는 아니라도, 누군가의 연회에 참석하여 쓴 시일 개연성이 높다는 말이다. 연회의 실체와 주체가 분명하지 않아도 연회와 관련된 시임에는 틀림없다. 혹시 이 시는 매창이 연회를 마치고 돌아오기 직전에 지은 시가 아닐까?

임서의 시에 화답한 '파랑새 날아와 소식을 전하니'가 무장현을 찾아가는 즐거움을 표현한 것처럼, 연회를 마치고 부안으로 돌아가는 아쉬움을 '파랑새 날기를 다하고'로 표현한 것이 아닐까? 파랑새를 매개로, 연회의 처음과 끝을 노래한 것일 수도 있겠다. 물론 추정일 뿐이다. 아무튼 『매창집』에 실린 「한순상이 생일잔치에 지은 시에 차운하며 2」는 한준겸의 생일잔치든 임서의 연회든, 아니면 또 다른 누군가의 연회든 간에 이를 마치고 돌아가면서 남긴 시로 보인다. 『매창집』에 실린 제목을 그대로 인정한다면, 매창은 한준겸의 잔치를 마치고 돌아가면서 이 시를 지었겠지만, 그게 아니라 무장현감 임서의 연회에 참석했다가 돌아가는 길이었다면, 매창은 묘하게 '파랑새(靑鳥)'를 매개로 하여 연회에 왔다 가는 마음을 표현한 것이 된다. 두 사람의 연회가 아니어도 문제될 것이 없다. 중요한 것은 연회를 마치고 돌아가는 마음을 담아냈다는 점이다.

이렇게 보면 이 시의 의미는 보다 분명해진다. 그에 맞춰 시를 해석해보자. 좋은 소식을 안고 날아온 파랑새도 이제는 날갯짓을 다하고, 기러기 그림자조차 차갑고 머나먼 곳으로 떠나야 할 순간이 되었다. 그래서 여전히 싱그러운 풀잎을 보아도, 붉게 빛을 토하며 떨어지는 꽃잎을 보아도 근심과 걱정뿐이다. 이별이란 늘 그렇지 않은가. 이별 앞에서는 울긋불긋한 꽃도 싱그러운 풀잎도 모두 근심과 걱정을 더하는 존재일 뿐이다. 그리고 이어지는 경련과 미련. 구름 너머의 먼 곳으로 돌아갈 생각을 하니, 당신과 나눴던 기쁨이 꿈만 같다. 떠나야 하는 시간 앞에서 나는 높은 난간에 앉아 잠시나마 즐거웠던 한때를 기억하려고 한다.

잔치에 참석해서 즐거웠다는 말보다 훨씬 더 애틋하지 않은가? 연회를 주관한 사람이 이런 시를 받았다면 어떤 기분이었을까? 전체적인 분위기는 어둡지만, 그래도 퍽 기쁘지 않았을까? 자신을 낮추면서 상대방을 행복하게 해주는 매력을 매창은 분명히 가지고 있었다.

7장

동지 허균과
그 벗들

허균과 민인길,
운명의 첫 만남

1600년 이후 부안에 부임한 현감들은 직접적이든 간접적이든 간에 허균과 연관이 있는 인물들이었다. 그중에는 매창을 허균과 엮으려 했던 수령도 있다. 개인적인 문제를 정치적인 문제로 비화시키려 했던 것이다. 정쟁과 사랑, 매창은 그 사이에서 퍽 괴로웠다. 마음이 너무 아파 병이 되기도 했다. 매창이 허균을 만난 것은 행운이자 불행이었다. 매창이 지금까지 조선 최고의 기생이자 최고의 여류시인으로 자리 잡게 된 것은 허균 덕분이었지만, 결국 그녀가 죽음을 맞이한 것도 허균 탓으로 보이기 때문이다. 허균이 소개해준 새로운 세상, 그것이 매창에게는 얼마나 큰 족쇄였을까? 차라리 이름 없는 기생으로 살았다면, 죽어서도 그대로 잊혔을 것을. 매창은 그렇게 생각했을지도 모른다. 그러나 그녀는 결코 후회하지 않았으리라. 허균을 통해 비로소 자신의 존재 이유와 가치를 찾았기 때문이다.

1600년 1월, 이충선의 후임으로 부임한 부안현감은 민인길이다. 그는 1601년 6월 관찰사의 치적 평가에서 하등을 받아 파직된다. 그런데 단지 파직으로 그친 것이 아니었다. 이는 허균의 「조관기행」에서도 확인된다. 허균이 매창을 만난 것은 1601년 7월 23일이다. 그 다음 날 허균은 고부로 내려간다. 그날의 일기를 읽어보자.

비 때문에 떠날 수가 없었다. 오정 때쯤 비가 개자 고부에 도착하여 이 장(李丈, 이씨 어른—필자)과 만났다. 어른의 이름은 우(瑀)이며, 율곡(栗谷) 선생의 아우이시다. 내게는 고향의 어른이 되는데, 시와 그림과 글씨를 모두 잘하여 존경하는 분이다. 민인길 숙정(叔正)이 죄가 있어 부안에서 파직되어 군(郡)에 잡혀 있었으므로 불러 함께 묵었다.[1]

매창을 만난 다음 날, 허균은 고부로 내려가 평소 존경하던 고향 어른 이우를 만났다. 그곳에는 죄를 짓고 파직당한 민인길이 머물고 있었다. 조사가 더 필요했는지 민인길은 졸지에 죄인의 처지가 되어버렸다. 허균은 그런 그가 불쌍했는지 불러서 같이 술을 마시며 여러 이야기를 나누고 함께 묵었다. 그 당시에 지은 시가 허균의 문집인 『성소부부고』에 「부안에서 민인길을 보고(扶安見閔尉仁佶)」라는 제목으로 남아 있다. 그리고 먼 훗날, 형장에 선 허균은 이날의 풍경을 어떻게 기억했을까? 평생 지기로 지낼 매창과의 아름다운 만남, 그리고 자신을 죽음으로 몬 민인길과의 만남을.

민인길은 이후 허균이 역모죄로 죽음을 맞는 데 결정적인 역할을 한다. 아마도 허균은 이날 민인길을 만난 것을 후회하고 또 후회했을지 모른다. 늘 자신이 돌봐주어야만 했던 동갑내기 친구. 그런 친구가 결국은 배신했으니 허균의 마음도 편하지 않았으리라. 이식(李植, 1584~1647)이 민인길에게 써준 전별시 앞에는 민인길에 대한 간단한 인물평이 남아 있다. 이 글은 가장 압축적이고 핵심적으로 민인길의 성품을 제시했다고 할 만하다.

　　연석(宴席)에서 문천(文川)의 신임 수령 민인길이 술병을 들고 나에게 왔는데, 민인길은 허균의 무리였다. 허균이 복주(伏誅, 형벌을 받고 죽음—필자)된 것은 민인길이 그 단서를 발설했기 때문이니, 그가 국가에 바친 공이 있다 할지라도 그의 뜻을 보면 역시 불온(不穩)한 점이 있는 그런 자였다.²

　　많은 사람들은 '이식' 하면 '허균이 「홍길동전」의 작가임을 최초로 밝힌 인물'로 기억한다. 혹은 나중에 허균에게 등을 돌린 인물로 기억할지도 모른다. 아무튼 허균의 문하생이었으면서 끝내 그를 배신했던 이식도 민인길을 비판할 처지는 아니었다. 그럼에도 이식이 이렇게 말한 것을 보면, 허균의 죽음에 민인길이 결정적인 역할을 한 것은 분명해보인다. 이식은 민인길의 발설에 의해 허균이 죽었다고 분명히 밝혔다. 이어서 그의 행동은 국가로 보면 큰 공이지만, 그 숨은 의도가 의심스럽다고 했다. 공익보다는 사익에 우선했으니, 그는 참으로 불온한 사람이라는 것이다. 이식은 허균도 나쁘지만, 민인길은 더 나쁘고 교활하다고 말한다. 얼핏 양비론처럼 보이지만, 허균에 대한 숨은 애정도 드러난다. 이식은 늘 허균을 비판했지만, 그래도 남들이 그를 이용하고 비판하는 것은 싫었던 것일까? 아무리 등을 돌렸어도 허균에 대한 애증이 깊을 대로 깊었나 보다.

허균이 고부에서 만난 민인길은 이충선의 뒤를 이은 부안현감이었다. 민인길이 부임했을 당시 매창은 이귀의 총애를 받고 있었다. 그랬으니 민인길도 매창에게 꽤나 친절했을 법하다. 그러나 민인길은 썩 좋은 현감은 아니었던 듯하다. 그가 부안현감으로 있으면서 무슨 일을 했는지는 『선조실록』을 통해 일부 유추할 수 있다.

사헌부가 아뢰기를, "여양군(驪陽君) 민인백(閔仁伯)은 재상의 반열에 있는 사람으로서 근신하지 않아 지난번 그의 동생 민인길이 부안현감으로 있을 때 근친(覲親)하는 일로 내려가 마구 폐단을 일으켰습니다. 심지어는 변산(邊山)의 재목을 마구 베어 배 두 척을 만들어 공공연하게 기전(畿甸)에다 정박시켜놓고 사사로이 쓰고 있으므로 보고 듣는 사람들이 모두 해괴하게 여기고 있습니다. 먼저 파직한 후에 추고하고, 그 배는 해조로 하여금 처리하게 하소서" 하니, 아뢴 대로 하라고 답했다.[3]

민인길이 부안현감으로 재직하고 있는 동안 그의 형 민인백(閔仁伯, 1552~1626)이 내려와 폐단을 일으켰다. 결국 동생인 민인길은 6월에 파직되었고, 민인백도 8월에 파직되었다. 파직된 민인길은 고부군에 잠시 머물며 조사를 받다가 허균을 만났으니, 두 사람의 운명도 기구하달 수밖에.

민인길의 뒤를 이은
현감들

민인길의 뒤를 이어 부임한 현감은 임정(林挺, 1554~?)이었다. 임정은 1601년 7월에 부임하여 1602년 1월 승정원의 보고에 의해 파직된다. 그가 파직된 사연이『선조실록』에 실려 있다.

부안현감 임정은 위인이 혼매하여 차역(差役) 등에 관한 모든 일을 간리(奸吏)의 손에 맡기고서 백성들이 첩소(牒訴)를 해도 막연히 어떻게 재결해야 할지를 모르고 있으니 온 경내에 원성이 자자합니다. 이렇듯 관방(關防)의 중요한 지역을 날로 조폐(凋弊)하게 하고 있으니 그를 파직하라 명하시고 그 대임은 재략(才略)이 있는 문관으로 잘 가려 보내소서.[4]

임정은 퍽 어리석었나 보다. 일 처리에 익숙하지 않아 모든 일을 아전들에게 맡겼다. 백성들이 소송을 제기해도 어떻게 처리해야 할지도 몰랐다. 백성들의 원성이 자자해지자 결국 사헌부가 나서 임정을 파직해야 한다고 보고했던 것이다. 아마도 그는 성격이 모질지 못해 맺고 끊는 것이 무척 서툴렀던 모양이다. 그는 부임한 지 불과 5개월 만에 파직되었다.

임정이 행정에 서툴다는 평판을 얻은 것은 아마도 허균과의 마찰 탓이었던 것 같다. 이는 허균의「조관기행」을 통해 유추할 수 있다. 허균은 1601년 7월 23일에 처음으로 부안에 내려와 매창을 만났다. 임정이 막 부임한 때였다. 그리고 다음 날 허균은 부안을 떠났다가

9월 7일에 큰형의 전라도 관찰사 부임식에 참석했다. 9월 18일에 큰형과 함께 나주의 환영 잔치에 참석했다가 9월 24일에 다시 부안으로 왔다. 다시 부안을 찾은 것은 공무 때문이었다. 허균은 배를 만드는 장인 67명을 점검하며 일을 독려한 후, 나무를 운반할 인부 300명을 징발하라고 명령한다. 당시 부안현감이었던 임정은 허균을 찾아와 어려움을 토로했지만, 허균은 그의 말을 들어주지 않는다.

허균은 나무를 운반하는 인원을 대폭 증원하려 했고, 그러자면 모든 피해가 백성에게 돌아갈 수밖에 없었다. 고을 수령인 임정은 이를 중재하지 못했다. 어려움만 토로했을 뿐, 고을의 이익은 챙기지 못했던 것이다. 결국 백성들의 원성은 고스란히 임정에게 돌아갈 수밖에 없었다. 그 후 그는 불과 석 달도 지나지 않아 파직되었다.

성격이 모질지 못한 임정은 자신보다 어린 허균을 보면서 그 당당한 기개가 내심 부러웠을 법도 하다. 거기에다가 새로 바뀐 전라도 관찰사가 허균의 큰형 허성이었으니, 허균을 바라보는 시선에는 부러움과 원망이 공존했을 법하다. 그가 처음으로 참여한 전라도 관찰사의 부임 잔치가 그에게는 마지막 축제의 자리였던 셈이다.

임정의 뒤를 이어 부임한 현감은 매창의 죽음과도 깊은 관계가 있는 윤선이다. 임정의 사람됨이 혼매하니 재주 있는 문관을 가려 보내라던 사헌부의 보고처럼, 부안에는 문관 출신의 똑똑한 현감이 부임했다. 그때는 마침 윤선이 모친상을 마친 직후였다. 부임했던 관리를 기록한 부안의 선생안(先生案)에는 그가 1602년 3월에 부임하여 1607년 1월에 임기를 만료하고 돌아갔다고 기록되어 있다. 무려 5년이나 부안에 머문 것이다. 그는 역대 부안현감 가운데 최장 기간

재임했다고 할 수 있다. 아마도 우리나라 현감들의 재임 기간을 모두 조사해도 윤선의 재임 기간처럼 긴 시간을 한 지방의 수령으로 머문 사례는 찾기 어려울 정도다.

그러나 그의 문집인 『추담집(秋潭集)』에 수록된 연보를 보면, 전혀 다른 양상이 나타난다. 우선 부안현감으로 제수된 시기부터 다르다. 연보에는 1601년 겨울로 되어 있다. 하지만 이때는 아직 임정이 재임하고 있을 때니 분명한 오류다. 이후는 더욱 심각하다. 1602년 10월에 사헌부 장령(掌令)으로 서울로 올라갔고, 그해 12월에는 홍문관 교리(校理) 등의 벼슬을 했다는 기록이 나온다. 서울에서의 벼슬 생활은 부안 선생안에 임기를 만료한 것으로 기록된 1607년까지 계속 이어진다. 즉 연보에는 윤선이 1602년부터 1607년까지 줄곧 서울에서 생활한 것으로 나온다. 이 연보에 따르면, 그가 부안현감으로 재임한 기간은 채 1년도 되지 않는다. 무엇인가 잘못되었다. 선생안과 연보, 둘 중 하나는 분명한 오류다.

그럼 무엇이 진실인가? 보통은 후손이 직접 기록한 연보가 우선이다. 실제 각종 대중매체는 연보를 존중하여 따르고 있다. 하지만 이 경우는 다르다. 선생안을 우선으로 봐야 한다. 실제로 1604년 1월 23일 『선조실록』에는 윤선이 올린 첩정(牒呈, 일종의 보고서) 일부가 실려 있다. 그때 그의 직책은 연보와 달리 '부안현감'으로 기록되어 있다. 그리고 그가 올린 첩정의 내용 역시 부안 민생과 관련된 것이다. 문집의 연보가 잘못되었음을 확인하는 순간이다. 문집의 연보를 작성한 자는 윤선의 8대손이고, 문집을 엮은 자는 그의 11대손이라는 점을 감안하면, 시간이 너무 오래 흐른 뒤라 약간의 착종이 있었던 것이 아닌가 한다. 그런데 더 큰 문제는 문집에 수록된 글들 역시 대부분 일가붙이의 제문(祭文)이나 묘갈명(墓碣銘) 등으로 한정되어 있다는 점이다. 윤선의 교유 관계나 당시 상황을 담은 글이 대부분 빠진 상태다. 빠진 글 가운데는 5년이라는 시간 동안 매창과 나눈 글도 많았을 텐데, 모든 것이 지워졌다. 지워진 것들 가운데는 매창의 삶을 재구하는 데 중요한 정보도 담겨 있었을 것이다. 퍽 아쉬움이 남는다.

문집의 도움을 크게 얻지 못해도, 윤선의 인물됨을 이해하는 데는 주변의 역사 기록만으로도 큰 무리가 없다. 한 지방의 수령관으로 1년 이상 재직하기 어려운 상황에서 윤선은 무려 5년 동안이나 아무 문제없이 한 고을을 다스렸다. 이러한 점만 봐도 그에 대한 백성들의 평가를 짐작할 수 있다. 실제로 그는 선정을 베푼 현감이었다.

윤선이 임기를 마치고 부안을 떠난 뒤, 백성들은 자진하여 그의 선정비를 세웠다. 선정비는 사라졌지만 『동국여지지』에는 그 편린이 남아 있다. 『동국여지지』에는 부안의 뛰어난 수령을 두 사람 소개했다. 한 명은 앞에서 소개한 고한운이고, 다른 한 명은 바로 윤선이다. 『동국여지지』의 내용을 보자.

선조 말년에 부안현감이 되었다. 당시는 임진왜란을 겪은 후라, 고을이 탕잔(蕩殘)했다. 정치를 함에 자애롭고 은혜로웠기에 백성들은 편안히 여기며 의지했다. 떠날 때에는 비석을 세웠는데, 그 비석에는 다음과 같은 말을 새겼다. "공이 부임하고부터 고을이 요순시절과 같았다. 즐거워라, 군자여! 백성의 부모일세!"[5]

『시경(詩經)』「소아(小雅)」편에 나오는 "즐거워라, 군자여! 백성의 부모일세[樂只君子, 民之父母]"라는 대목을 인용하여 백성의 즐거움과 수령의 만수무강을 기원하고 있다. 그뿐만이 아니다. 실록에도 백성을 아끼는 그의 마음이 드러난다.

부안현감 윤선은 '현내 남면(南面)의 한 마을에 지난해 11월부터 여역(전염성 열병)이 크게 치성하여 누워 앓는 자가 20여 명이었는데, 겨우 서너 사람을 제외하고는 모두 4~5일을 못 넘기고 죽었다. 이때부터 심하게 번져서 곳곳이 다 그러하여 죽는 자가 잇따르니, 매우 염려스럽다'고 본도에 첩정했습니다.[6]

1603년 11월부터 전염병이 돌면서 20명 정도가 앓아눕더니 그중 3~4명을 제외하고는 모두 4~5일 만에 죽었다는 것이다. 그리고 그 후 전염병이 크게 번지고 있다고 보고서를 올려서 그 해결책을 구하고 있다. 백성들의 고충을 해결하려는 노력이 가상하다. 실제로 조정에서는 상당한 약품을 보내 백성들을 치료하게 했으니, 윤선의 보고가 유효했던 셈이다.

그런데 윤선은 뜻하든 뜻하지 않았든 간에 허균과 매창 사이에 중대한 사단을 만들었다. 이 문제는 뒤에 자세히 언급하겠지만, 그 발단은 백성들이 자진해서 세운 윤선의 선정비에서 비롯된다. 매창은 윤선이 떠난 뒤 선정비 옆에서 거문고를 타며 노래를 불렀다. 이 노래가 문인들 사이에서 큰 파문을 일으키며 허균은 퍽 곤혹스러운 일을 당하게 된다. 결국 이 노래로 인해 매창이 죽음에 이른 것은 아닌

가 추정해본다. 윤선의 선정비 사건은 역사 기록에는 드러나지 않았
지만, 허균과 매창을 끝없는 구렁텅이로 내몬 대형 사건이었다.

양반 유람에 빠질 수 없는
동반자들

윤선의 뒤를 이어 현감으로 부임한 사람은 심광세였다. 그는 1607년
2월에 부임하여 1609년 2월에 부모님의 부음을 듣고 떠났으니, 2년
남짓 현감으로 재직한 셈이다. 그는 매창과 시도 주고받았고, 허균
을 부안에 머물도록 배려한 당사자이기도 했다. 특히『매창집』에 수
록된 상당수의 시는 심광세가 현감으로 재임할 당시 맺어진 사람들
과의 관계에서 탄생한 것이라는 점에서 더욱 주목할 인물이다.

　매창의 나이 서른다섯인 1607년 2월. 심광세가 부안현감으로 부
임해왔다. 이경석(李景奭, 1595~1671)이 쓴 그의 묘지명을 보면, 그가
부안현감으로 온 것은 순전히 그의 의지 때문이었다.[7] 당시의 불안
한 정세에서 외직에 나가 있는 편이 마음 편하다고 생각한 끝에 찾
은 곳이 부안이었다. 그래서였을까? 부안에 도착한 심광세는 관아
일이 어느 정도 정리되자 변산 일대를 유람한다. 그해 5월이었다.
부임 석 달 만에 유람을 떠난 것이다. 이때의 행적이 다행히 그의 문
집『휴옹집(休翁集)』의 「유변산록(遊邊山錄)」에 기록되었다. 뒷부분은
유실되었지만, 당시 정황을 아는 데는 큰 문제가 없다.

내가 이 고을을 맡은 이후로 공무가 많아 편히 지낼 겨를이 없을 만큼 분주했다. 비록 변산을 유람할 생각은 갖고 있었지만 그럴 겨를이 없었다. 마침 이웃 고을 수령 두 분이 찾아와 변산 유람을 청했다. 평소 내 생각과 맞아떨어진지라, 나도 그러자고 대답했다. (……) 때는 만력(萬曆) 정미년(丁未年, 1607) 5월이고, 함께 간 사람은 함열현령 권주(權澍, ?~?), 임피현령 송유조(宋裕祚, ?~?), 우리 고을의 상사(上舍) 고홍달, 내 아우 아무개를 포함하여 모두 다섯 사람이다.

심광세와 동행한 사람은 5명이다. 함열현령 권주와 임피현령 송유조 같은 인근 고을의 수령, 부안에서 소과에 합격한 생원 고홍달, 그리고 심광세의 동생 심명세(沈明世, 1587~1632)다. 그러나 이 기록을 곧이곧대로 이해하면 안 된다. 심광세가 다섯 사람이라고 한 것은 자신과 신분이 비슷한 사람이 다섯이라는 의미다. 이들의 유람에 동원된 관비들과 관노들까지 모두 합하면 그 수는 훨씬 많았다.

실제로 심광세는 "어수대(御水臺)를 본 뒤에 가마를 타고 10여 리를 가서야 비로소 청계사(淸溪寺)에 이르렀다"고 밝히고 있다. 심광세는 걸어서 유람한 것이 아니라 가마를 타고 간 것이다. 양반들의 유람에는 늘 가마와 가마꾼이 대동되었다. 정약용도 「가마꾼의 탄식(肩輿歎)」이라는 시에서 양반들의 유람으로 가마꾼들은 당나귀와 같은 존재로 전락한다고 말하지 않았던가. 신선과 동물, 양반의 유람에는 이런 극과 극의 상황이 공존한다. 따라서 심광세가 그들을 함께 유람한 사람들의 수에 포함시키지 않은 것도 당연하다. 그들은 유람하러 간 것이 아니기 때문이다.

가마꾼과 같은 관노들만이 아니라 기생들도 함께 유람한 사람들의 수에 포함되지 않았다. 심광세는 "나와 몇 사람이 간단하게 술자리를 마련하여 술 몇 잔을 마셨다"고 밝힌 것처럼 유람 중에 여러 차례 술자리를 갖는다. 술자리를 가졌다는 것은 유람에 기생도 참여했다는 의미다. 실제로 이들의 유람에 기생이 빠졌을 리는 없다. 흥취를 얻기 위해 떠난 여행에 기생을 뺄 이유가 없기 때문이다. 심광세는 이 유람에 참여한 기생들에 대해서도 이야기하지 않는다. 하지만 매창이 이들과 함께했을 개연성은 아주 높다. 왜냐하면 이때 지은 것으로 추정되는 시들이 『매창집』에 제법 남아 있기 때문이다. 또한 고홍달이 있었다는 점도 주목할 만하다. 고홍달은 매창을 허균에게 소개한 인물이기도 하다. 그와 매창의 관계는 나중에 다시 이야기한다.

변산의
아름다움에 취하다

심광세의 유람 일기인 「유변산록」에는 5명만이 유람을 떠난 것으로 되어 있지만, 관노비 등을 포함하면 실제로 유람에 참여한 사람은 퍽 많았을 터다. 그 행차가 적잖이 화려했을 법하다. 「유변산록」의 뒷부분이 유실된 점이 아쉽지만, 그들의 여정을 그대로 따라가 보자.

어수대 → 청계사 → 청연암(淸淵菴) → 화룡연(火龍淵) → 실상사(實相寺.
세조의 원당(願堂)) → 직연(直淵. 직소폭포) → 진선대(眞仙臺) → 불주암(佛住菴)
→ 묘적암(妙寂菴. 숙박) → 월정대(月精臺) → 주암(舟巖) → 용암(龍巖) → 마
천대(摩天臺) → 의상암(義湘庵) → (이하 유실)

이들은 소담하면서도 장엄한 풍경을 보며 그 느낌을 시로 주고받았
을 것이다. 매창도 이들과 어울려 시를 지었으리라. 그리고 그 시는
유람길을 함께했던 누군가의 기록으로 혹은 기억으로 남았으리라.

이들이 가장 먼저 오른 곳은 어수대였다. 천 년 전 신라 왕이 순행
하다가 머물렀다고 해서 붙여진 이름, 어수대. 이 근처에 두 개의 절
이 있었는데, 바로 석재암(釋在庵)과 왕재암(王在庵)이다. 어수대와
마주한 왕등암(王登巖)까지 모두 신라 왕과 관련된 이름들이다. 왕조
차 순행을 하다가 아름다움에 흠뻑 빠져 돌아가는 것을 잊었던 변
산. 1871년에 편찬된 읍지에는 어수대에 머문 신라 왕이 경순왕(敬
順王. 재위 927~935)이라고 기록하고 있지만, 이는 후대에 붙은 전설이
리라. 하기야 누군들 어떠랴. 내변산이 뿜어내는 아름다움 앞에서
그 누군들 속세로 돌아갈 마음이 들었겠는가. 천 년 전에 신라 왕이
그랬던 것처럼 심광세 역시 어수대에 올랐다. 심광세는 그때 그 느
낌을 다음과 같이 적었다.

우리들이 어수대에 올라 바라보니, 여러 산들은 물고기의 비늘처럼
끊임없이 이어져 다투듯 내 눈 아래에 펼쳐졌다. 저 멀리서부터 긴 바람
이 시원하게 불어오자, 답답했던 가슴은 말끔하게 씻겨가고, 세속에 찌

든 온갖 생각들은 순간 쾌청해졌다. 속세에서 벗어났다는 생각에 훨훨 날 것만 같았다.[8]

탈속의 경지. 세속의 모든 것을 버리고 신선이 되어 훨훨 날아가는 듯한 느낌을 받았던 모양이다. 복잡한 정치판에서 벗어나 일부러 외직을 택한 것이 얼마나 잘한 일이었던가 자부했을 법하다. 매창도 그랬으리라. 바람을 맞으며 학을 부르는 신선이 된 듯한 느낌, 매창은 그 마음을 시로 표현했다. 「어수대에 올라」는 바로 이때 쓴 시가 분명하다.

이 시는 꽤나 유명했나 보다. 『조선시대 사찰읍지』에도 이 시가 인용되어 있다. 일부 글자 출입은 있지만,[9] 내용상 큰 차이가 없다. 이 시는 부안을 대표하는 시가 된 것이다. 지금도 어수대 앞 등산로 입구에는 이 시를 새긴 시비가 있다.

> 천 년 사찰 왕재암
> 애오라지 어수대만 남았네.
> 지난 일, 누구에게 물어보리.
> 바람 맞으며 학을 불러보네.
> 王在千年寺　空餘御水臺
> 往事憑誰問　臨風喚鶴來

천 년 전에 왕이 머물렀던 왕재암. 세월이 흘러 그곳도 사라지고, 지금은 어수대만 남아 과거를 기억할 뿐이다. 그 오래전의 일을 누구에게 물어볼까? 어수대 위에 불어오는 바람을 맞으며 '학이여, 오소서'라고 외칠 뿐이다. 신선을 태우고 다닌다는 학이 오면, 나도 그 학을 타고 저 탈속의 세계로 떠나리라.

사실 심광세는 이번 유람이 처음은 아니었다. 그는 현감으로 부임하기 전해인 1606년 여름에도 변산을 찾았다. 그때는 수운판관(水運判官)으로 공무에 바빠서 변산 유람이 그리 여유롭지 못했다. 그때는 그런 상황에서도 학들이 많이 보였는데, 이번 유람에는 학이 보이지 않는다. 그래서 그는 함께한 사람들에게 '만약 지금처럼 나를 돌아볼 여유가 있었다면, 그때 학을 타고 신선을 만났을 텐데'라며 지난 이야기를 들려주었던 모양이다. 저 멀리서 불어오는 바람에 답답했던 가슴은 말끔하게 씻겨가고 세속에 찌든 온갖 생각들이 맑아지는 순간, 매창은 이전에 그가 보았음 직한 학을 불러본다. '학이여, 오소서.' 사람들은 모두 신선이 된 느낌이었으리라.

그리고 그들은 날이 저물자 어수대를 내려왔다. 가마를 타고 한 시간 정도 가니, 청계사에 이르렀다. 오래된 절에는 중들도 남아 있지 않았다. 옆에는 학이 많이 깃든다는 학봉(鶴峰)이 높디높았다. 절 뒤에는 청연암이라는 암자가 있었다. 청연이라는 이름은 절 앞으로 흐르는 시내의 상류에 위치한 연못 청연(淸淵)에서 유래했다. 그 시내가 흘러 또 하나의 큰 연못이 만들어졌다. 바로 화룡연이다. 그곳에서 간단하게 술자리가 만들어졌다. 황혼이 내려앉은 시간, 앉아 있자니 무엇인가 모를 슬픔이 찾아왔다. 모든 것을 훌훌 털고 떠나고자 해도, 결국은 다시 현실에 매어 있어야 한다는 깨달음과 함께 도

부안 출신의 여류시인 매창을 기리기 위해 조성된 부안의 매창공원에는 그녀의 무덤과 함께 시비가 곳곳에 조성되어 있다.

둑처럼 슬그머니 찾아온 슬픔. 떠나고자 해도 돌아와야만 하는 그 마음을 알기에 서로 시를 지어 위로도 했을 법하다. 그러나 『휴옹집』이나 『매창집』에서 이를 확인할 길은 없다. 다만 「병이 들어(病中) 1」 정도로 그 정황을 짐작할 수 있을 듯하다.

봄 때문에 아픈 게 아니라오.

단지 임 그리워 그랬지요.

이 세상엔 괴로움도 많아

돌아가지 못하는 외로운 학.

不是傷春病　只因憶玉郞

塵寰多苦累　孤鶴未歸情

이 시는 자기 마음을 드러냈을 수도 있지만, 상대방의 마음을 표현했을 수도 있다. 매창은 늘 자신의 아픔보다 남의 아픔을 먼저 생각하고 배려했다. 아마도 이상과 현실의 이율배반적인 모순에 빠진 심광세를 보고 시를 지어 따뜻하게 안아주었으리라.

세상 모두를 따뜻하게 만드는 봄날, 홀로 세상과 동떨어진 나는 늘 아프다. 세상 모두 화려한데, 나 혼자만 쓸쓸한 탓이다. 세상에서 나만 소외되었다. 내가 외로운 이유는 오직 하나, 임이 없기 때문이다. 세상에 존재하는 많은 괴로움들 가운데 가장 큰 괴로움이 무엇일까? 매창은 돌아가지 못하는 마음이라고 답한다. 「병이 들어 1」은 임에 대한 그리움과 사랑뿐만 아니라 갈 수 없는 미지의 세계에 대한 무한한 동경도 담고 있다. 돌아가리라. 나는 돌아가리라. 그러나 돌아가지 못한다. 아마도 매창은 자신의 이야기를 통해 심광세를 비롯해서 그 자리에 있던 사람들의 쓸쓸함을 대변했을 것이다. 심광세는 당시의 상황을 "술 몇 잔에 슬픔은 깊어졌다. 마음이 서글퍼 뼛속까지 시려왔다. 그 차가움에 더 이상 머물러 있을 수가 없었다"고 썼다. 그리고 그들은 실상사로 내려간다. 아마도 여기서 하룻밤을 묵었으리라.

유람에서 주고받은 시

일행은 다음 날 실상사를 출발하여 직소폭포, 진선대, 불주암을 둘러보고 묘적암에서 잠을 잤다. 묘적암에서 그리 멀지 않은 곳에 월명암(月明庵)이 있다. 대략 200미터쯤 될까? 그런데 「유변산록」에서 심광세는 묘적암만 소개하고, 월명암에 대해서는 말하지 않았다. 심광세는 "예전에는 이 근처에 세 개의 암자가 있었지만 지금은 두 개가 없어졌다"고 했는데, 그 둘 중 하나가 월명암이었을 것이다. 월명암은 임진왜란 때 불타 없어졌다가 김제 출신의 진묵대사(震默大師, 1562~1633)가 중건했다고 하는데, 1607년 당시에는 아직 중건되지 않았던 모양이다. 『매창집』에는 「월명암에 올라(登月明庵)」라는 시도 실려 있다. 이 시의 첫 연은 "하늘 가까이 지은 절(卜築蘭若倚半空)"로 이 시를 지을 당시에는 절이 존재했음을 알 수 있다. 어쩌면 이후에 매창은 다시 누군가의 유람길을 따라 월명암을 찾았으리라. 그 길은 아마도 허균과 함께였을 것이고, 그때 이 시도 지었을 것이다. 이 일은 뒤에서 다시 살펴보자.

아무튼 심광세 일행은 묘적암을 출발하여 월정대, 주암, 마천대를 지나 의상암까지 관광한다. 이후는 내용이 유실되어 나머지 일정이 확인되지 않지만, 하루이틀 정도 더 유람하지 않았을까 한다. 이번 유람은 심광세와 매창 모두에게 상쾌한 일정이었다. 진선대에 다리를 쭉 펴고 앉아 술잔을 기울이며 희희낙락했던 여유로움. 심광세가 "날개가 돋쳐 홀로 우두커니 서서 해상의 신선인 안기생(安期生)과 선문자고(羨門子高)를 불러 함께 시원한 바람을 타고 아득히 먼 그곳으로 돌아가는 것만 같았다"고 한 말은 진심이었으리라. 어쩌면 심광세는 그보다 한 세대 앞선 윤두수(尹斗壽, 1533~1601)의 시구를 떠올렸는지도 모른다. "안기생과 선문자고처럼 해상에서 장생하는 법을 배웠지만, 인간 세상 벼슬살이는 꿈처럼 고르지 않네[海上長生學羨期, 人間仕路夢參差]."

유람을 마치고 돌아온 이후 심광세와 매창은 부쩍 친해졌다. 한준겸처럼 심광세도 매창의 시재를 무척 아꼈다. 그는 공무가 없어서 조금 한가해질 때면 매창을 찾아 시를 주고받기도 했다. 유람에서 돌아온 지 얼마 되지 않은 어느 날, 어쩌면 그 이듬해 봄이었는지도 모른다. 심광세가 매창을 불렀다. 새들이 농탕하게 지저귀고, 봄바람이 살랑살랑 부는 날이었다. 매창은 심광세 앞에서 거문고를 연주하며 노래를 부른다. 그러다가 문득 연주를 멈춘다. 그리고 시 한 편을 읊었다. 『매창집』에 「봄날을 원망하며[春怨]」라는 제목으로 수록된 시다.

대숲에 봄이 깊어 새들이 지저귀는데
눈물로 지워진 화장 자국 보일까 휘장으로 창문을 가렸지요.
거문고 끌어다가 상사곡을 연주하고 나니
봄바람에 꽃이 떨어지고 제비들은 비껴 나네요.
竹院春深鳥語多　殘粧含淚捲窓紗
瑤琴彈罷相思曲　花落東風燕子斜

봄날의 풍경과 눈물. 그날 무슨 걱정이 있었던 것일까? 시를 들은 심광세는 곧바로 매창에게 화답한다. 이 시에 차운한 시가 다행히 『휴옹집』에 남아 있다.

깊은 시름 꿈에서 깨는 경우 많은데

눈물이 그렁그렁하여 베개를 흥건히 적셨네.

땅에 가득 떨어진 꽃잎들, 봄빛도 지나가는데

발 사이로 가랑비 내리고 향대에 꽂힌 향에서 연기가 비끼네.

閑愁壓夢覺偏多　粉淚盈盈濕枕紗

滿地落花春色去　一簾微雨篆煙斜

「계랑의 시에 차운하며[次桂娘韻]」라는 제목을 붙인 칠언절구다. '다(多)', '사(紗)', '사(斜)'가 운으로 쓰였다. 심광세는 이 시 뒤에 매창을 두고 '부안의 시기다[扶安詩妓]'라는 주를 붙였다. 한준겸처럼 심광세 역시 매창을 시기로 밝혔다. 매창이 시기로 확고하게 명성을 얻었음을 확인할 수 있다.

　혼란한 정치 상황을 피해 외직으로 자원해온 심광세는 부안에서 어느 정도 여유로움을 누리며 식솔들과 친구들을 불러 내렸다. 그즈음 허균이 공주목사로 내려오게 된다. 1607년 12월의 일이다.

허균,
새로운 세상을 꿈꾼 혁명가

1607년 3월 23일에 강원도 삼척부사로 임명된 허균은 부임 13일 만에 파직되었다. 사헌부에서 허균을 비판한 내용이 『선조실록』에 실려 있는데,[10] 그 핵심은 유가(儒家)의 아들로 아버지나 형과 달리 불교를 믿어, 평소에 불경을 외우고 부처에게 절을 했다는 것이다. 또한 그는 중국 사신이 왔을 때도 불교와 관련된 이야기를 하고, 사람들이 보는 앞에서 재(齋)를 열기도 했다. 이런 말을 들은 선조는 허균이 단지 문장을 좋아하여 불경을 섭렵한 것이라고 옹호해보지만, 결국은 파직을 결정한다.

그래도 든든한 집안 배경을 갖춘 허균은 바로 조정의 내자시정(內資寺正, 궁중에서 쓰는 식품·내연·직조 등을 맡아보던 관직)으로 복귀했다가 그해 12월 9일 공주목사로 임명된다. 바다가 가까워서 게도 맘껏 먹을 수 있고 감독도 소홀한 부여 쪽을 선호했지만,[11] 그래도 이전부터 지방관을 바라던 허균은 공주목사를 꿈을 펼칠 수 있는 발판으로 여겼다. 하지만 허균이 공주목사로 재직한 기간은 1608년 8월 21일에 암행어사의 서계(書啓)로 파직될 때까지 불과 8개월 남짓이었다. 그렇지만 그사이에 누나 허난설헌의 시 210편을 담은 『난설헌집(蘭雪軒集)』을 간행하는 등 한국문학사상 중요한 업적을 남기기도 했으니, 재임기간과 행적이 일치하는 것은 아니다.

공주에 부임한 허균은 가장 먼저 친구들을 불러 모았다. 그가 가장 가까운 친구였던 이재영(李再榮, ?~1623)에게 편지를 쓴 때가 1608년 1월이니, 부임하자마자 숨돌릴 겨를도 없이 바로 친구를 불러들인 셈이다. 이재영에게 보낸 편지를 읽어보자.

내가 큰 고을의 수령이 되었는데 마침 자네가 머무는 곳과 가깝네. 그러니 어머니를 모시고 이곳으로 오시게. 내 마땅히 녹봉의 절반을 덜어 자네를 부양하겠네만, 큰 그늘은 되지 못할 것이네. 자네는 비록 신분이

나와 다르지만 취향이 같네. 재주가 나보다 열 배는 더하지만, 세상에서 버림받은 게 오히려 나보다도 심하지. 이런 자네를 생각할 때면 숨이 탁 탁 막힌다네.

내 비록 운수 사납지만 이천 석이나 되는 태수 녹봉에 만족하니, 달팽이의 침으로 스스로를 적실 수는 있다네. 자네는 입에 풀칠하기도 어려워 사방을 떠돌아다니니, 모두 내 잘못이네. 자네의 얼굴을 대하면 문득 땀이 흐르고, 밥을 먹어도 목으로 넘어가지가 않네. 어서 오시게. 자네를 데려왔다고 비록 비방을 받는다 해도 내 걱정하지 않음세.[12]

허균은 비방받을 각오를 하고 친구 이재영을 불렀다. 이뿐이 아니었다. 심우영(沈友英, ?~1613)도 공주로 내려왔다. 심우영은 허균의 처외삼촌으로, 이후 영창대군(永昌大君, 1601~1614)을 옹위하기 위해 군자금을 모았다는 혐의로 처형당했다. 이 사건은 광해군을 폐하고 영창대군을 추대하려 했다는 계축옥사(癸丑獄事)로 확장되었다. 허균은 명문가의 서자 출신인 심우영을 통해 서양갑(徐羊甲, ?~1613), 이경준(李耕俊, ?~1613) 등과도 친하게 지냈다. 이들은 모두 조선 사회의 문제점을 지적하며 새로운 세상을 꿈꾸었던 혁명가들이었다. 서양갑은 이들 중에서도 가장 실천적인 인물이었다. 1608년 서양갑은 서자들도 차별없이 관직에 등용할 것을 요구하는 상소를 심우영, 이경준 등과 함께 올리기도 했다. 물론 상소는 받아들여지지 않았다.

허균은 서울에 남아 있는 가난한 친구들도 도왔다. 그는 고전소설 『최척전(崔陟傳)』의 작가인 조위한(趙緯韓, 1567~1649)에게도 곡식과 함께 편지를 보냈다.

큰 고을을 맡아 복을 누리면서도 원헌(原憲)처럼 가난한 친구를 돕지 못하여 부끄러움이 많았네. 봄이 된 고을의 창고에는 곡식 한 톨이 옥구슬 하나와 같을 정도일세. 보내는 것은 겨우 말 한 필에 실어 보낼 정도지만, 그래도 그게 내 월급의 절반이네. 범순인(范純仁)이 그의 친구 석만경(石曼卿)에게 보리를 가득 실은 배를 보낸 것에 비하면 부끄러워 땀이 다 날 지경이네.[13]

가난한 친구에게 곡식을 보내는 정성이 갸륵하다. 허균은 때로는 가난 때문에 벼슬을 하기도 한다고 말했다.[14] 가난은 사람을 얼마나 비참하게 하는가? 허균은 이런 이유 때문에 친구들의 가난을 방치할 수 없었던 것이다.

그렇지만 이런 사소한 정보를 제외하면, 공주목사 허균의 구체적인 행적이 거의 확인되지 않는다. 남극관(南克寬, 1689~1714)의 『몽예집(夢囈集)』에 공주 아전에게 들었다는 말이 간략하게 기록되어 있어서 그 당시를 엿볼 수 있다는 것이 다행이라면 다행이다.

허균이 목사로 있을 때 매번 관아 일을 마치면, 신을 신고 섬돌 위에 올라서서는 뒷짐을 진 채 길게 시를 읊었습니다. 그 소리가 맑고도 씩씩해서 마치 가녀리면서도 맑게 울리는 옥이 가볍게 튀듯이 이어졌습니다. 그 모습을 보는 사람들은 신선이 내려왔다고들 했지요.[15]

아마도 허균은 정말로 신선처럼 살았는지도 모른다. 월대 위에 올라서서 뒷짐을 진 채 구슬프면서도 은은하게 읊조리는 소리가 들리는 듯도 한데, 불행하게도 당시의 시는 하나도 남지 않았다.

매창의 시에 담긴
허균의 부안 생활

허균은 1611년에 스스로 문집을 엮었다. 『성소부부고』라고 이름 붙인 이 문집에도 공주목사 시절과 그 이후의 부안 생활을 담은 기록은 하나도 없이 사라졌다. 1613년 계축옥사가 터졌을 때 옥사의 주도자들, 즉 서양갑과 심우영 같은 인물들과 만났다는 증거를 없애기 위해 허균이 직접 누락시켰을 법하다. 허균은 문집을 만들어 자신의 삶을 적나라하게 보여주고 싶어했다. 그런데도 뜻하지 않게 허균은 그의 인생에서 가장 아름다웠을 법한 시절을 말해주지 않은 셈이다.

허균 스스로 지워버린 기억이지만, 여러 정황상 그는 파직 직전에 친구들과 함께 부여 백마강에 갔던 것으로 보인다. 그때는 서양갑과 심우영을 비롯하여 인근에 있던 친한 수령들도 불렀던 모양이다. 부안현감으로 있던 심광세도 초대받았다. 매창도 동행했으리라.

이들은 백마강에서 뱃놀이를 하며 시를 짓기도 하고, 낙화암에 오르기도 했다. 그 당시 낙화암에는 정자가 있었고, 거기에는 시판(詩板)이 걸려 있었다. 그 시판에는 '시(時)', '휴(虧)', '취(吹)'를 운으로 삼

은 칠언절구가 새겨져 있었던 것 같다. 그 시는 아마도 지금 고등학
교 교과서에 실려 있는 홍춘경(洪春卿, 1497~1548)의 「낙화암(落花巖)」
이 아닌가 한다.

나라는 망하고 산하도 옛 모습이 아닌데
강 위에 떠 있는 저 달만 몇 번이나 차고 기울었는지.
낙화암 끝에 여전히 꽃이 남겨진 것은
그때의 비바람 아직도 그치지 않은 까닭이지.
國破山河異昔時　獨留江月幾盈虧
落花巖畔花猶在　風雨當年不盡吹

한때는 질탕한 춤과 노래가 끊이지 않았을 낙화암. 이제는 백마강
위로 떠오른 달만이 예전의 영화를 기억한 채 차고 기울기를 반복할
뿐이다. 그런데 저 멀리 험궂은 바위 끝에 바람에 흔들리며 피어난
꽃은 무엇을 말하고 있는 것일까? 천 년 전 꽃다운 모습을 다시 되
살려 그 오래전 기억을 환기하는 것일까? 그때 불던 지독한 비바람
에도 꺾이지 않고 모질게 살아남아 당시의 사랑을 끝끝내 들려주고
자 하는 것일까? 당시 낙화암에 모인 문인들은 이 시에 차운하여 시
를 썼다. 심광세도 그랬다. 당시 심광세가 쓴 시가 문집에 남아 있
다. 제목은 「낙화암에 차운하며〔次落花巖韻〕」다.

천 길 낭떠러지 절벽 아래로 꽃이 떨어질 때
만세의 국토는 오늘 저녁에 이지러지네.

눈을 들어 산하를 보며 이런저런 생각할 제
한 가닥 피리 소리만 바람에 실려 오네.

千尋絶壁落花時　萬世金甌此夕虧
擧目山河無限意　一聲長篴倚風吹

심광세도 낙화암을 보며 백제의 마지막 날을 기억했다. 그날을 떠올리며 낙화암이 소재한 부소산성을 둘러보는데, 어디선가 바람에 실려 오는 초동의 피리 소리. 화려했던 궁궐터도 어느 순간 나무꾼과 목동만이 다니는 한적한 곳으로 변해버렸다. 인간의 삶이란 이렇게 보잘것없는데……. 이 시는 「계랑의 시에 차운하며」 다음에 실렸다. 심광세의 문집은 유형별로 묶은 시를 다시 시간 순으로 배열했다. 이 시는 「계랑의 시에 차운하며」와 비슷한 시기에 창작되었음을 뜻한다.

허균이 주관한 모임에 참석한 여러 사람들 가운데 누군가도 심광세처럼 '시(時)', '휴(虧)', '취(吹)'를 포함한 '지(支)'를 시운으로 한 시를 지어 화답했을 터다. 허균의 동지 조희일(趙希逸, 1575~1638)의 문집 『죽음선생집(竹陰先生集)』에도 이 시의 차운시가 실려 있다. 제목은 「백마강(白馬江)」으로 되어 있다.

가늘게 비 내리는 석양에 강을 건널 때
천고의 황폐한 성에는 반달이 이지러지네.
어부의 피리 소리는 망국의 한을 아는지 모르는지
안개 속 어디선가 몇 차례 들려오네.

夕陽微雨渡江時　千古荒城半月虧

漁笛不關亡國恨　隔煙何處數聲吹

가랑비가 내리는 황혼, 이들은 뱃놀이를 하고 있었던 모양이다. 천 년의 역사에 황폐해진 부소산성과 낙화암. 그리고 어디선가 들려오는 어부의 피리 소리. 망국의 역사는 늘 슬프다.

1613년 조희일은 서양갑 등을 심문하는 추관(推官)으로 있었다. 그는 서양갑 등과 친구라는 이유로 파면되었다가 지금의 평안북도 초산 지방인 이산(理山)으로 정배되었다. 사실 그가 이 사건에 연루된 것은 오직 허균의 벗이라는 이유 때문이었다. 그가 귀양지에서 해배(解配)되어 돌아온 것은 허균이 형장의 이슬로 사라진 이듬해인 1619년이었다. 그는 허균과 친한 사이였다는 이유만으로 옥고를 치른 셈이다.

아무튼 허균은 친구들을 모아 백마강에서 한바탕 놀았다. 그리고 조희일이 언급했듯이 뱃놀이를 하며 흥취를 돋우기도 하고, 술을 마시며 시도 지었을 것이다. 그러다 잠시 분위기가 험악해졌던 것일까? 『매창집』에는 당시의 분위기를 담은 시 한 편이 수록되어 있다. 「부여 백마강에서 노닐며[遊扶餘白馬江]」라는 제목의 시다. 이 시는 임방(任埅, 1640~1724)의 『수촌만록(水村漫錄)』에도 수록되어 있다.

강촌에 작은 사립문을 찾아드니

찬 못에는 연꽃 지고, 화분의 국화도 시들어가네.

석양에 날던 까마귀는 고목에 앉아 울고

가을 구름 사이로 기러기는 강을 건너 지나네.

서울의 시사 많이들 변했다고 말하지 마세요.

나는 인간 세상의 일 듣고 싶지 않아요.

술동이 앞에 놓고 한번 취하기를 사양하지 마세요.

부유하고 권세 있던 신릉군 같은 인물도 무덤 속에 있잖아요.

水村來訪小柴門 荷落寒塘菊老盆

雅帶夕陽啼古木 雁含秋氣渡江雲

休言洛下時多變 我願人間事不聞

莫向樽前辭一醉 信陵豪貴草中墳

　연꽃이 지고 국화도 시드는 때, 술동이를 앞에 두고 이런저런 세상 이야기를 했나 보다. 세상 이야기는 자연스레 정치 이야기로 번졌다. 서얼 차별에 대해 이야기했을까? 심화되는 붕당 정치에 대해 이야기했을까? 아니면 양명학(陽明學)에 대해? 분위기가 어수선해지려는 순간, 매창이 느릿느릿 칠언율시를 한 수 읊는다. 스산한 가을 풍경을 거문고에 실었으리라. 그리고 인간 세상의 일들은 잠시 접고 술에 맘껏 취하자고 한다. 부귀를 모두 가졌던 중국 위나라의 정치가 신릉군(信陵君)도 결국은 한 줌 흙이 되어 무덤 속으로 들어가지 않았는가.

　잠시 서먹해진 술자리는 다시 화기애애해졌으리라. 무엇인가 심각한 문제로 언성이 높아지고, 조금은 과격한 말도 오갔을 분위기. 매창의 시는 그런 분위기를 누그러뜨렸다. 매창은 의도적으로 이 시를 지음으로써 분위기를 쇄신하려고 했던 것이 아닐까? 술자리의 분위기를 바꾸는 것은 한준겸의 생일잔치에서도 확인된 적이 있는 매창의 능력이다. 매창은 여러 사람들을 한데 아우르는 힘을 가지고 있었다.

이 자리에서 허균도 시를 짓고 읊었을 것이다. 그러나 그의 모습은 보이지 않고, 잘 그려지지도 않는다. 분명히 그는 좌중을 주도했을 법한데 말이다. 스산한 가을날 공주목사 허균은 백마강에서 처음이 자 마지막으로 연회를 베풀었다. 이즈음 그는 충청도 암행어사의 장 계에 의해 파직 소식을 듣는다. 허균은 이미 자신의 파직을 예측하 고 있었다.

권세와 부귀에 연연하지 않는 삶

오랜 파직과 복직이 징그러웠던 것일까? 아니면 오랫동안 꿈꿔왔던 귀거래(歸去來)를 실현하려던 것일까? 허균은 오래전부터 관직을 그 만두고 낙향하는 꿈을 꿨다. 허균이 1601년에 쓴 「옛 장성을 향하며 (將向古長城)」라는 시를 보자.

막 넘어선 노령(蘆嶺), 풍경이 다시금 아름다워
무성한 팥배나무, 시냇가 언덕을 뒤덮었네.
하얀 목련 꽃봉오리, 봄이 오심을 재촉하는데
두견새 슬피 울어 나그네의 회포가 울적해라.

내 몸을 제외한 공명은 주든 빼앗든 다 내버리고
세상살이 영화와 쇠락도 다 되는 대로 맡기고 살리라.
내 장차 숨어 살겠다고 저 자연과 약속했으니
나이 들면 벼슬도 버리고 고향에 돌아가리라.

纔越蘆關境便佳　丰茸蘅杜被溪崖
辛夷糝蕊催春事　杜宇啼冤惱客懷
身外功名損與奪　世間榮悴任安排
林泉有約吾將隱　肯待年侵始乞骸

이 시는 아마도 1601년 9월 23일에 썼을 것이다. 왜냐하면 노령을
넘어서며 지은 것이 분명하기 때문이다. 노령은 전라도 무장에서
고부로 넘어가는 길목에 있고, 고부를 지나야 부안으로 향하게 된
다. 허균은 노령을 두 번 넘는다. 첫 번째가 매창을 만난 이틀 후인
1601년 7월 25일이고, 두 번째는 부안으로 향하던 1601년 9월 23일
이다. 이 시에서 노령을 다시 넘는다고 했으니, 이 시가 지어진 시기
는 분명 1601년 9월 23일이리라. 그리고 허균이 벼슬을 버리고 뼈
를 묻고 싶어했던 고향도 부안이 틀림없다. 허균은 처음부터 부안의
매력에 빠져, 늘 그곳으로 돌아가고자 했던 것일까?
　허균이 궁극적으로 꿈꾸었던 것은 '귀거래'였을지도 모른다. 하지
만 고향으로 돌아가고 싶은 마음이 아무리 절실해도 현실의 벽 때문
에 마음먹은 대로 실천할 수 없었다. 허균이 그랬다. 돌아가고 싶어
도 돌아갈 수 없었다. 그러던 차에 뜻하지 않은 파직이 꿈을 실현할
기회를 만들어주었다.

허균은 파직이 결정되기 전부터 자신이 파직될 것을 알고 있었다. 그는 파직되면 부안으로 가겠다고 마음먹었다. 그래서 그는 부안현감이었던 심광세에게 편지를 보낸다. 허균에게 심광세는 처가 쪽 인척이기도 했다.

> 내가 사람들 입에 오르내려 곤란을 입게 되었으니, 마땅히 스스로 탄핵하고 물러가야 할 것이네. 그러나 거듭 구설수를 불러올까 두려워 지금까지 미적거리고 있었네. 이미 어사에게 소명해두었으니, 다음 달에는 의당 결단이 나겠지.
> 남도(南道)의 주인. 나는 오직 형만 믿네. 산속에 들어가 살 테니, 종 두어 명만 부역에서 덜어주시게. 그러한즉 내 마땅히 취하겠네. 가을바람이 산들 불고, 귀뚜라미가 울어대네. 남쪽 하늘을 바라보니, 저 기러기와 함께 날고 싶구려.[16]

허균은 부안에 정착하기로 굳게 다짐했다. 마침 부안에는 허균을 돌봐줄 심광세도 있었으니, 허균의 마음은 한결 편안했다. 그리고 얼마 후 허균은 공주목사에서 파직된다. 이미 예상했던 파직이기에 그리 충격이 크지는 않았을 것이다. 또한 갈 곳도 이미 정해두었기에 당혹스러울 것도 없었다. 훌훌 털고 남쪽으로 날아가는 기러기처럼 허균은 부안으로 향했다.

많이 지쳤다. 그래서였을까? 허균은 다시는 벼슬을 하지 않고 부안에서 여생을 보내기로 다짐하고 또 다짐했다. 부안으로 향하던 허균은 당시의 마음을 편지에 담아 조위한에게 보냈다.

내가 세상 의론에 액운을 당했으니 쉬고 싶은 마음 간절하네. 그러던 차에 다행히 파직이 되어 곧바로 부안으로 향하네. 이제부터 나는 오후 (五侯)의 문으로는 향하지 않으려네. 어떻게 해야 형과 화산(華山)을 반으로 나눠 살 수 있을까? 종이를 대하니 탄식만 나오네.[17]

허균은 파직 후 쉬고 싶은 마음이 간절했다. 부안으로 향하면서 다시는 벼슬을 하지 않겠다고 다짐하고, 또 다짐한다. 그는 앞으로 권세와 부귀를 갖춘, 다섯 집안을 상징하는 '오후의 문'으로는 향하지 않겠다고 생각한다. 권세와 부귀에 연연하지 않고, 자연과 더불어 살겠다는 것이다. 그러면서도 송나라 은사(隱士)였던 진단(陳摶)이 은거했던 화산에 벗들이 찾아갔던 것처럼, 조위한도 자신을 찾아와주기를 바랐다. 벗과 함께하고 싶은 마음을 완곡하게 담아낸 것이다. 그러나 편지를 쓰자니, 무엇인지 모를 서글픔이 밀려온다. 명문거족 허균이 어쩌다 이리 되었을까 하는 회한이었을까? 아니면 세상과 늘 등 돌린 자신의 처지 때문이었을까? 이런저런 상념에 부안으로 가는 길은 멀기만 했다.

부안에 도착한 허균을 위해 심광세는 성 안에 있던 아전의 집을 비워 허균이 머물 수 있도록 했다. 식성이 까다로운 그를 위해 아침저녁으로 음식도 정갈하게 준비했다. 심광세에게 허균은 스승이자 친구이자 인척이었다. 그런 허균을 위해 심광세는 온갖 정성을 다했다.

허균이 부안에 도착한 날의 풍경은 어디에서도 찾을 수 없다. 그런데도 그 모습이 분명하게 그려진다. 아무 일 없다는 듯이 술을 마시는 허균, 곁에서 그 모습을 안쓰럽게 바라보는 심광세, 그리고 거문고를 타며 노래를 부르는 매창. 매창은 허균에게 술을 따라주며, 그가 조금은 덜 아프기를 바란다. 겉으로는 웃지만 속은 타들어가는 허균을 위해 매창은 다시 거문고를 타고 춤도 추었다. 그 모습에 허균의 마음도 한층 가벼워졌을 법하다. 모두가 손가락질해도 이들만은 내 편이 되어주리라. 그런 생각을 하면서도 밀려오는 쓸쓸함에 허균은 술에 잔뜩 취한 채 미치광이처럼 웃고 또 웃었을 것이다. 거친 행동 뒤에 숨겨진 허균의 속내를 알기에, 매창은 오히려 그보다도 더 아팠으리라.

허균, 변산 유람에 나서다

허균은 부안에 도착하고 얼마 지나지 않아 변산 일대를 유람한다. 유람은 애초 계획에 없었을지도 모른다. 그러나 불감청(不敢請)이언정 고소원(固所願)이라고 했던가. 애써 바라지는 않았지만, 참으로 바라던 일이 벌어졌다. 우반골[愚磻洞]에 사는 김등(金磴)이 연락을 해왔다. 그곳에 오두막을 하나 구입하라는 내용이었다. 우반골은 허균이 1601년부터 가보고 싶어했던 장소였다. 그러잖아도 평생의 거처를 마련하려던 허균은 냉큼 떠난다. 소문으로만 듣던 실체를 7년만에 확인하고 노년에 쉴 땅을 찾겠다는 의도였지만, 덩달아 변산 일대까지 유람할 마음이 생겼을 법하다.

당시 상황은 허균이 남긴 「정사암 중수기(靜思庵重修記)」를 통해 얼마간 유추할 수 있다. 물론 「정사암 중수기」는 우반골에 있는 정사암을 중수한 기(記)인지라, 그와 무관한 유람 내용은 모두 빠져 있다. 하지만 우반골 정사암으로 가는 행로 자체가 유람길이다. 더구나 이때는 시간적으로도 제법 여유로웠던 때가 아니었던가.

당시 허균은 고홍달과 2명의 이씨와 함께 갔다. 고홍달은 몇 차례 언급한 것과 같이 매창을 허균에게 소개하기도 했고, 심광세가 부안 일대를 유람할 때 길잡이 역할도 했던 인물이다. 이후 고홍달은 다시 언급할 것이니, 여기서는 부안 지방에서 나고 자란 인물이라는 점만 다시 기억해둘 일이다. 그리고 '이씨'라고 성만 밝힌 인물은 아마도 허균의 벗 이재영과 이경준이 아닐까 짐작만 해본다. 이재영은 허균이 공주목사로 부임한 직후 불러들인 인물이고, 이경준 역시 그들과 동지였다는 점을 고려하면 2명의 이씨는 이 둘을 지칭하는 것이 맞을 듯하다. 허균은 「정사암 중수기」에 자신의 소박한 삶도 드러내고 싶어했다. 그래서 그와 동행한 인물을 이 둘로 한정한 것으로 보이지만, 실상은 심광세도 동행한 것으로 보인다. 「정사암 중수기」에는 이미 피폐해진 정사암을 보고 3명의 중을 불러 암자를 수리하게 하고, 부역을 지웠다는 기록도 보이기 때문이다. 그 역시 실상을 보았기에 이런 행동을 했을 것이다. 그리고 특별한 이유가 없는 한, 허균의 행차에 심광세가 동행하지 않았을 리는 없지 않겠는가. 그리고 기록에는 빠져 있지만, 앞서 심광세의 유람길처럼 허균의 유람길에도 관노가 따라갔을 것이다. 설령 심광세가 동행하지 않았더라도 관노비는 보내주었을 것이 틀림없다. 양반의 행차에 그들이 빠질 리 만무하다. 그리고 그들 틈에는 매창도 포함되었을 개연성이 아주 높다. 허균이 자신의 문집에서 지워버린 부안에서의 일화들은 이렇게 유추를 통해서만 되살아난다.

이들은 허균이 머물 정사암을 둘러본 뒤, 발길을 돌려 심광세의 유람길을 다시 밟았다. 지난 봄날에 보았던 내변산의 풍경과 단풍이 물든 가을날의 풍경은 그 느낌이 사뭇 달랐다. 이들의 구체적인 일정은 제시할 수 없다. 그저 『매창집』에 남아 있는 몇 편의 시를 통해 대략 유추해볼 뿐이다. 물론 『매창집』에 남아 있는 시의 창작 시기가 명확하지 않기 때문에 유추가 아닌 억측이라고 비판할 수도 있겠다. 하지만 그 당시의 상황을 그대로 재현하지 않으면 또 어떤가? 중요한 것은 당시 매창의 마음을 읽어내는 것이 아닐까? 같은 장면을 재현하는 것도 중요하지만, 때로는 그 장면 속, 사람의 마음을 읽어내는 것이 더 유의미하리라. 그 시대 사람들의 아픈 목소리를 듣고 그 목소리에 공감하면서 현재를 사는 우리의 아픈 상처도 치유할 수 있는 것이 아닐까? 그것이 문학의 힘이다. 때로는 역사 기록보다 시 한 편이 더 많은 정보를 제공해주기도 한다.

이들의 유람길은 1607년 심광세의 유람길과 일부 겹쳤던 것으로 보인다. 적어도 어수대 근처에 있었던 천층암을 비롯하여, 월명암과 월정대에는 가지 않았을까 추측해본다. 『매창집』에는 이즈음에 쓴 것으로 보이는 시 두 편이 실려 있기 때문이다. 「천층암에 올라〔登千層菴〕」와 「월명암에 올라〔登月明庵〕」가 그것이다. 그들이 가장 먼저 향한 곳은 천층암이었던 것으로 보인다. 「천층암에 올라」를 보자.

천 길 절벽 그윽하니 서 있는 천 년 사찰

상서로운 기운 어린 구름 사이로 돌길이 생겼어라.

맑은 풍경 소리 내려앉고 별빛만 밝은데

온 산 단풍 든 낙엽에 가을 소리 요란해라.

千層隱佇千年寺　瑞氣祥雲石逕生
 ‧ ‧ ‧ ‧ ‧ ‧ ‧
淸磬響沈星月白　萬山楓葉鬧秋聲

『동국여지지』에는 청연동(淸淵洞)에 청림사(淸臨寺)가 있고, 그 뒤
에 천층암이 있다고 했다. 청연동의 상류인 화룡연이 있고, 그 옆에
는 학봉(鶴峰)이 있다고 했으니, 지난번 심광세 일행의 유람길과 비
슷한 코스다. 다만 허균 일행은 심광세가 갔던 코스를 따라가다가
어수대 근처에서 지난번에 보지 않았던 천층암 쪽으로 발길을 돌렸
던 모양이다. 그리고 그곳에서 하룻밤을 머물렀을지도 모른다.

　아득하게 솟은 절벽 틈에 그윽하게 서 있는 천 년 사찰 천층암.
그리고 천층암을 휘감고 도는 구름 사이로 가끔씩 보이는 오솔길.
이곳에 있으면 마치 신선 세계에 있는 듯하다. 얼마나 술을 마셨을
까? 바람도 잠들어 풍경 소리도 들리지 않는다. 고개 들어 하늘을
보니, 한적한 사찰 위로 달빛과 별빛만 밝다. 눈을 감는 순간 귀가
열린다고 했던가. 가만히 눈을 감자, 깊은 가을 소리가 들린다. 아
마도 온 산을 가득 메운, 단풍 든 낙엽들이 내는 소리리라. 낙엽들
은 이제 가을이라고 말한다. 마음을 평안하게 하는 시다.

　아마도 「천층암에 올라」는 허균의 요구에 의해 지은 시가 아닌가 한
다. 허균은 천층암에서 술을 마시다가 문득 죽은 누나를 떠올리지 않

았을까? 불과 몇 달 전 공주목사로 있을 때, 허균은 누나의 시 210편을 모아 『난설헌집』을 간행한 바 있다. 그 시집을 매창에게 선물로 주었는지 아닌지는 모르겠지만, 매창은 분명히 이 시집을 읽었을 것이다. 그래서인지, 매창은 허균의 마음을 위로할 겸 이 시를 지었던 모양이다. 매창은 난설헌이 즐겨 썼을 법한 한 구절을 의도적으로 이 시에 집어넣었다. 아마도 시 평론가들이 표절이 아니라, 환골탈태라고 부를 만한 구절이다. 그 구절은 바로 전련, 곧 3연이다. "맑은 풍경 소리 내려앉고 별빛만 밝은데." 이는 난설헌이 「유선사(遊仙詞)」에서 썼던 구절이다. 「유선사 5」를 보자.

깊은 밤 향불 피워 하늘에 예를 올리니
신선이 타는 수레에 바람이 불어 학창의(鶴氅衣) 차가워라.
맑은 풍경 소리 내려앉고 별빛만 차가운데
계수나무 꽃에 맺힌 이슬 붉은 난새의 깃털을 적시네.
焚香遙夜禮天壇　羽駕翻風鶴氅寒
清磬響沈星月冷　桂花煙露濕紅鸞

전련의 "맑은 풍경 소리 내려앉고 별빛만 차가운데"는 매창의 시와 마지막 한 글자만 제외하고 완전히 똑같다. 난설헌과 매창, 두 사람 간에 정서가 통한 것일까? 아닐 것이다. 매창이 『난설헌집』에서 읽었던 인상 깊은 대목이 뜻하든 뜻하지 않았든 간에 반영된 결과일 터다. 아마도 매창은 의도적으로 이 구절을 활용하지 않았나 싶다. 실제 『매창집』에 실린 시들을 살펴보면 그중 서너 편은 허난설헌의 시와 유사하다. 매창이 난설헌의 시를 자신의 시에 적절하게 활용했기 때문이다. 그 이야기는 조금 뒤에 다시 하기로 하고, 지금은 다시 천층암으로 돌아가자.

「천층암에 올라」를 들으면서 허균은 매창이 의도적으로 누나의 시를 활용했음을 알았을 게다. 난설헌의 시를 수습하여 문집을 간행한 허균이 그 사실을 몰랐을 리 없다. 그리고 매창도 허균이 알고 있기에 일부러 그 구절을 자신의 시에 넣었을 것이다. 왜 그랬을까? 매창은 허균을 위로하기 위해 이 시를 지었기 때문이다. 난설헌이 그리워 술을 마시는 허균을 보고, 매창은 일부러 그 흔적을 드러냄으로써 그녀가 아직도 사람들의 기억 속에 살아 숨 쉬고 있음을 확인시켜준 것이다. 다른 사람의 아픔을 못 견뎌했던 매창은 허균이 누나를 그리워하자 은근슬쩍 이 구절을 끼워 넣어 허균을 위로하지 않았을까? 그런 매창에게서 허균은 누나의 모습을 떠올렸을지도 모른다. 그래서 씁쓸한 웃음을 한번 짓고는 모르는 척, 다시 술잔을 들었으리라. 술은 취하지 않는데 달빛과 별빛은 여전히 밝다.

다음 날 일행은 월명사에 올랐다. 전날의 씁쓸함과 달리 오늘은 제법 유쾌하다. 일행이 도착한 월명암에서도 매창은 한 편의 시를 지은 것으로 보인다. 「월명암에 올라」가 그러하다.

하늘 가까이 지은 절
풍경 소리 맑게 울려 푸른 하늘에 퍼지네.
나그네의 마음도 모르는 사이 도솔천에 오른 듯
황정경 읽고 적송자를 뵈오리다.

卜築蘭若倚半空 一聲淸磬徹蒼穹

客心況若登兜率 讀罷黃庭禮赤松

　지난해 봄에 심광세 일행과 같이 왔을 때는 빈 터뿐이었는데, 이제
는 제법 번듯하게 절이 들어섰다. 진묵대사가 이즈음에 월명사를 중
건한 후, 이후 17년 남짓 이 절에서 수도한 것이 아닌가 짐작해본다.
지난번에 이 절 옆 묘적암에서 숙박했던 매창이 한 해 만에 다시 찾
은 월명암은 기억에도 새로웠으리라.

　시원한 바람이 불자 하늘을 향해 솟은 절에서는 풍경 소리가 은은
하게 울린다. 그 소리는 푸른 하늘로 퍼져 나간다. 나는 어디에 있는
것일까? 그런 질문도 하기 전에 이미 나는 인간 세상이 아닌, 저 먼
세상에 올라가 있다. 이왕 오른 신선의 세계이니 도교와 관련된 책이
나 읽고, 신선이 된 적송자(赤松子)에게 인사나 하리라. 매창은 탈속의
경지를 시에 담아냈다. 심광세 일행이 이곳을 유람하며 마치 신선이
된 것 같다고 말했던 것처럼, 이들도 월명암에 오르면서 이런 이야기
를 나눴나 보다. '이 세상을 떠나 저 신선 세계에 살면 좋으리라' 혹은
'여기에 있으니 내가 마치 구름을 탄 신선 같구려.' 매창은 이런 마음
을 시로 그려냈다. 인간 세상은 그때나 지금이나 퍽 괴로웠던 모양이
다. 벗어나고 싶은 마음도 그때나 지금이나 다를 것이 없는데.

허난설헌의 시로
허균을 위로하다

유람을 마친 허균은 부안현감 심광세의 도움으로 우반골의 정사암을 수리하여 그곳에 머문다. 「정사암 중수기」를 보면 "암자는 겨우 네 칸으로 벼랑의 바위 위에 지어놓았다"라고 했다. 매우 작은 것처럼 표현되어 있지만, 그 앞에는 꽤 넓은 경작지가 있었던 것 같다. 이후에 역모죄로 공초를 받으면서 부안에 자주 내려간 것이 문제가 되자 허균은 부안에 경작지가 있기 때문이라고 대답했다. 그 규모가 적지 않았음을 짐작해볼 수 있겠다.

유람을 마치고 정사암에 머물면서 어느 정도 안정이 되었을까? 허균은 심한 몸살을 앓는다. 친구 임곤(任袞, 1567~?)에게 보낸 편지에 당시 상황이 잘 나타나 있다.

> 병에 걸려 집에 머물고 있네. 열병에 걸렸는데도 닷새 동안 땀이 흐르지 않아 거의 귀신의 이웃이 될 뻔했네. 형이 자주 안부를 물으니, 그 두터운 온정을 익히 알겠네. 내 병이야 의당 차도가 있겠지만, 정말 걱정되는 것은 자네의 병환일세.[18]

열병에 걸려 퍽 고생을 했나 보다. 심한 열병을 앓으면서도 유머는 잃지 않았다. 마음이 편안했던 덕분일 것이다. 허균은 조위한에게도 "궁중의 일이 아무리 바빠도 어찌 한가한 틈이 없겠나? 나를 찾아오면 형에게 시 한 묶음을 드려, 형의 평가를 받으려 함세"[19]라는 내용의 편지를 보냈다. 그런 말을 할 수 있을 만큼 허균은 맘껏 시를 짓고, 맘껏 자유를 누렸다. 어쩌면 이때가 그의 인생에서 가장 행복한 시간이었을 것이다.

매창도 이 시기에 허균과 빈번하게 만나 시를 지었다. 허균과 함께 불교와 도교도 공부했다. 매창의 시에 나타나는 도교적인 색채는 허균에게서 비롯되었을 것이다. 실제로 허균이 서울에 올라간 후 매창에게 보낸 편지를 통해서도 그 사실을 확인할 수 있다.

요즘도 참선을 하시는가? 그리운 정 간절하네.[20]

허균이 부안을 떠나고 채 한 달도 되지 않았을 때 보낸 편지다. 허균은 매창과 함께 참선도 하고, 불교와 도교도 공부했다. 그만큼 두 사람은 자주 만나 이야기를 나눴던 것이다. 허균은 자신이 꿈꾸는 세상에 대해 이야기를 나누고 그런 도정에서 이따금 자신의 가정사를 들려줬을 법하다. 그러는 사이에 매창은 어느덧 허균의 동지가 되어 있었다.

허균은 매창에게 『난설헌집』에 대해서도 이야기했다. 스물일곱 살에 한 떨기 꽃이 되어 스러진 누나. 조선에서는 그녀에게 뭇매를 퍼부었어도, 당시 세계의 중심이었던 중국에서는 다투어 그녀의 시집을 펴냈다. 그만큼 그녀는 세계적인 시인이었다. 허균은 매창에게 누나의 시를 들려주었다. 매창은 그 시를 들으면서 난설헌의 명성이 결코 허명이 아니었음을 알았으리라. 그리고 난설헌의 시를 빌려 시를 짓기도 했다. 실제로 「천층암에 올라」를 비롯해서 『매창집』에 실린 몇 편의 시는 난설헌의 시를 토대로 하여 창작한 것으로 보인다. 예컨대 「그네뛰기〔鞦韆〕」는 난설헌의 「추천사(鞦韆詞)」를 본뜨되, 구성을 다르게 한 작품이다. 먼저 난설헌의 「추천사」를 보자.

이웃집 친구와 짝을 맺어 그네뛰기 다툴 제
치마 동여매고 댕기머리 묶어 신선을 본떴지요.
바람 차고 오색 그넷줄 하늘로 오르니
노리개 소리 떨어지며 푸른 버들에 연기가 피어나네.
隣家女伴競鞦韆　結帶蟠巾學半仙
風送綵繩天上去　佩聲時落綠楊煙

신선을 본떠 하늘로 오르는 두 여인. 그넷줄이 위로 향할 때, 여인들의 노리개 소리는 땅으로 내려앉는다. 그리고 그 소리 때문인지, 아니면 땅을 차고 오를 때 피어오르는 먼지 때문인지 수양버들이 가늘게 흔들린다. 그네는 마치 '산호도 섬도 없는 저 하늘로 나를 밀어' 올리는 듯하다. '이 울렁이는 가슴'까지 밀어 올린다. 서정주(徐廷柱. 1915~2000)가 「추천사」에서 말했듯이, 그네를 뛰는 춘향의 마음이 이랬을 법하다. 「추천사」를 쓸 때 난설헌의 마음이 이랬을까? 『매창집』의 「그네뛰기」를 보면 두 작품의 관련성을 금세 확인할 수 있다.

아름다운 두 여인 선녀를 본떠
푸른 버들 그늘 아래서 다투어 그네를 뛰네.

허리에 찬 노리개 소리 구름 너머에서 들리더니

마치 용을 타고 푸른 하늘에 오르는 듯해라.

兩兩佳人學半仙　綠楊陰裡競鞦韆

珮環遙響浮雲外　却訝乘龍上碧天

　두 사람의 시는 큰 차이가 없다. 난설헌의 시에서 기련과 승련이
매창의 시에서 승련과 기련으로, 난설헌의 시에서 전련과 결련이 매
창의 시에서 결련과 전련으로 바뀌었을 뿐이다. 「그네뛰기」는 난설
헌의 「추천사」를 새롭게 재구성한 것이다. 매창이 난설헌의 시를 표
절한 것일까? 그렇다고도, 그렇지 않다고도 할 수 없다. 매창이 일
부러 난설헌의 「추천사」가 떠오르도록 시를 구성한 것으로 보이기
때문이다. 왜 그랬을까? 허균의 부탁이 있었을지도 모른다. 매창의
시에서 가끔 난설헌의 시풍이 느껴지는 것은 바로 허균이라는 고리
때문이다. 허균은 매창을 보며 누나를 떠올렸을지도 모른다. 어쩌면
허균이 끝내 매창과 육체적인 관계를 맺지 않았던 것도 그래서가 아
닐까?

그들이 꿈꿨던
소박한 세상

　여기서 한 가지 특기할 일이 있다. 이수광의 『지봉유설(芝峯類說)』
에는 『난설헌집』에 실리지 않은 두 편의 시가 소개되어 있다. 두

편 모두 방탕함을 소재로 한 것이다. 방탕하기 때문에 허균이 일부러 시집에 싣지 않았다는 말이다. 한 편은 「연 따는 노래〔採蓮曲〕」이고, 다른 한 편은 남편 김성립(金誠立, 1562~1592)에게 보냈다는 「강사에서 독서하는 남편에게〔寄夫江舍讀書〕」다. 두 번째 시를 살펴보자.

> 제비는 쌍쌍이 처마 끝을 비켜 날고
> 꽃잎은 어지럽게 흩날리며 비단 옷을 스치네.
> 규방에서 아득한 곳 바라보며 봄 시름 앓아도
> 풀은 푸르렀는데 강남 간 당신은 돌아오지 않네.
> 燕掠斜簷兩兩飛　落花撩亂拍羅衣
> 洞房極目傷春意　草綠江南人未歸

과연 이 시를 난설헌이 썼을까 의심스럽다. 오히려 기생들이 부르던 시를 난설헌의 시로 둔갑시킨 것이 아닌가 하는 생각이 들 정도다. 어쩌면 이수광은 난설헌을 폄하하기 위해 이 시를 난설헌이 지은 것이라 하여 수록한 것일지도 모르겠다. 그래도 명백한 증거가 없는 한, 난설헌의 시로 인정해야 할 듯하다. 가끔은 왜곡된 것도 사실로 인정해야 할 경우가 있지 않은가. 슬픈 일이다. 이 문제는 이 책의 논지와 무관하니, 이쯤에서 접어두기로 한다. 다만 매창도 이와 유사한 시를 남겼다는 점만은 지적해야겠다. 바로 「봄날의 마음〔春思〕」이라는 시다.

봄바람 부는 3월
곳곳마다 꽃잎 져서 흩날리네.
거문고 안고 상사곡 뜯어도
강남 간 당신은 돌아오지 않네.
東風三月時　處處落花飛
綠綺相思曲　江南人未歸

　두 시는 형식부터 성격까지 전체적으로 다르지만, 그 정황은 비슷
하다. 「강사에서 독서하는 남편에게」가 난설헌의 작품이라면, 「봄날
의 마음」은 그를 재구성한 작품으로 보이기 때문이다. 이수광이 유
탕(流蕩)하다고 평가한 이런 시를 허균이 굳이 매창에게 들려주었을
까 싶지만, 매창이 「봄날의 마음」을 부른 것만은 분명하다. 매창의
시가 난설헌의 시와 일부 상통한다는 점은 무엇을 의미하는가? 매
창이 난설헌의 시를 자신의 것으로 갈고닦았다는 의미다. 그것은 허
균이 중심에 있고, 매창이 그 자장권에 있었기에 가능한 일이었다.
　허균을 만난 매창은 세상을 보는 눈이 달라졌다. 소박하게 믿었던
도교와 불교에 대해서도 퍽 깊은 이해를 갖게 되었다. 허균의 동지
들을 만나면서 세상의 모순도 보았다. 이재영, 서양갑, 심우영, 이경
준 등과 같은 서자들이 내뿜는 분노와 좌절도 마음 깊이 스며들었으
리라. 1608년 봄에 서얼에게도 벼슬길을 열어달라고 했다가 거절당
한 이들, 그해 가을에 공주목사에서 파직당한 허균. 그들이 만들고
싶어했던 세상은 도대체 어떤 모습이었을까? 그리고 매창은 그들을
보며 무엇을 느꼈을까? 그들의 아픔을 끌어안고 매창은 얼마나 아

파해야만 했을까?

한 시대의 마이너리티로 산다는 것은 분명 슬픈 일이다. 하위 주체로서 소수자가 익명화되고 타자화되는 상황이 유쾌할 수는 없지 않을까? 현재를 사는 우리 대다수가 그런 존재이면서도 나는 아니라고, 그들과 구별 짓고 있는 것은 아닌지. 당시를 살았던 매창은 어땠을까? 매창도 우리처럼 그들을 동정의 대상으로 바라봤을까? 그렇지는 않은 듯하다. 매창에게 그들은 새로운 세계에 대한 열망을 함께하는 동반자가 아니었을까? 진정으로 소수자의 편이 된다는 것은 그들을 동정하는 것이 아니라 그들의 열정을 인정해주는 것이기 때문이다. 매창 역시 그랬을 것이다. 매창은 그들의 아픔을 달래주면서 묵묵히 그들을 지켜보았으리라.

허균은 생각하면 할수록 답이 보이지 않는 인물이다. 그는 소수자와 함께하면서 그들의 삶을 글로 남겼다. 실제로 그가 우반골 정사암 시절에 만났던 사람을 소설화한 작품이 『남궁선생전(南宮先生傳)』이다. 도대체 허구를 사실화하는 것이, 혹은 사실을 허구화하는 것이 무슨 소용이란 말인가? 그는 정말 무엇을 꿈꾸었던 것일까? 그 곁에 있었던 매창은 분명 내가 찾을 수 없는 답을 가지고 있었으리라. 매창에게는 특별한 무언가가 있었다.

8장

문인들과
당당하게 교유하다

시끌벅적했던
부안 생활

허균을 찾아 사람들이 몰려들면서 부안은 퍽 시끄러워졌다. 조정에
서도 문제를 제기하기 시작했다. 1608년 12월 19일 『광해군일기』에
당시 상황이 담겨 있다.

사간원이 아뢰었다. "부안현감 심광세는 식견이 있는 조정의 인사로
서 식솔들을 너무나 많이 거느리고 가서 폐를 갖가지로 끼쳤으니, 징계
치 않을 수 없습니다. 파직을 명하소서." 아뢴 대로 하라고 답했다.[1]

심광세가 식솔을 많이 데리고 가서 폐를 끼치고 있으니 파직하라
는 상소다. 그러나 그다음 날 대사간 최유원(崔有源, 1561~1614)이 사
간원의 상소를 반박하고 나선다. 심광세가 '전라도 관찰사와 사이가
좋지 않은데, 그를 파직시키면 오히려 그의 소원을 들어주는 꼴이

된다'는 것이다.² 결국 심광세의 파직은 없었던 일이 된다. 심광세는 그 이듬해 2월에 스스로 부안현감에서 물러난 뒤, 그해 4월에 정언 (正言)으로 자리를 옮겼다.

그런데 이 논란이 퍽 흥미롭다. 식솔을 많이 데려갔다고 파직을 요구하는 것부터가 우스꽝스럽다. 조선시대에는 부임지로 가솔을 데리고 가는 것이 때로는 금지되기도 했고, 때로는 허용되기도 했다. 하지만 가솔을 데리고 가는 것이 크게 문제되는 경우는 별로 없었다. 식솔이 많아야 얼마나 된다고. 그런데 여기서 말하는 식솔은 심광세의 가족만이 아니었다. 사실 사간원의 상소는 허균을 비롯한 다수의 인물들이 부안에 모인 그 자체를 문제 삼은 것으로 봐야 한다. 다만 허균을 문제 삼을 수 없었기 때문에 부안현감 심광세를 공격한 것으로 보인다.

실제 조정에서 문제를 삼을 만큼 부안에는 많은 사람들이 찾아왔다. 심광세의 가솔을 제외하더라도, 허균이 거느리고 있던 숱한 사람들이 부안을 방문하였다. 예컨대 전혀 생각하지 않았던 인물들도 이때 부안을 찾았다. 예컨대 택당 이식도 그러하다. 임경(任璟, 1667~1718)이 편찬한 『현호쇄담(玄湖瑣談)』에 당시의 상황이 제시되어 있다.

택당 이식이 약관(弱冠)의 나이로 아직 이름을 떨치기 전이었다. 그의 손위 처남 심장세(沈長世)가 부안현감으로 있을 때, 택당은 장모를 뵙기 위해 그곳으로 갔다. 당시에는 마침 허균이 그 고을에 유배 와 있었는데, 허균이 율시 한 수를 지어주었다. 그 경련은 이랬다. "흰머리로 천리 밖에 온 신세, 국화주 한 잔을 마시네(晧首身千里, 黃花酒一盃)." 택당이

이에 차운했다. "나그네 처지라 대책이 없으니, 끝없는 슬픔 이 술과 함께하리(旅跡無長策, 窮愁共此盃)." 허균은 껄껄 웃으며 반드시 문형(文衡)을 맡을 것이라 칭찬했다. 택당은 이로 말미암아 이름을 떨치게 되었다.[3]

심장세는 심광세의 오기다. 허균이 유배를 왔다는 것도 잘못되었다. 그렇지만 이 기록이 왜곡되었다고 보기는 어렵다. 심광세가 부안 현감으로 있던 어느 날, 이식이 부안을 찾았던 듯하다. 『현호쇄담』에는 장모를 만나기 위해서였다고 하지만, 이는 구실에 불과했다. 부안에는 이식의 스승이라 할 수 있는 허균이 있었고, 손위 처남인 심광세도 있었고, 사촌 처남인 고홍달도 있었다. 이식은 허균이 부안에 머물 때 한 차례 내려와 시에 대해 이야기를 나눴던 모양이다.

이 무렵에 권필도 부안에 내려왔다. 시에 관한 한, 권필과 쌍벽을 이루었다는 임전(任錪, 1560~1611)도 부안을 찾았다. 고부가 고향인 김지수(金地粹, 1585~1639)도 이들을 좇아 부안으로 왔다. 이 외에 확인되지 않은 많은 인물들이 부안을 찾았을 것이다. 모두 허균이 중심이 되었기 때문에 가능한 일이었다.

그러나 허균은 불과 넉 달 만에 서울로 떠난다. 뼈를 묻을 곳이라며 부안을 찾아왔건만, 현실 정치의 벽을 결코 무시할 수 없었기 때문이다. 그는 어쩔 수 없는 정치인이었다. 재야에 묻혀 지낼 수 없는 정치인이었다. "벼슬은 때로 가난 때문에 하기도 합니다"라던 허균의 말이 궁색하게 느껴진다. 서울에서는 부안에 머물던 허균을 끊임없이 찾았다. 허균이 1608년 12월에 조위한에게 보낸 편지의 앞부분만 보자.

세상 의론은 내가 산속에 사는 것을 허용하지 않나 봅니다. 나에게 북쪽으로 오기를 압박합니다.

세상 사람들은 허균을 가만두지 않았다. 결국 허균은 서울로 향한다. 그는 잠깐 서울에 다녀온다는 생각으로 길을 나섰던 것 같다. 아마도 "낙엽이 지는 가을 즈음에는 돌아오마"라고 얘기하지 않았을까? 그랬기 때문에 그는 매창에게 보낸 가을 편지에 "낭자는 내가 자연으로 돌아오겠다는 맹세를 저버렸다고 비웃을 것일세"라고 썼던 것이 아닐까? 허균은 그렇게 부안을 떠났다.

하나둘
매창의 곁을 떠나고

허균이 떠나는 날, 전별연도 굉장했으리라. 부안현감, 허균과 늘 붙어다녔던 이재영, 부안 생원 고홍달, 고부에 살았던 김지수 등 많은 사람들이 허균을 보내는 환송 잔치를 벌였을 법하다. 그들은 시를 주고받으며 이별의 슬픔을 노래했다. 매창도 이들 틈에서 이별의 시 한두 편은 지었겠다. 매창이 남긴 숱한 이별시 가운데는 이 당시에 지은 것도 남아 있지 않을까? 「홀로 마음 아파하며 2」는 당시의 정황이 잘 드러나 있다. 어쩌면 이 시는 허균에게 보낸 것이 아닐지도 모른다.

서울서 내려오신 풍류객

청담(淸談)으로 주고받은 지 오래되었지요.

오늘 문득 이별을 하자니

이별주를 올리지만 마음속에선 간장이 끊어지네요.

洛下風流客　淸談交契長

今日飜成別　離盃暗斷腸

　서울에서 내려온 풍류객과 오랫동안 주고받았다는 청담은 세속의
이해득실을 떠난 맑은 이야기를 말한다. 도교적인 측면에서 유학을
해석하는 것이라고 보면 이해가 될지 모르겠다. 매창은 서울에서 내
려온 풍류객과 그런 이야기를 주고받았다고 했다. 그것도 오랫동안.
그 사람이 누구였을까? 허균이 아니었을까? 실제 허균과 매창은 늘
이런 이야기를 나누었다. 이후에 허균은 이러한 내용을 담은 『한정
록(閑情錄)』이라는 책도 편찬하지 않았던가. 또한 허균은 매창에게
편지를 보내 자신과 헤어진 뒤에도 참선을 공부하는지 묻기도 했다.
이 시의 처음 두 줄이 이런 상황을 이야기하고 있다. 인간 세상의 모
든 명리(名利)를 떠나 삶에 대한 근원적인 물음을 던지던 아름다운
풍류객이 오늘 떠난다고 한다. 매창은 애써 웃으며 이별주를 올리지
만, 마음은 찢어진다. 장이 모두 끊어지는 아픔을 느낀다.

　매창은 허균에게 자신의 속내를 직접적으로 이야기한다. 슬퍼도
비참하지는 말아야 하는데, 이 시는 그렇지 못했다. 직설적으로 '당
신과 헤어지는 것이 아프다'고 말한다. 아픔을 속으로 삼킬 만한 여
유조차 없었던 것일까? 매창에게 어울리지 않는, 직설적인 표현이

오히려 안쓰럽다. 늘 상대방을 배려하고 이해하던 매창이 자신도 아플 수 있다는 것을 허균에게 알려주고 싶었던 것일까? 이 시에 애착이 가는 것은 매창 스스로 타자에게 '나를 이해해주세요'라며 투정 부리는 듯한 모습을 보이기 때문이다. 매창 역시 인간이지 않은가. 친한 친구와의 이별에서 이런 직설적인 표현도 해볼 만하지 않은가.

　허균이 떠나고 얼마 후 심광세도 부안현감을 그만두고 서울로 올라간다. 자신이 모시는 수령이었지만 친구와 같았던 심광세를 보내는 매창의 마음도 편치 않았으리라. 수십 번 겪는 고을 수령과의 이별이지만, 이별의 아픔은 한결같다. 이별에 익숙해질 만도 한데, 좀처럼 익숙해지지 않는다. 늘 아플 뿐이다. 특히 매창에게는 왜 그렇게 봄날의 이별이 많은지. 심광세도 봄날 그렇게 훌쩍 떠난다. 매창의 시 「스스로 한스러워 1」은 당시의 풍경과도 제법 어울린다.

봄바람에 밤새도록 비가 오더니
버들과 매화가 다투어 피네.
이 좋은 날 차마 못할 짓은
술잔을 앞에 두고 임과 이별하는 일이라네.
東風一夜雨　柳與梅爭春
對此最難堪　樽前惜別人

　심광세가 떠난 때가 음력 2월이니, 「스스로 한스러워 1」의 풍경과 비슷했으리라. 매화가 피고 버들이 초록으로 물들기 시작하던 때,

겨우내 움츠렸던 생명이 꿈틀대기 시작하던 때, 가장 아름다운 세상을 만들기 위해 자연이 막 태동하던 그때, 매창은 임을 보내야만 했다. 이 좋은 날 차마 못할 짓은 이별이다. 그것도 술잔을 앞에 놓은 채, 아무 일 없는 것처럼 웃으며 보내야 하는 이별. 매창의 나이는 이제 서른일곱이다. 기생이라는 이름으로 살아온 37년 동안 한 일은 사랑하고 이별하는 일뿐이었던가. 매창은 그렇게 부안현감 심광세도 보냈다.

그리고 얼마 후, 봄은 완연해지고 강남 갔던 제비도 돌아왔다. 매창은 문득 심광세와 시를 주고받았던 때가 떠올랐던 것일까? 마치 그때를 기억하는 듯한 시 한 편이 『매창집』에 실려 있다. 바로 「홀로 아파하며 4」다.

한단의 달콤한 꿈꾸다가 놀라 깨고는
나지막이 세상살이 어려움을 읊조리네.
우리 집 처마 위로 찾아온 제비는
주인에게 돌아왔다고 지저귀는데.
驚覺夢邯鄲　沈吟行路難
我家樑上燕　應喚主人還

언제였던가? 봄날 매창이 몹시 마음이 아파 시 한 편을 지었을 때, 심광세는 매창의 시에 차운하여 시를 지은 적이 있었다. 그들이 시를 주고받을 때, 봄바람이 불고 제비들은 비껴 날았다. 심광세는 매창을 진심으로 위로해주었다. 깊은 시름 뒤에는 또 다른 평온이 온다고.

그날 처마 밑으로 날던 제비는 주인에게 돌아왔다고 지저귀는데, 떠나간 임은 오지 않는다. 아름다운 꿈에서 차라리 깨지 않았으면 좋았을 것을. 잠에서 깬 후 내뱉는 첫 마디는 '사는 게 어려워'다. 모두가 떠나버렸다는 공허감과 돌아오지 않을 시간. 제비는 여전히 자신이 돌아왔다고 지저귄다. 그리움은 왜 보이지 않는 데서만 생겨나는 것일까?

매창은 이렇게 가장 소중한 사람들을 보냈다. 매창의 인생에서도 가장 의미 있었을 시간이었다. 그러나 아직 떠나지 않은 사람들도 있었다. 조선 최고의 시인이라 할 만한 권필이 아직 매창 곁에 남아 있었다.

조선 최고의 시인 권필과의 인연

매창이 권필을 만난 것은 조정에서 심광세가 부안에 식솔을 많이 데려갔다며 비판받을 즈음이었다. 권필도 부안에 내려왔다. 아직까지 학계에서는 권필의 부안 생활에 대해서 크게 주목하지 않지만, 사실 권필은 부안에서 제법 많은 시를 지었다. 특히 권필과 매창의 관계에 대해서는 깊이 있게 고찰할 필요가 있다. 권필의 문집인 『석주집』에도 매창과 관계된 시가 제법 보이기 때문이다. 현재까지 매창과 시를 주고받았다는 사실이 분명하게 확인된 인물들 가운데 가장 많은 시를 주고받은 인물 또한 권필이다. 허균이 매창에게 삶의 가치를 묻게 했다면, 권필은 매창에게 삶의 아름다움을 느끼게 했다. 허균이 매창에게 새로운 세계에 대한 열망을 주었다면, 권필은 매창에게 시의 아름다움과 삶을 관조할 수 있는 품격을 주었다. 허균만큼은 아닐지라도 권필 역시 매창의 인생에서 의미 있는 역할을 했다.

조선 최고의 시인 권필이 부안에 내려온 때는 1608년 가을 이후다. 당시 권필은 부친인 권벽(權擘, 1520~1593)의 문집 『습재집(習齋集)』 간행을 준비하고 있었다. 이 일은 공주목사 허균의 적극적인 도움으로 가능했다. 권필은 이 문집 간행과 관련하여 공주에 갔을 것이다. 그리고 공주에서 허균을 만나 이야기를 나눈 뒤 홀로 남쪽으로 발길을 돌린 것으로 보인다. 아직은 공주목사 허균이 파직되기 전이었다.

권필은 남쪽으로 내려가다가 부안에 들른 김에 오랫동안 그곳에 머물렀을 수도 있지만, 그 가능성은 극히 적어보인다. 단편적인 당시 기록들을 모아놓고 분석해봐도 권필이 그때부터 부안에 머물렀다고 볼 만한 요소가 발견되지 않는다. 아마도 그는 공주를 지나 호남 남쪽을 여행하고 다시 북쪽으로 올라오던 길에 부안에 들렀다가 비교적 오랫동안 머문 것이 아닌가 짐작해볼 뿐이다. 실제로 권필의 문집인 『석주집』을 보면 마이산을 비롯하여 호남 남부를 여행한 흔적이 곳곳에서 보인다. 이런 점을 고려할 때 권필이 부안에 도착한 때는 허균이 서울로 떠난 이후로 보인다. 아직은 심광세가 부안현감으로 재직하고 있을 무렵이었다. 1609년 1월 즈음, 그러니까 매화가

막 피어날 때가 아닌가 한다. 이는 권필의 가장 친한 벗이며, 당시 권필과 시로 경쟁했던 이안눌이 「석주 권필의 시에 차운하며[次石洲 權汝章韻]」란 시를 짓게 된 동기를 설명한 대목에서도 알 수 있다. 그 글에는 "지난해 봄 내가 동래 수령으로 있을 때, 권필은 나그네로 호남을 노닐다가 고부 우일리(雨日里)에 있는 내 재종질[再從姪, 육촌 형제의 아들—필자] 직(稷)에게 가서 시 한 수를 남겼다"라고 되어 있다. 여기서 '지난해 봄'은 바로 1609년 봄을 말한다. 허균이 전운판관으로 있을 때 무장에서 하룻밤을 자고, 노령을 지나 고부를 거쳐 부안으로 왔던 것처럼 권필도 그렇게 부안에 왔을 것이다.

매창이 권필을 처음 만난 상황은 분명치 않다. 아마도 심광세를 비롯한 여러 문인들이 사적 공간에서 담소를 나눌 때 매창도 그 자리에 있지 않았을까 짐작할 뿐이다. 두 사람이 이날 처음 보았다 해도 매창은 권필의 이름을 익히 들어 알고 있었으리라. 천재적인 시 비평가였던 허균은 "권필의 시는 화장을 하지 않은 절대가인이 알운성[遏雲聲, 비단실을 뽑아내듯이 가성으로 가늘게 내는 높은 소리]으로 등불 아래에서 우조(羽調)와 계면조(界面調)를 번갈아 부르다가 곡이 끝나지도 않았는데, 문득 일어나서 가버리는 것과 같다"고 평가했다.[4] 시어가 자연스럽고 사랑스럽기에 오랜 시간이 지나도 잊을 수 없어 늘 그리움으로 남아 머문다는 의미다. 남용익(南龍翼, 1628~1692)도 권필은 시에 관한 한 으뜸이며, 그가 장난으로 지은 시조차 보통 사람들의 시보다 뛰어나다고 하지 않았던가. 그러니 매창도 권필의 명성과 그의 시들을 익히 알고 있었을 것이다. 처음 만나는 자리에서 매창은 거문고를 타며 자신의 시를 선보였을 것이고 권필도 그에 수작했을 법하다. 그러나 현재로서는 그 시에 대해 알 길이 없다. 『매창집』에 실린 작품만으로는 유추할 수 없기 때문이다. 그렇기 때문에 두 사람의 만남도 재현할 방법이 없다. 두 사람의 만남은 상상을 넘어 공상으로만 떠올려볼 뿐이다.

뱃놀이에 나선 매창과 문인들

부안을 찾은 권필은 얼마 지나지 않아 고홍달의 집을 찾아간다. 이들이 고홍달의 집을 찾은 이유는 심광세가 원했기 때문일 것이다. 부안을 떠나면서 심광세는 자신의 편의를 봐주었던 고홍달을 찾아 그동안의 회포를 풀고 싶었을 것이다.

　고홍달의 집에 도착한 심광세와 권필, 그리고 매창, 이들은 시로 그들의 마음을 전한다. 권필이 먼저 깊은 산속에 묻혀 지내는 그를 위해 시를 지었다. 「고홍달이 그윽한 곳에 거주하는 것에 제하며(題高達夫弘達幽居)」라는 시다.

　　한차례 이별한 뒤 몸도 멀어져

　　다시 찾은 길, 세월도 꽤나 흘렀구려.

　　밤중에 무단히 비가 내리더니

　　가지 몇 개에는 다시 꽃망울이 피고.

　　옛 고을에는 산이 들을 에워싸고

봄 연못에는 얼었던 물이 모래 위를 흐르는데

그대가 나그네 맞기를 좋아하는 줄 알기에

하늘가 타향에 있는 줄도 잊었었네.

一別身仍遠　重來歲已華

無端半夜雨　更發幾枝花

古縣山圍野　春塘水沒沙

知君好看客　忘却在天涯

　부안 어딘가에 머물던 고홍달. 아마도 그곳은 허균이 머물렀던 우반골이거나 현재 전북 부안군의 줄포가 아닌가 생각되지만 확인할 길이 없다. 아마도 강가 가까이에 정자를 마련했으리라. 갑작스레 고홍달을 방문한 권필은 이렇게 불쑥 오언율시 한 편을 내놓았다.

　권필은 이전에도 고홍달과 만났던 모양이다. 예전에는 그와 퍽 친하게 지냈지만, 헤어진 후로 몸도 마음도 멀어졌다고 한다. 세월이란 그런 것이다. 세월은 사람과 사람 사이에 깊은 골을 만들기도 한다. 그렇게 잠시 잊고 있었던 사람. 그러던 중 밤비가 내리더니, 다음 날 아침 겨울 가지 위로 꽃봉오리가 피었다. 기억도 그러하다. 겨울 나무가 죽지 않고 생명을 안고 있었듯이, 기억에서 보이지 않던 사람도 잠시 잊혔을 뿐, 지워진 것은 결코 아니었다. 기억 속에서 가끔씩 떠오르는 간극이 조금씩 길어졌던 것일 뿐, 결코 사라진 것은 아니었다. 얼어붙은 옛 고을도 마찬가지다. 얼었던 물이 흐르고 꽃이 다시 피듯이, 얼어붙었던 고을도 새로운 생명력을 발산할 것이다. 나와 그 사람의 관계도 그러하다. 내 기억 속에 잠시 숨어 있던 그 사람은 이렇게 산이 들을 에워싼, 오래된 마을에 그대로 머물고 있었다. 몇 번을 곱씹어 읽어봐도, 권필은 천생 시인이라는 말이 나온다. 그는 즐거운 노래 속에 애틋함을 묻었다.

권필이 시를 짓자, 심광세도 권필의 운에 맞춰 시를 지었다. 흥이 돋았던 것일까, 아니면 쓸쓸함이 밀려왔던 것일까? 심광세는 두 편을 연속해서 지었다. 「권필이 고홍달에게 주는 시에 차운하여(次石洲 贈高達夫韻)」가 그것이다. '화(華)', '화(花)', '사(沙)', '애(涯)'로 운을 삼았다.

남은 생애는 순탄한 삶에서 벗어나
몇 번이나 세월을 보내려나.
모든 일은 하얗게 센 머리카락과 같이 되었고
석 잔 술에도 취해 눈동자가 어른거려라.
만나 즐거워 손을 잡았지만
초췌한 모습 다시금 굴원을 생각나게 하네.
슬프도다, 오늘 아침에 이별함이여.
몸을 돌이키면 바다 끝을 넘어가겠지.
餘生離順境　幾度送年華
萬事凋霜鬢　三杯纈眼花
逢迎欣握手　憔悴更懷沙
怊悵今朝別　翻同嶺海涯

조만간 부안을 떠나야 하는 심광세의 마음이 이 시에 고스란히 담

겨 있다. 부안을 떠난 후의 생활은 순탄할 것 같지가 않다. 근심과
걱정에 몇 잔 마시지 않은 술에도 눈동자가 흔들린다. 권필이 고흥
달을 실로 오랜만에 만난 것과 달리, 심광세는 자주 만나는 사이지
만, 그래도 볼 때마다 반가워 손을 잡는다. 그러나 자신을 돌아보면
다시 서글픔이 밀려온다. 내일 아침, 나는 저 먼 곳으로 떠나고 있으
리라. 이 시를 관통하는 슬픔. 심광세는 애써 슬픔을 에둘러 말하고
있지만, 그것이 오히려 독자의 마음을 더 아프게 한다. 권필만큼 멋
스럽지는 않지만, 진한 슬픔이 오랫동안 머문다.

슬픔이 컸던 것일까? 심광세는 이어서 한 편을 더 짓는다. 다른 한
편도 마저 보자.

읊조리며 천천히 걸으며 보니
귀밑머리에 핀 꽃만 남았어라.
제야에 담아둔 술이 익어 개미집 떠 있고
차가운 매화나무엔 벌써 꽃이 피었구나.
모진 세월에 거친 베옷만 남고
장사에서 늙어가는 신세가 되었네.
지난밤 삼경에 꾼 꿈에서는
하늘 끝 서울이 분명히 보였어라.
行吟良踽踽　贏得鬢添華
臘酒仍浮蟻　寒梅已着花
風霜餘短褐　身世老長沙
昨夜三更夢　分明漢水涯

천천히 걸으면서 자신의 모습을 보니 어느 순간에 이렇게 늙어버린 것일까 하는 생각이 든다. 그저 천천히 걸었을 뿐인데, 내 머리에는 하얗게 꽃이 피었다. 나도 흘러가고 있었던 것일까? 지난 제야(除夜)에 담아둔 술은 벌써 익어서 쌀알이 흰개미처럼 부풀어 올랐고, 죽은 듯한 매화나무에서는 꽃이 피었다. 시간이란 게 이렇게 빨리 흘러가버린다. 그 모진 세월, 내게 남은 것은 거친 베옷과 늙어가는 모습뿐이다. 나는 어디에 있었고, 어디에 있으며, 어디로 가는 것일까? 지난밤 꿈에서 본 서울. 이제 그 서울로 향해야 하는 마음은 더욱 아프기만 하다.

심광세의 슬픔은 무심히 흘러가는 세월 때문이었을까? 아니면 아름다운 추억이 담긴 부안을 떠나는 아픔 때문이었을까? 애틋한 정조를 담았지만 경쾌한 분위기를 만들었던 권필의 시는 슬픔을 정조로 한 심광세의 노래로 인해 자못 무겁게 가라앉았다. 다시 경쾌한 분위기로 전환하기도 어려운 상황에서 매창도 권필과 심광세의 시에 차운하여 시를 지었다. 『매창집』에 실린 「선유(仙遊) 3」이 바로 그 시다.

술병을 놓고 서로 만난 곳에
봄바람 건듯 불어 물색이 화려해라.
연못에는 푸른 버들이 가지를 늘이고
누각 앞에서는 붉은 꽃들이 봉오리를 터트리네.
외로운 학은 물가로 돌아오고
모래 가에는 저녁노을 드리웠네.

술잔을 맞들고 하염없이 바라보지만

날이 밝으면 각각 하늘 끝에 가 있으리라.

樽酒相逢處　東風物色華

綠垂池畔柳　紅綻檻前花

孤鶴歸長浦　殘霞落晚沙

臨盃還脈脈　明日各天涯

　심광세의 시 때문에 쓸쓸했던 분위기는 매창의 시로 인해 다시 바뀌었다. 권필의 시처럼 매창의 시에도 경쾌함 속에 애틋함이 묻어난다. 봄바람이 불고 물색도 화려한 봄날, 오랜 친구들이 술병을 놓고 서로 이야기하는 풍경. 이제 막 봄이 왔음을 알리려는 듯이 연못을 향해 길게 늘어선 버들. 누각 앞에는 온갖 꽃들이 알록달록하게 꽃망울을 피우기 시작했다. 그런 아름다운 풍경 앞에 얼마나 있었을까? 떠났던 학이 돌아오고, 햇빛에 빛나던 모래 가에도 붉게 저녁노을이 물들었다. 그런 풍경 앞에서 술잔을 들고 하염없이 서로를 바라보는 그들도 내일이면 각자 가야 할 길로 가겠지.

　다들 어디론가 떠나버리면, 남는 사람은 매창뿐이다. 그런데도 매창은 자신의 처지보다 다른 사람들의 슬픔을 먼저 이야기한다. 그들의 쓸쓸함을 달래주기 위해 자신의 통증은 묻어버렸다. 그 덕분에 쓸쓸한 분위기는 조금 밝아졌지만, 매창은 오히려 더 외로웠을지도 모른다. 지난 백마강 모임에서도 그랬다. 삭막한 분위기는 매창 덕분에 다시 밝아졌지만, 매창의 마음은 조금 더 무거워졌다. 이날 모임도 그랬을 것이다. 기생으로 산다는 것은 이별의 아픔과 이별 후의 그리움으로 살아가는 것이다.

이날 심광세와 권필, 고홍달, 그리고 매창은 밤이 새도록 술을 마셨을 것이다. 떠나는 심광세와 보내는 사람들. 내일이면 하늘 끝에 가 있을 사람들과의 이별로 그날 밤 모임은 퍽 빨리 흘러갔으리라.

신분적 주종 관계를 넘어서

심광세가 떠난 후 부안현감으로 부임한 인물은 김성(金晟, 1567~1629)이다. 그는 1609년 3월에 부임하여 그해 7월 부모상을 당해 그만둘 때까지 넉 달 정도 부안에 머물렀다. 김성은 부안 김씨로, 세거지(世居地)가 부안이었다. 매창과 여러 이야기를 나누었을 법하지만, 짧은 기간 동안 현감으로 있었기 때문에, 많은 교감을 나누지는 못했을 듯하다. 그 뒤를 이은 나덕헌(羅德憲, 1573~1640) 역시 1609년 8월에 부임하여 1610년 3월에 승정원의 계에 의해 파직될 때까지 6개월 남짓 머물렀을 뿐이다. 두 현감 모두 짧은 시간 머물고 떠난 탓에 매창과의 교유 시간도 길지 않았다.

심광세가 부안을 떠나고 김성이 현감으로 부임할 즈음, 권필은 매창이 거문고에 실어 부르는 노래를 듣고 있었다. 당시 매창은 「거문고를 타며[彈琴]」를 부르지 않았나 싶다.

비단 거문고로 속마음을 하소연한다고 누가 불쌍히 여기랴.

천만 가지 원망과 시름을 이 곡조에 담았는데.

거듭 타는 강남곡에 봄도 저물어가고

고개 돌려 봄바람 맞으면서 우는 짓은 차마 할 수 없네.

誰憐綠綺訴丹衷　萬恨千愁一曲中

重奏江南春欲暮　不堪回首泣東風

거문고에 자신의 속내를 담아 연주하지만, 그 곡조를 알아주는 사람이 없었던 것일까? 한동안 시끌벅적하던 고을이 조용해지고, 사람들도 모두 떠나버렸다. 그 자리가 퍽 쓸쓸했던 것일까, 아니면 그 사람들이 그리웠던 것일까? 홀로 거문고를 끌어안고 가는 봄만 탄식할 뿐이다. 그러다 문득 글썽거리는 눈물을 보이기 싫어 고개를 돌려본다. 떨어지는 눈물. 봄바람 때문이리라.

이 시를 듣고 권필은 퍽 마음이 아팠으리라. 기실 매창은 이 시에 권필만은 자신을 이해해줄 것이라는 속마음을 담아냈다. "고개 돌려 봄바람 맞으면서 우는 짓은 차마 할 수 없네"라는 구절은 몇 해 전에 권필이 죽은 정작(鄭碏, 1533~1603)을 곡(哭)하면서 쓴 「고옥 정작 선생을 곡하며〔哭古玉鄭先生碏〕」의 미련을 인용한 것처럼 보이기 때문이다. 그 시의 미련은 "슬픔에 한없이 눈물 흘리고, 고개 돌려 서풍을 맞노라〔一哀無限淚. 回首向西風〕"다. 매창의 결련과 유사하다. 언젠가 매창이 난설헌의 시구를 활용해서 허균의 마음을 움직였던 것처럼, 이번에는 권필의 시구를 응용하여 자신의 처지를 전달했던 것이다.

'고개 돌려 서풍을 맞는다'는 구절은 권필의 시와 유사성을 보이기도 하지만, 또 한편으로는 매창이 본래 좋아했던 두목의 시를 토대로 한 것일 수도 있다. 즉 푸른 연잎이 서풍에 날리는 것을 보고 지었다는 「제안군중우제(齊安郡中偶題)」의 한 구절인 "얼마간의 연잎이 서로 의지하며 한탄하다가 일시에 고개 돌려 서풍을 등지네〔多少綠荷相倚恨. 一時回首背西風〕"를 용사(用事)했을 수도 있다. 그 누구의 것을 인용했든 어떠랴. 권필은 분명 매창이 자신에게 메시지를 전달하고 있음을 깨달았을 터다. 그런 매창이 안쓰러웠을까? 권필은 시 한 편을 써서 직접 건네준다.

신선과 같은 자태는 이 세상과 맞지 않아
홀로 거문고 안고 저무는 봄을 원망하네.
현이 끊어질 때 간장 또한 끊어지니
세간에 음률을 아는 이 만나기 어려워라.
仙姿不合在風塵　獨抱瑤琴怨暮春
絃到斷時腸亦斷　世間難得賞音人

권필은 매창이 기대했던 것처럼, 거문고를 들고 그녀의 속마음을 읽었다. 자신의 재주와 현실, 그 이율배반적인 모습에 홀로 거문고를 끌어안고 봄을 원망해야 하는 기생. 거문고 현 하나하나의 울림에 간장도 끊어지지만 그 소리를 이해해주는 사람이 없다. 그 소리를 들어주는 사람을 만나기가 그렇게 어려운 것일까? 권필은 다시 묻는다. 나는 그 소리를 듣고 있는가? 그 마음을 읽고 있는가? 평면적인 내용인데도 끊임없는 물음을 던지게 하는 시다.

이 시는 권필의 문집인 『석주집』에 실려 있다. 그런데 이 시의 제목이 흥미롭다. 「여자 친구 천향에게 주며(贈天香女伴)」다. 천향은 매창의 자다. 권필은 기생인 매창에게 격식을 갖춰 시를 썼다. 또한 기생이란 표현 대신 여자 친구(女伴)라 했다. 권필은 매창을 일개 기생이 아니라 친구로 대했다. 매창은 권필을 비롯한 여러 문인들과 신분적으로 주종의 상하관계가 아니라, 친구의 수평관계로 지냈던 것이다.

기생의 명성은 문인과의 만남에서부터 이루어진다. 문인들은 기생의 시를 보고 재주를 판단한다. 재주가 있는 기생은 자연히 문인들의 입에 오르내리면서 차츰 명성을 얻게 된다. 그렇지 못한 기생은 춤과 노래로써 그 재주를 드러내야만 했다. 문인들이 기생들을 시를 잘 짓는 기생(詩妓), 거문고를 잘 타는 기생(琴妓), 노래를 잘 부르는 기생(歌妓) 등으로 분류한 것은 이러한 특징에 근거한 것이다. 이들 모두에 능한 기생은 극히 적었다. 셋 중 어느 하나에 능해서 명성을 날린 기생도 그리 많지 않았다. 대부분은 아무 이름조차 갖지 못하고 사라졌다. 그에 반해 매창은 이 셋을 다 갖췄으니 당시 문인들의 입방아에 얼마나 자주 오르내렸을지는 짐작하고도 남음이다. 그런데 기생의 명성이 문인들의 식견에 의해 그 높낮이가 결정되었던 것처럼, 문인들 역시 기생들의 평가에 퍽 신경을 썼다.

엘리트 코스를 밟은 문인들에게 재주 있는 기생은 한갓 천한 관비가 아니었다. 그들은 늘 기생의 평가를 통해 인정을 받으려고 했다. 실제 조선시대 야담집에는 여러 문인들이 기생 앞에서 시를 지은 다음, 평가를 받는 이야기가 제법 많이 보인다. 기생 앞에서 시를 짓는 행위가 그만큼 신경 쓰이는 일이었음을 반증한다. 기생에게 인정받고 찬사를 듣는 일은 문인들 사이에서 자신의 주가를 올리는 데 큰 도움이 됐기 때문이다. 기생은 문인들의 오만함을 꺾기도 하고, 열등감을 날려주기도 했던 셈이다.

이런 점에서 기생과 문인은 상호 의존하고 보완하는 관계였다고 할 수 있다. 기생에게 문인은 자신의 재주를 인정해주는 지기 같은 존재였고, 문인에게 기생은 자신의 재주를 널리 알려주는 매개자 같은 존재였다. 그러니 문인과 기생은 신분적 상하관계를 떠나 서로가 서로를 이해해주는 친구 같은 사이일 수밖에 없었다. 허균, 심광세, 권필은 매창에게 모두 친구였다. 그들은 기생을 성적 파트너로 인식하지 않고, 오로지 재주를 이해해주는 지기로 이해한 사람들이었다. 매창에게 이들은 자신의 재주를 알아준 벗들이자 동지였다. 권필이 「여자 친구 천향에게 주며」라는, 격식을 갖춘 제목으로 매창에게 시를 건넨 것은 바로 이런 배경이 작동한 결과다.

이 시를 받은 매창의 마음은 어떠했을까? 자신을 이해해주는 많은 사람들이 떠나갔어도 여전히 남아 있는 사람이 있어서 한없이 고맙지 않았을까? 권필은 불의와 타협하지 않으면서도 남의 아픔은 더불어 아파할 줄 아는 사람이었다. '풍류'라는 말과 퍽 잘 어울리는 사람이었다.

몇 번을 이별하고
다시 만나다

그 후 얼마나 더 지났을까? 이와 정반대의 상황이 연출된다. 권필의 아픔을 매창이 달래주는 상황이 생긴다. 살구꽃이 떨어지던 어느 날, 권필은 매창을 찾았다. 봄날에 취했는지, 술에 취했는지 정신없이 매창을 찾았다. 권필은 누구와 이별했던 것일까? 『석주별집(石洲別集)』에 무제(無題)로 실린 시가 그때의 심정을 담고 있다.

강가 향긋한 방초는 초록빛으로 무성한데
이별의 슬픔이 심란해 길을 잃고 헤매네.
생각건대, 그윽한 골방에 봄은 쓸쓸한데
살구꽃 떨어지고 두견새만 울어라.
江潭芳草綠萋萋　別恨撩人路欲迷
想得洞房春寂寞　杏花零落子規啼

강가에 피는 향긋한 풀잎이 새봄을 알린다. 초록빛 생명을 뿜어내는 봄. 그러나 나는 그와 괴리되어 있다. 모든 것을 이별하고 어디로 가야 할지조차 알 수 없다. 홀로 남겨진 방으로 봄은 어김없이 찾아왔지만, 그 봄이 어째 내 봄 같지가 않다. 살구꽃이 떨어지고 두견새만 우는 봄. 어쩌면 나도 살구꽃처럼 떨어져버리는 것이 아닐까? 권필이 말한 이별은 어쩌면 구체적인 실체가 아니었을지도 모른다. 자기 자신을 잃은 채 길을 헤매던 모습을 묘사한 것이리라. 아름다운 봄날과 정체성을 잃어버린 나는 결국 사라지는 것일까?

권필의 시에 대해 매창은 의외로 차분하게 화답한다. 『매창집』의 「봄날의 시름〔春愁〕 1」이 바로 그 상황에서 지어진 것이다.

긴 제방 위 봄풀은 빛이 스산하여
옛 임이 오시다가 길을 잃었나 하겠네.
예전 꽃 만발해 함께 노닐던 곳도
온 산 가득 달빛 비추는데 두견새만 울고 가네.
長堤春草色淒淒　舊客還來思欲迷
故國繁華同樂處　滿山明月杜鵑啼

권필이 임과의 이별에 마음이 심란해 길을 잃고 헤맬 때, 매창은 임이 자신을 찾아오다가 길을 잃고 헤맬까 걱정한다. 그리고 정체성을 잃어버린 자신도 결국은 살구꽃처럼 떨어지는 것이 아닐까 염려하는 권필에게 매창은 그렇지 않다고 답한다. 오래전 동산에 만발했던 꽃도 가을이 되면 모두 이울어 사라지는 것 같지만, 그 동산을 비추는 달빛은 언제나 한결같다는 것이다. 예나 지금이나 달빛이 여전히 동산을 비추는 것처럼, 그대도 결코 사라지지 않는다는 것이다. 적막한 골방에 살구꽃이 떨어지는 일회적 풍경과 싹이 트고 이울기를 반복하는 동산에 항상 달빛이 비치는 영구적 풍경을 묘하게 대조시킴으로써 전혀 다른 의미를 담아냈다. 권필의 잃어버린 정체성은 사라진 것이 아니라, 잠시 숨었을 뿐이라면서 은근슬쩍 권필을 위로한 셈이다.

당대 최고의 시인 권필도 이 시를 받고 퍽 위안이 되었으리라. 그래 저 달빛은 여전히 비치지. 내가 사라지고 많은 시간이 흐른 뒤에도 나를 기억하는 사람이 있으리라. 내 시를 기억하는 사람이 있으리라. 내 아픈 마음을 알아주는 사람이 있으리라. 지금 매창이 그러했듯이.

이 시를 주고받은 후, 얼마 지나지 않아 권필은 서울로 떠났다.

고홍달과 매창의 관계

여기서는 이제껏 빈번하게 언급했던 한 사람을 주목해보기로 하자. 바로 앞서 여러 차례 소개했던 인물, 고홍달이다. 그는 매창을 허균에게 소개한 인물로, 심광세의 유람길을 안내하고 허균을 우반골 정사암으로 인도하기도 했다. 또 권필과 심광세가 직접 찾아가 시를 지어준 사람이기도 하다. 이런 몇 가지 상황만으로도 그가 매창과 얼마나 깊은 관련이 있었던가를 대략 짐작할 수 있다. 그는 매창의 삶에서 퍽 중요한 역할을 했던 인물이다.

고홍달은 부안에서 나고 자랐다. 당연히 그는 매창과 한 고을에서 함께 자랐다. 고홍달이 매창보다 두 살 어렸지만, 신분 차이로 인해 어릴 때에는 주종관계가 분명했을 법하다. 그러나 오랜 시간을 함께 지내는 동안 두 사람은 막역한 친구가 되어갔다.

고홍달의 자는 달부(達夫), 호는 죽호(竹湖)다. 1601년 허균을 처음 만났을 당시 과거를 준비하는 유생이었던 그는 윤선이 현감으로 있던 1605년, 생원시에 합격했다. 특히 그는 허균의 문하에 있던 택당 이식의 사촌 처남이었다.[5] 그러니 자연스럽게 허균 일행과 친숙하게 지낼 수 있었던 고리가 마련된다. 허균 무리가 부안에 왔을 때 고홍달이 만사를 제쳐두고 이들을 맞이한 것도 이들이 이식과 긴밀한 관계를 가졌기 때문이리라. 애초 허균이나 권필 같은 인물들과 친숙하게 교유할 수 있었던 것도 바로 이식과 인척으로 얽힌 관계에서 출발했을 것이다.

고홍달은 잠시 서울에 올라가 성균관에 머물기도 했지만 인목대비(仁穆大妃) 폐위 문제로 부안에 돌아왔고, 인조반정 후에는 참봉에 제수되기도 했지만 은사(恩謝)하고 은거하며 지냈다. 1790년에 편찬된 『호남읍지』에는 "생원·참봉·이괄(李适. 1587~1624)의 난 때 의병을 일으키고 의곡(義穀)을 거둔 일이 모의록(募義錄)에 보인다"고 기록되어 있다.[6] 이런 약력을 봐도 그가 주로 부안에 거주하되, 서울의 인물들과 일정한 관계를 유지하며 살았음을 알 수 있다. 그렇지만 그의 주된 활동 무대가 부안이었음은 두말할 것도 없다. 따라서 부안을 찾아온 손님을 접대하거나 유람을 떠날 때에는 고을의 주인으로, 혹은 가이드로 늘 함께했다. 그러니 그는 현감, 아전, 객과 모두 상호 의존적인 관계에 놓일 수밖에 없었다.

앞서 보았던 것처럼 실제로 심광세는 권필과 함께 고홍달의 집을 찾은 적이 있었다. 그때 김지수도 동행했는지, 아니면 따로 고홍달을 찾아간 것인지는 알 수 없다. 다만 『휴옹집』에 실린 「김지수가 고홍달에게 주는 시에 차운하여(次金去非贈高達夫韻)」라는 시에 "해진

갈옷 사이로 바람이 다투어 들어오고, 빈 처마엔 눈발이 어지럽게 날리누나(弊褐風爭透, 虛簷雪亂飛)"라는 구절이 있는 것으로 보아, 권필과 별도로 고홍달을 만난 것이 아닌가 짐작해볼 뿐이다. 아마도 심광세와 김지수가 고홍달을 만난 것은 권필이 오기 직전인 1608년 겨울이 아니었을까 한다. 심광세가 남긴 「김지수가 고홍달에게 주는 시에 차운하여」라는 시 두 편은[7] 김지수가 먼저 고홍달에게 시를 주었기에, 심광세가 그 운에 맞춰 쓴 것이다. 김지수는 부안과 가까운 고부 지방의 인물이었다. 또한 『휴옹집』에는 「고홍달의 초당에서 임전의 운에 차운하여(高達夫草堂, 次任寬甫韻)」라는 시도 있는데,[8] 이 역시 임전이 심광세와 함께 고홍달의 집을 찾아가서 시를 썼기에 심광세가 차운시를 쓸 수 있었던 것이다. 실제로 임전의 문집인 『명고집(鳴皐集)』에는 「진사 고홍달에게(贈高進士弘達)」라는 시도 수록되어 있다.[9] 옆에 있는 고홍달에게 직접 써준 시다. 고홍달은 부안을 찾은 문인들의 길잡이에 그친 것이 아니라, 그들과 격의 없이 교유한 벗이었다. 그래서 고홍달은 부안을 찾은 문인들의 모임에 반드시 참석했던 것이다.

1601년 허균이 처음으로 부안에 왔을 때 그에게 매창을 이귀의 정인으로 소개한 것, 1607년 심광세가 이웃 현감들과 함께 내변산 일대를 유람할 때 길잡이 역할을 한 것, 1608년 허균을 우반골로 인도한 것, 1609년 심광세와 권필이 그를 방문한 것, 그 모든 일이 가능했던 배경도 여기에 있었다. 그가 부안에서 나고 자란 토박이어서 그 고을의 지세를 잘 알았고, 또한 그 고을에 토착한 유지들과 그 고을의 실무를 책임지는 아전들과 퍽 친숙했다는 점 등으로 인해 문인들과의 교유가 쉬웠기 때문이다.

문인들과 교유가 많았던 만큼, 그는 아전이나 기생들과의 교유도 많았다. 특히 어릴 때부터 같이 자랐고, 늘 문인들의 모임에 함께 참석했던 매창과는 상당히 친숙하게 지냈을 법하다. 둘은 적지 않게 시도 주고받았을 터다. 확인할 수는 없지만 『매창집』에 실린 몇 편의 시는 그와 관계 있을 것이다. 이런 정황을 생각하다 보니 문득 상상에 상상을 더하게 된다. 어쩌면 고홍달이 매창의 시를 아전들에게 남겨주지 않았을까?

이는 공허한 공상으로 그치지 않는다. 『매창집』에 실린 시 가운데는 매창이 연회와 같은 공식적인 자리에서 쓰지 않은 것도 더러 보이기 때문이다. 사석에서 허공을 향해 한 번 읊조리면 그만인 시들도 남아 있다. 혼자 있을 때 썼을 법한 시나 몇 사람만이 알 수 있는 시가 어떻게 아전들의 입에 오르내릴 수 있었을까? 그것은 그 자리에 있던 누군가가 그 시를 기억하여 전했기 때문에 가능한 일이다. 그 사람이 누구일까? 적어도 그 일부는 고홍달이 맡았을 개연성이 높다.

심광세와 함께 오른 어수대, 허균과 함께 오른 천층암, 심광세와 권필이 함께 방문한 고홍달의 집. 몇 사람만이 참석한 이런 사적인 모임에서 읊은 시들이 『매창집』에 남아 있다. 모두 고홍달이 참석한 모임이었다. 공식적인 모임에서 불린 노래는 누군가가 기억해두었다가 기록했을 수 있다. 그러나 사적인 모임에서 불린 노래는 그 모임에 참석한 사람이 기억하지 않으면 사라지지 않는가. 모임에 참석한 수령은 자신의 시만 문집에 실을 뿐, 다른 사람의 시는 싣지 않았다. 일개 기생이 부른 시야 두말할 것도 없다. 고홍달은 그런 상황에서 오랫동안 친구로 지낸 매창의 시를 수습하지 않았을까? 그리고 그 노래를 기억해서 기록으로까지 남게 하지 않았을까? 매창에게 고홍달은 퍽 의미 있는 인물이었다. 그리고 기억할 만한 인물이었다. 『매창집』에 수록된 시의 전달자로서 중요한 역할을 했던 자가 바로 고홍달이기 때문이다.

강가 주변에 정자를 마련하고 그곳에서 생활했던 고홍달. 함께 자란 사이인지라, 매창은 그에게 퍽 많이 기댔을 수도 있다. 어쩌면 속마음을 그에게 살짝 비췄을지도 모른다. 아픈 마음, 슬픈 마음, 즐거운 마음. 고홍달은 매창의 많은 이야기를 들어주었을 것이다. 허균에게 매창을 '이귀의 정인'으로 소개할 수 있었던 것도, 그만큼 매창의 사생활을 많이 알고 있었던 덕분이리라. 매창은 답답한 일이 있으면 고홍달을 찾았을 듯하다. 이런 정황을 고려하면서 「강가 누각에서 즉흥적으로〔江臺卽事〕」를 읽으면, 당시 상황이 그려진다.

사방 들판에 가을 풍경 좋기도 하여
홀로 강 언덕 정자에 올랐어라.
어디서 오신 풍류객인지
술병 들고 나를 찾아오셨네.
四野秋光好　獨登江上臺
風流何處客　携酒訪余來

참 예쁜 시다. 스무 살, 첫사랑이 떠오를 만큼 청초하다. 누런 김제 들판이 햇빛을 받아 황금빛을 발한다. 그 빛에 이끌려, 그 아름다운

신윤복의 「주유청강(舟遊淸江)」. 양반들이 기생들과 뱃놀이를 나선 풍경을 담고 있다. 매창도 유람이나 뱃놀이에 나서서 문인들의 유흥을 돕곤 했다. 간송미술관 소장.

가을 풍경에 이끌려 매창은 홀로 길을 걷는다. 무작정 걷다가 강가의 정자 앞에 도착한다. 불어오는 바람을 맞으며 가을을 만끽할 즈음. 내 마음을 알았던 것일까. 저 멀리서 누군가가 술병을 들고 온다. 그는 누구였을까? 알 수 없다. 어쩌면 술병을 들고 매창을 찾아온 풍류객은 강 언덕 정자의 주인, 고홍달이 아니었을까? 단 두 사람이 나누었음 직한 이 시도 『매창집』에 남아 있다.

죽을 때까지 이어진 기생의 부역

그래도 매창은 기생이었다. 기생이었기에 문인들의 유흥을 돕는 것이 주된 부역이었다. 이제는 서른도 훌쩍 넘은 나이지만, 부역은 피할 수 없었다. 시기로 명성을 얻었기에 유흥을 위한 장소에서 늘 문인들과 시를 읊고, 경우에 따라서는 새로운 시를 거문고 가락에 담아 불러야만 했을 것이다. 『매창집』에는 강에서 배를 타고 놀이를 즐기는 뱃놀이[船遊]와 관련된 시가 여러 편 보인다. 그중 「배 띄우고[泛舟]」를 살펴보자.

> 들쭉날쭉한 산 그림자가 강물에 비치고
> 늘어진 버드나무 주막을 가렸구나.
> 바람 불어 잔잔한 물결 일렁이자 졸던 백로가 고개를 들고
> 고깃배에서 들리는 사람의 말소리도 안개 너머로 들려오네.

參差山影倒江波　垂柳千絲掩酒家

輕浪風生眼鷺起　漁舟人語隔煙霞

배를 타고 나아가는 모습과 주변 풍경이 운치 있게 그려진다. 산 그림자가 물 위에 비친 풍경, 배가 나아가면서 버드나무에 주막이 조금씩 가려지는 풍경, 흔들리는 물결에 한가롭게 노닐던 백로가 고개를 들어 주위를 경계하는 풍경, 운무가 낀 강가 저편에서 사람들의 목소리가 들려오는 풍경 등이 눈에 보이는 듯하다. 배로 움직이고 있지만, 풍경은 고요하게 멈춰 있는 듯하다. 동중정(動中靜)이라고 할까.

어떤 모임에서 불렀던 뱃노래인지는 알 수 없다. 다만 매창은 이런 자리에 참석해서 시와 노래로 흥을 돋우고, 동시에 자신도 자연의 풍광을 맘껏 즐겼으리라. 이런 일은 기생으로서 당연한 임무였다. 손님들 중에는 완악하고 짓궂은 사람도 있었을 것이고, 풍류 남아도 있었을 것이다. 사람에 따라 불렀을 시와 노래도 달랐겠지만, 확인할 길은 없다. 단지 기생으로서의 부역은 매창이 죽을 때까지 지속되었다는 점은 확인해둘 필요가 있다.

뜬금없이 왜 다시 기생의 부역에 대해 이야기하느냐고 탓할지 모르겠다. 내가 다시 이 말을 하는 까닭은 『매창집』에 실린 시들 가운데 상당수가 기생으로서 공식적인 모임에서 불렀음 직한 노래라는 점을 환기시키기 위해서다. 손님들과 만나고 헤어지는 일은 기생의 일상이었다. 시를 지어 흥을 돋우고 이별을 슬퍼하는 일은 매창에게 몸에 밴 생활과도 같은 것이었다. 그러니 『매창집』에도 당연히 그런 시가 많을 수밖에 없다. 사랑하는 사람에 대한 애정이 깊어지면, 그 실상을 그대로 보지 못하고 특정화하여 의미를 확장하는 경향이 있다. 『매창집』에 실린 시들이 아름다운 것은 말할 필요가 없다. 하지만 그 시들이 늘 의미 있는 장소에서만 불린 것은 아니라는 사실을 기억해둘 일이다. 지나친 애정은 실체를 왜곡시키기도 한다.

사라진
매창의 흔적을 찾아서

문인들과의 만남과 이별을 대략 정리하면서 한 가지를 부연하기로 한다. 어쩌면 매창의 흔적을 더욱 선명하게 확인시켜주는 기록이 발견될지도 모른다는 희망의 메시지를 전달하기 위해서다. 매창이 살았을 당시, 뜻하든 뜻하지 않았든 간에 그녀와 관련된 글이 제법 기록되어 향유되었다. 그리고 그 글들은 어딘가에 남아 있을 가능성이 매우 높다. 아직 발견되지 않았지만, 어딘가에서 발굴될 수도 있는 매창의 흔적. 그 흔적은 두 가지 형태로 존재할 것이다. 하나는 유람 당시의 모습을 기록한 두루마리 형태로, 다른 하나는 매창에게 주는 문인들의 시를 모은 두루마리 형태로. 심광세의 「유변산록」에서는 전자를, 임방의 『수촌만록(水村漫錄)』에서는 후자를 확인할 단서가 보인다.

우선 심광세는 「유변산록」에 다음과 같은 말을 남겼다.

당시의 빼어난 유람의 흔적을 자연스레 지워진 채 없어지게 할 수는 없었다. 그래서 그림을 그려 두루마리로 만들고, 또 그것에 글을 써서 뒷날 기억을 더듬는 재료로 남겨두었다.[10]

심광세는 내변산을 유람한 흔적을 글과 그림으로 남겨두었다. 여기에는 모임에 참석한 사람들이 나눈 시와 그 사람들의 특징을 담은 그림도 그려져 있었다. 매창의 시와 함께 매창의 모습을 그린 그림도 그 안에 남겨져 있을 터다.

조선시대에는 문인들이 유람을 하면 그 모습을 그림으로 남기는 풍습이 있었다. 특히 이 무렵부터 어디를 여행하면, 그 감회를 담은 시와 그림을 한데 묶어 화첩을 만드는 것이 유행이었다. 심광세가 여행했을 때도 마찬가지였다. 심광세가 남겼다는 두루마리 형태의 시첩도 이러한 배경에서 만들어졌을 가능성이 높다. 매창이 살았던 때보다 후대인 17세기 중기 이후에는 도화서(圖畫署)에 속한 화원들을 데려다가 그림을 그리게 했지만,[11] 이 시기에는 그렇지 않았다. 참석자 중에 그림을 잘 그리는 사람은 그림을 그리고, 글씨를 잘 쓰는 사람은 글씨를 쓰는 등 분업을 통해 시첩을 만들었을 개연성이 높다. 실제로 허균이 명나라에 갈 때도 항상 자신이 시를 쓰면 그림은 그의 벗 이정(李楨, 1578~1607)이 그리고, 글씨는 한석봉(韓石峯)으로 널리 알려진 한호(韓濩, 1543~1605)가 썼다. 이런 방식으로 유람 당시의 기억을 시첩으로 만들었던 것이다.

매창은 심광세뿐만 아니라, 부안을 찾은 여러 문인들과도 여러 차례 유람을 떠났을 것이다. 그들도 그때마다 당시의 유행을 좇아 시첩을 만들었을 것이다. 아직은 당시의 시첩이 발견되지 않았지만, 실체가 드러나지 않았다고 해서 역사적 사실까지 없어지는 것은 아니다. 실제 심광세의 언술을 통해서도 그런 풍조를 읽어내지 않았던가. 이는 『매창집』에 수록된 시를 통해서도 확인할 수 있다. 『매창집』에 수록된 화가에게 주는 시 두 편이 그를 방증한다.

살아 있는 듯 그린 솜씨 신묘하기도 해라.
높이 나는 새 뛰노는 짐승들의 모습이 붓끝에서 생겨나네.
그대가 나를 위해 그려준 푸른 난새 그림
오랫동안 거울을 바라보며 짝이 온 듯 기뻐하네.
手法自然神入妙　飛禽走獸落豪端
煩君爲我靑鸞畵　長對明鏡伴影歡

「그림 그리는 사람에게(贈畵人)」라는 제목이 붙은 칠언절구다. 화가는 매창의 처지를 난새에 비유했다. 난새의 고사는 앞서도 언급한 바 있다. 매창은 자신이 짝을 잃으면 몹시 슬퍼하지만, 거울을 갖다 놓으면 짝이 온 것으로 착각하고 춤을 춘다는 그 새와 같은 처지라고 말한다. 그러고는 화가의 그림이 사실적일 뿐 아니라, 자신의 속내까지 잘 담아냈다고 칭찬한다. 그런데 시가 매끄럽지가 않다. 뭔가 급하게 쓴 듯한 느낌도 든다. 실제 고사를 그대로 활용했다면 결련의 마지막 글자인 기뻐할 '환(歡)'은 당연히 탄식할 '탄(歎)'으로 바뀌어 "오랫동안 거울을 바라보고 짝을 생각하며 슬퍼하네"로 해석해야 맞을 것이다. 하지만 근거 없이 원문을 부정할 수 없는 일이다.

뭔가 급하면서 어수선한 분위기는 이 시가 어쩌면 기행 도중에 쓰인 것이 아닐까 짐작하게 한다. 화가는 다른 사람의 시 옆에는 사실적으로 자연의 풍광을 묘사했고, 매창의 시 옆에는 난새를 그려 그녀의 마음을 상징적으로 담아내려고 했던 것이 아닐까? 매창은 자신의 마음까지 읽어내려고 애쓴 화가가 고마워서 이 시를 써주었던 것이 아닐까 한다. 매창의 시 옆에 그림을 남긴 화가가 누구일지 퍽 궁금해진다.

『매창집』에는 이 시 외에도 화가에게 주는 또 한 편의 시가 실려 있다.「이별하며[贈別]」라는 제목의 시다.

아아, 일이 이미 이렇게 되었네요.

반평생 그대는 그림 그리기에만 공을 들이네요.

내일 아침 훌쩍 떠나가신 뒤에

어느 곳에서 또 굴레를 쓰고 떠다니실지 모르겠네요.

堪嗟時事已如此　半世功夫學畫油

明日浩然歸去後　不如何地又羈遊

반평생 그림에만 몰두했던 사람, 전문적인 화가라고 말할 수는 없지만, 그래도 그림을 통해 자신의 정체성을 찾아가는 인물이었음에 틀림없다. 그 사람이 내일 아침이면 떠난다. 매창은 그 아쉬움과 아픔을 시에 담았다. 이 시는「그림 그리는 사람에게」보다 차분하다. 매창 특유의 타인을 배려하는 마음도 담겨 있다.

두 편의 시에 담긴 화가는 같은 사람일 수도 있고, 다른 사람일 수

도 있다. 하지만 이들이 시첩에 그림을 그린 사람들일 것이라는 점
은 부인할 수 없다. 근거 없이 상상해본다면, 아마도 이 두 사람은
허균의 친구인 이정이거나, 이정이 죽은 후에 허균이 '우리나라 최
고의 화가(本國第一手)'라고 했던 이징(李澄, 1581~?)이 아닐까 한다.
허균의 주변 인물들 중에서 화가로 불리던 그들이 이 시의 주인공이
아닐까 조심스레 추정해본다.

이어서 매창의 또 다른 흔적인 시권(詩卷)의 존재 양상에 대해 살
펴보자. 매창은 당시 최고의 여류시인이었다. 전라도 관찰사를 역
임했던 한준겸만이 아니라, 많은 시인 묵객들이 매창의 시를 칭찬
했다. 그런데 임방의 『수촌만록』에는 흥미로운 기록이 있다. 이 책
은 매창의 「부여 백마강에서 노닐며」를 소개한 후, 다음과 같은 설
명을 붙였다.

> 계생은 자태가 곱고 인물이 있으면서 시도 잘 지어, 일대의 명공들이
> 그녀의 시권에 시를 지어 써주지 않는 사람이 없었으니, 그녀를 알 만하
> 다. 남쪽 지방에서 『매창집』을 간행하여 세상에 퍼졌다.[12]

여러 설명 가운데 '한 시대를 풍미했던 명사들이 모두 그녀의 시권
에 시를 써주었다'는 말은 곧 매창이 문인들에게 시를 받고, 화공들
에게 그림을 받아 시권을 만들었다는 의미다. 기생의 시권에 대해서
는 근래에 정우봉 교수가 발표한 흥미로운 논문이 있다.[13] 물론 거기
에는 매창에 대한 언급은 없지만, 기생 문화를 이해하는 데 퍽 중요
한 정보를 제공한다. 자세한 내용은 소개하지 않겠다. 그 대신 매창

의 시첩(詩帖)이 어떻게 탄생하게 되었는지, 그 배경에 대해서만 간략히 엿보자.

발견되지 않은
시첩을 기대하며

매창은 추사(秋史) 김정희(金正喜, 1786~1856)의 「세한도(歲寒圖)」처럼 두루마리 형태를 한 시권을 만들었던 모양이다. 참고로 시첩은 병풍 형태로 접을 수 있는 것이다. 시권과 시첩은 형태만 다를 뿐, 본질적으로 같은 것이다. 기생의 시첩은 특정 기생과 교유했던 문인들이 그 기생을 위해 손수 시를 적어준 시집이라 할 만하다. 여러 문인들이 한 기생을 위해 써주는 일종의 헌정시라고 하면 이해가 쉬울지 모르겠다. 임방은 당시 이름깨나 날리던 문인들 가운데 매창에게 시를 써주지 않은 사람이 없을 정도라고 했다. 그렇다면 그 사람들은 누구였을까? 아마도 허균과 권필을 비롯한 그 주변인들임에 틀림없다. 앞서 매창과 직간접적으로 관련을 맺은 문인들은 모두 매창의 시권에 시를 써주었을 터다.

'매창 시권'은 발견되지 않았지만, 동시대인인 윤청(尹晴)이라는 기생의 사례를 통해 그 상황을 짐작해볼 수 있다. 윤청은 지금의 평안북도 의주시의 기생으로 오봉(五峯) 이호민(李好敏, 1553~1634)의 사랑을 받았다. 이호민은 얼마나 그녀를 사랑했던지, 자신의 호를 '희청거사(喜晴居士)'라고 지었을 정도다. '기생 윤청을 좋아하는 거사'라는 의미다. 이호민은 윤청에게 단단히 매료되었던 모양이다. 그래서였을까? 그의 벗 월사(月沙) 이정귀(李廷龜, 1564~1635)는 "이호민은 맹인이다. 그러니 거사가 아닌 점쟁이라고 해야 한다"며 이호민을 놀려댔다.[14] 기생에게 빠져 앞을 보지 못하니 거사가 아니라 맹인이란 뜻이다. 이호민이 윤청을 얼마나 사랑했는가를 짐작할 수 있다.

이호민은 그렇게 사랑했던 윤청에게 뭔가 색다른 선물을 주고 싶었던 모양이다. 그래서 그는 자신의 벗들, 예컨대 이정귀, 권필, 민인백, 차천로(車天輅, 1556~1615), 이안눌, 홍서봉(洪瑞鳳, 1572~1645) 등과 함께 여러 편의 시를 지은 후, 한석봉에게 글씨를 쓰게 한다. 그리고 완성된 시권에 '윤청시권(尹晴詩卷)'이라는 제목을 붙여 윤청에게 준다. 지금 봐도 퍽 낭만적인 이벤트다.

이 시첩은 퍽 유명했던지 허균도 이 시첩을 보고 친구들을 만난 것처럼 기뻐한다. 시를 남긴 시인들과 글씨를 쓴 한석봉은 모두 허균의 친구가 아니었던가. 그래서 허균은 속임수를 써서라도 이 시첩을 가지고 싶었던 모양이다. 하지만 윤청은 죽기로써 이를 주지 않는다. 허균은 그 사연을 이호민에게 적어 보냈는데, 그 편지가 허균의 문집 『성소부부고』에 남아 있다.

윤청시권은 전부터 있었는데, 펴보니 마치 친구를 만난 것 같았습니다. 이것을 속임수로 빼내서 어르신께 드리고 싶었지만, 그녀가 지키기를 마치 인상여(藺相如)가 구슬을 안고서 머리가 부서져도 주지 않으려고 문기둥을 노려보고 서 있던 것처럼 하고 있으니 어떻게 하겠습니까?[15]

허균은 이 시첩을 가지고 싶어하고, 윤청은 이를 빼앗기기 싫어하는 모습이 눈에 선하다. 윤청에게 시를 써준 사람들은 이안눌이 중심이 된 동악시단(東岳詩壇)의 멤버들로, 거의 대부분이 매창과도 교유했던 인물들이다. 아마도 이들이 매창 시권에도 참여하지 않았을까 한다. 혹은 허균을 중심으로 주변 인물들이 참여했을 수도 있겠다. 발견되지 않은 시첩. 그래서 더욱 아쉽고 보고 싶은지도 모르겠다. 문인들과 기생이 상호 신뢰를 바탕으로 오랜 친구처럼 지내는 풍속은 재주 많은 기생을 대하는 문인들의 예의가 아니었을까 하는 생각도 든다. 시첩은 바로 그런 예의를 극대화한 실체였던 셈이다.

매창의 흔적이 조금씩 드러나기 시작한 것처럼, 언젠가는 매창의 시첩들이 발견되리라. 허균과 그 동지들, 그리고 매창이 꿈꾸었던 세상도 거기에서 조금 더 분명하게 드러나기를 기대해볼 뿐이다.

9장

매창,
죽다

윤선의 선정비, 논란의 시작

1608년 12월. 허균이 서울로 떠난 직후다. 부안현감은 아직 심광세였다. 권필이 전라도 남쪽을 유람하다 부안에 들렀다. 그즈음, 재미난 일이 벌어진다.

매창이 윤선의 선정비 옆에서 노래를 불렀다. 윤선은 앞에서도 언급했듯이 1602년 3월부터 1607년 1월까지, 무려 5년이나 부안현감을 역임한 인물이었다. 윤선은 『동국여지지』에 소개된 부안에서 선정을 베푼 2명의 수령에 포함된 인물이기도 했다. 그래서인지 그가 임기를 마치고 떠나자, 백성들은 자진해서 그의 선정비를 세웠다. 그런데 매창이 바로 그 선정비 옆에서 노래를 불렀던 것이다.

그런데 이 일이 문제가 되었다. 이를 두고 조정에서 시비가 일어났던 것이다. 매창의 행위는 엉뚱하게도 허균을 향했다. 이 일로 인해 허균은 대간(臺諫)들에게 여러 차례 문책을 받는다. 도대체 무슨 일인가? 조정에서는 허균과 매창을 연인 관계로 이해했던 것일까? 아니면 정치적인 의도가 개입된 것이었을까? 오리무중이다. 일단 허균이 1609년 1월 매창에게 보낸 편지를 읽어보자.

낭자가 달을 바라보고 거문고를 타면서 「산자고(山鷓鴣, 자고사(鷓鴣詞))」를 지었다지. 사람들이 없는, 조용한 데서 부를 일이지, 어찌하여 윤공의 비석 앞에서 불러 다른 사람들의 웃음거리가 되었나? 백성들이 만들어놓은 석 자 높이의 비석을 더럽혔다니 이는 자네의 잘못이네. 그 욕이 내게 돌아왔으니, 원통할 뿐이네. 근래에도 참선을 하는가? 그리움이 더욱 사무치네.

언뜻 보면 허균 특유의 유머가 깃든 편지로 읽힌다. 그런데 그 이면에는 복잡한 수수께끼가 담겨 있다. 매창은 도대체 무슨 일로 윤선의 선정비 옆에서 노래를 불렀을까? 매창이 선정비 옆에서 노래를 부른 것이 왜 사람들의 웃음거리가 되었을까? 설령 기생이 떠나간 사람을 그리워하며 노래를 불렀다고 한들 그게 왜 문제가 되었을까? 또 그 욕이 왜 허균에게 돌아간 것인지? 피상적으로 읽어서는 앞뒤가 전혀 맞지 않는다. 도대체 무슨 말인가?

이 상황을 좀더 자세하게 이해할 만한 자료가 있다. 허균이 편찬한 『성수시화(惺叟詩話)』에 실려 있는 시화 한 편이 그러하다. 『성수시화』는 매창이 죽은 이듬해인 1611년 허균이 부안과도 그리 멀지 않은 전라도 함산(咸山) 지방에서 귀양살이를 할 때 지은 시화집이다.

그 안에는 이 편지를 해석할 만한 정보를 담고 있는 시화 한 편이 실려 있다. 그 작품을 보자.

부안의 기생 계생은 시를 잘 짓고, 노래와 거문고에도 뛰어났다. 한 태수가 그녀와 가깝게 지냈다. 태수가 떠나자, 고을 사람들은 비석을 세워 그를 그리워했다. 어느 날 밤 달이 곱게 떠오르자, 계생은 그 비석 옆에서 거문고를 타며 하소연하듯 길게 노래했다. 이원형이란 자가 지나다가 이를 보고 시를 지었다.

한 곡조 거문고 뜯으며 자고새를 원망하는데
황량한 비석은 말이 없고 휘영청 둥근 달만 외로워라.
현산 땅 그때 양호(羊祜)의 비석 앞에서도
또한 고운 임이 눈물을 떨어뜨린 적이 있었던가.
一曲瑤琴怨鷓鴣　荒碑無語月輪孤
峴山當日征南石　亦有佳人墮淚無

당시 사람들은 이를 절창이라고 했다.
이원형은 우리 집에 드나드는 관객(館客)이다. 어릴 적부터 나와 이여인(李汝仁)과 함께 지냈던 까닭에 시를 지을 줄 알았다. 다른 작품도 좋은 것이 있다. 석주 권필이 그를 좋아해서 칭찬하곤 했다.[1]

『성수시화』에는 당시의 상황이 비교적 자세하게 서술되어 있다. 우선 매창은 심광세 이전에 재직했던 태수와 자못 깊은 관계가 있었다고 한다. 그 태수는 바로 윤선이다. 매창이 허균 등과는 친구로 지낸 것과 달리, 윤선과는 연인 관계로 지냈음을 알 수 있다. 윤선이 부안에 머문 5년 동안 매창과 퍽 친밀한 사이였음을 짐작할 수 있다.

그러던 어느 날, 달이 환하게 떠오른 날이었다. 매창은 마을 사람들이 세운 윤선의 선정비 옆에서 거문고를 타며 그리움을 노래했다. 그때 매창이 부른 노래가 「자고사」였다. 이 노래는 당나라 교방에서 부르던 가곡의 하나다. 자고새는 '길이 막혀서 못 간다'는 의미인 '행부득야가가(行不得也哥哥)'라고 운다고 해서 붙여진 이름으로, 갈 수 없는 곳에 대한 그리움을 상징한다. 「자고사」 역시 이러한 의미를 담고 있다. 매창은 바로 그 노래를 부르며 윤선에 대한 그리움을 드러냈던 것이다. 그리움이 깊었던 것일까? 주체할 수 없는 눈물도 흘렸다.

그때 마침 허균의 관객으로 있던 이원형이 곁을 지나다가 그 풍경을 보았다. 관객이란 누군가의 집에 유숙하면서 어린아이에게 글을 가르치는 가정교사 정도로 보면 될 것이다. 즉 허균의 식객이라고 보면 큰 무리가 없다. 이원형은 허균과 함께 부안에 내려왔다가 허균과 함께 떠나지 못하고 잠시 더 남아 있었던 모양이다. 아마 허균의 뒷정리를 위해 남았을 것이다. 그런 그가 당시의 상황을 시에 담아낸 것이다. 그런데 그 내용이 자못 의미심장하고 문제적이었다.

매창,
논란의 중심에 놓이다

이원형의 시를 살펴보자. 거문고에 실은 「자고사」를 부르며 떠나간 임을 그리워하는 매창. 그러나 비석은 말이 없고 달빛만 휘영청 밝다. 여기까지는 문제될 것이 전혀 없다. 오히려 떠나간 임을 그리워하는 마음이 잘 드러났다고 평가할 만하다. 그런데 그다음의 두 줄, 즉 전련과 결련은 심각한 문제를 제기한다. "현산 땅 그때 양호의 비석 앞에서도"에 쓰인 '현산(峴山)의 정남석(征南石)'이 문제의 발단이다. 여기에는 숨겨진 고사가 있다.[2]

진(晉)나라 때 양호(羊祜, 221~278)라는 사람이 후베이성(湖北省) 샹양(襄陽) 지방의 태수로 부임했다. 태수로 부임한 양호는 자못 선정을 베풀었다. 그리고 틈틈이 시간이 나면, 현산에 가서 노닐곤 했다. 그 후 양호는 이 고을을 떠났다. 백성들은 선정을 베푼 그에게 감사하는 의미로, 그가 자주 노닐었던 현산에 비석을 세우고 사당도 건립했다. 그리고 명절 때면 제사를 올리며 백성들 모두 비석을 바라보고 눈물을 흘렸다. 그 광경을 본 두예(杜預, 222~284)는 이 비석에 '백성들이 눈물을 흘리는 비석'이라는 의미로 타루비(墮淚碑)라는 이름을 붙였다. 이것이 '현산의 정남석'에 대한 고사다.

전련, 즉 "현산 땅 그때 양호의 비석 앞에서도"는 바로 이 고사를 말한 것이다. 윤선의 선정비를 양호의 타루비에 빗대었다고 할 만하다. 그러고는 결련에서 이 상황을 반전시킨다. "또한 고운 임이 눈물을 떨어뜨린 적이 있었던가."

타루비 앞에서는 양호를 잊지 못한 백성들이 눈물을 흘렸다는데, 윤선의 선정비 앞에서는 백성이 아니라, 기생이 눈물을 흘리고 있으니 해괴하다는 말이다. 이로써 윤선은 선정을 베푼 수령에서 호색한 수령으로 바뀌게 된다. 이원형은 대놓고 윤선을 비판했던 것이다. 비유가 참으로 절묘하다. 당시 사람들도 이 시를 두고 절창이라고 했으니, 잘된 풍자임에 틀림없다. 그런데 입장을 바꿔서 생각해보자. 당사자인 윤선이나 그 주변 사람들의 입장에서 보면 어떨까? 이 시는 참으로 사악한 것일 수밖에 없다. 무방비 상태로 크게 얻어맞은 꼴이 되었다. 아마 이 때문에 조정에서는 말이 많았을 것이고, 이 시를 지은 사람이 허균의 관객이었기에 비난의 화살이 허균에게 쏠렸던 것이다. 그러고 보면 앞서 소개한 허균의 편지도 어느 정도 이해된다.

　매창은 뜻하지 않게 파문의 중심에 놓이게 되었다. 단지 떠난 임이 그리워 순수하게 임의 흔적이 담긴 선정비를 찾아가 노래를 부른 것뿐인데, 온갖 비난의 목소리를 듣게 된 것이다. 자신보다는 타인을 먼저 생각했던 매창에게 이는 견디기 어려운 고통이었으리라. 그런데 그렇게 단순하게 해석하기에는 무엇인가 이상하다. 매창이 윤선과 연인 관계였다는 점은 인정한다 해도 그녀가 윤선의 선정비에 간 진짜 이유는 무엇일까? 이원형은 정말 우연히 지나가다가 매창이 선정비 앞에서 우는 모습을 봤던 것일까? 그리고 뜬금없이 권필은 왜 등장한 것일까? 아직도 풀리지 않는 문제가 남아 있다. 이 문제는 허균이 매창에게 보낸 다른 편지를 통해 실마리를 찾아보자.

허균에게
매창의 존재란

이 일이 있고 8개월이 지난 1609년 9월, 허균은 매창에게 다시 편지를 보낸다. 그 편지를 보자.

봉래산 가을빛이 한창 무르익었으리니, 돌아가고픈 흥을 가눌 길 없네. 낭자는 내가 구학의 맹세를 저버렸다 응당 비웃겠지. 그때 만약 한 생각이라도 어긋났다면 나와 낭자의 사귐이 어찌 10년간 끈끈하게 이어질 수 있었겠나? 이제야 진회해(秦淮海)가 사내가 아님을 알겠네. 하지만 선관(禪觀)을 지님이 몸과 마음에는 유익함도 있지. 언제나 하고픈 말 마음껏 나눌 수 있을지. 종이를 앞에 두니 서글퍼지는구려.

앞서의 사건에 대해서는 언급조차 하지 않았다. 다만 숨은그림찾기처럼 사적인 감정을 비유적으로 드러내고 있을 뿐이다. 부안의 가을이 한창 무르익었겠다고 말하는 허균은 그 전해 그즈음에 내변산을 유람하며 천충암과 월명암 등 여러 곳을 돌아다녔다. 아무 데도 얽매이지 않고 신선이 되어 맘껏 노닐던 그때, 생각해보면 벌써 아득한 옛날 같다. 허균은 돌아가고 싶다는 생각을 몇 번이고 되새긴다. 그러면서 문득 자신이 서울로 떠나올 때 매창과 한 약속, "내 금세 돌아옴세. 그리 오래지는 않을 게야"라는 말이 자꾸 떠올랐나 보다. 그런 자신을 비웃을 매창의 목소리가 들리는 듯도 하다.

그러면서 허균은 문득 매창과 자신의 관계를 스스로 물어본다.

10년이라는 세월 동안 끈끈하게 이어온 우정은 서로가 서로에게 다른 생각을 하지 않았기 때문에 얻어진 귀중한 결실이 아닌가? 호색한이었던 허균도 매창에게만큼은 특별했던 자신을 본다. 그러다 가만히 생각해보니, 이제야 진관(秦觀. 1049~1100)이라는 사람도 남자가 아니었음을 알겠다고 한다. 북송의 문인이었던 진관이 회해거사(淮海居士)라는 호를 썼기에, 허균은 그를 진회해라고 했다. 진관은 창(暢)씨 성을 가진 여도사에게 빠져 온갖 방법으로 그녀를 꾀었지만, 끝내 성공하지 못한다. 결국 진관은 「증여관창사(贈女冠暢師)」라는 시를 지어 그녀의 자태를 찬양한다.[3] 그리고 두 사람은 도교를 숭상하며 친구처럼 지냈던 모양이다. 허균은 이런 진관을 비판한 것이다. 자신은 애초부터 매창에게 연인이 아닌 친구의 감정으로 다가갔으니, 창씨 성의 여도사에게 연인의 감정으로 접근했던 진관보다 훨씬 사내답다는 말이다. 마치 어린아이가 엄마에게 칭찬받고 싶어하는 것처럼 매창 앞에서 어깨를 으쓱대는 모습이 참으로 허균답다.

그리고 그는 다시 묻는다. 우리는 언제쯤에나 다시 만나 같이 참선도 하고, 하고픈 이야기도 끝없이 해보려나? 편지를 마주하고 있자니 슬픔은 끝없이 이어진다. 무엇이 그렇게 허균을 지치게 했을까? 허균은 현실에 부대끼며 부안의 자연과 사람을 그리워한다. 허균이 그토록 바랐던 두 사람의 만남은 끝내 이루어지지 않았다. 아니, 이루어지지 못했다.

허균이 매창에게 보낸, 어쩌면 마지막이었을 이 편지에는 1월의 일에 대한 아무 언급이 없다. 매창이 윤선의 선정비 옆에서 노래를 부르며 눈물을 흘렸던 일은 한때의 해프닝으로 끝난 것일까? 그렇지는 않았다. 허균이 굳이 이야기하지 않았을 뿐이지, 조정에서는 여전히 논란이 계속되고 있었다. 논란을 넘어 쟁점이 되고 있었다. 그럼에도 허균은 매창이 상처를 입을까 봐 굳이 말하지 않았다. 어쩌면 이 편지는 이 일을 따지기 위한 것이었을지도 모른다. 그러나 그 말은 차마 못하고 자기 감상에 빠져버린 것이 아니었을까? 허균을 지치게 한 일은 어쩌면 이 사건이었을지도 모른다.

문제의 시를 지은
주인공

허균이 매창에게 보낸 편지와는 달리, 분란을 일으킨 이원형에게 보낸 편지는 사뭇 엄하다. 허균이 매창에게 편지를 보내고 한 달이 지난 1609년 10월 이원형에게 보낸 편지를 보자.

자네가 지은 시 「윤선의 비에서〔尹碑〕」는 참으로 절창이네. 하지만 나에게 피해를 입힌 것이 너무나 많네. 그대가 지은 것이라고 말하지만, 권필 말고는 믿을 사람이 아무도 없네. 앞으로 어떻게 해명하려는가? 나도 이 시 때문에 모두 세 차례나 대간들의 의론에 걸려들어야 했는데, 여러 사람들의 도움에 힘입어 가까스로 빠져나왔네. 그 시 때문에 내가 비방받은 게 적지 않았으니 다음부터는 삼가 이런 일을 하지 말게. 그대는 보지 못했는가? 어무적이 도끼에 찍히는 매화나무를 시로 읊었던 일에 대해서 말일세. 어! 그거야말로 두려운 일이라네.⁴

매창에게 쓴 어투와는 퍽 대조적이다. 우선은 형식적으로나마 이원형의 시를 절창이라고 칭찬한다. 그러나 그 이후는 1월부터 10월까지, 무려 아홉 달 동안 그 시 때문에 겪은 고충을 압축적으로 드러냈다.

허균은 이 시로 인해 대간들의 문책을 세 차례나 받았다. 이원형이 직접 나서서 그 시를 자기가 지었다고 하지만, 그 말을 믿어줄 사람은 오직 권필뿐이었다고 한다. 이원형과 권필을 제외한 나머지 사람들은 모두 그 시의 작자로 허균을 지목했다. 허균이 윤선 일파를 비판하기 위해 일부러 이 시를 지었다며 조정이 시끌벅적해지자, 대신들이 허균을 불러 그 진위를 파악하고 훈계까지 했던 것이다. 일이 다급해지자 이원형이 직접 나서 자신이 시를 지었다고 실토해도, 조정에서는 허균이 대리인을 내보냈다고만 생각할 뿐, 그의 말에 귀 기울이지 않았다. 허균이 꼬리 자르기 식으로 빠져나가려고만 한다고 생각했을 뿐이다.

허균이 이원형에게 편지를 보낸 때는 어느 정도 사건이 무마될 무렵이었으리라. 그러나 무려 아홉 달 동안 허균과 그 주변 사람들이 심한 고초를 겪어야 했다. 오죽했으면 연산군 때 사람인 어무적(魚無跡. ?~?)의 일화까지 언급했을까.

어무적은 든든한 집안에서 태어났지만 어머니가 관비였던 까닭에 관노로 살다가 나중에 면천되었다. 그가 김해에서 살 때, 고을 수령이 매화나무에까지 세금을 매기자, 견디다 못한 농민이 그 나무를 도끼로 찍어버린 일이 있었다. 어무적은 이를 풍자하여「작매부(斫梅賦)」를 지었다. 어무적은 결국 이 시 때문에 목숨을 잃게 된다. "도끼에 찍히는 매화나무를 시로 읊었던 일"은 바로 이를 말하는 것이었다. 어무적이 「작매부」 때문에 필화로 죽었던 것처럼 허균도 절체절명의 순간을 지났다고 한다. 그가 여러 사람들의 도움으로 빠져나오지 못했다면 어땠을까? 이 일은 여차하면 목숨까지 잃을 만큼 위태로웠던 사건이었다.

그런데 허균은 이원형의 말을 믿을 사람이 권필밖에 없다고 말한다. 권필은 왜 자꾸 등장하는 것일까? 앞서 본 『성수시화』에도 뜬금없이 권필이 등장했다. 이 사건을 이야기할 때마다 권필은 왜 빠지지 않고 등장하는 것일까? 질문은 복잡하지만 대답은 의외로 간단하다. 권필은 이원형이 직접 이 시를 짓는 것을 보았기 때문이다. 그러면 당시 상황이 대략적으로 정리된다.

매창은 윤선이 그리워서 노래를 부른 것이 아니었다. 단지 권필, 이원형 등 허균의 무리와 함께 그곳에서 연회를 베풀다가 문득 윤선과의 추억이 떠올라 노래를 불렀던 것이다. 그러자 곁에 있던 이원형이 그런 매창을 보고 우스갯소리로 시를 지었고, 권필은 시 자체만을 보고 뛰어난 시라고 평가했던 것이다. 당시에는 아무렇지도 않게 한바탕 웃고 넘어갔을 일이다. 그런데 이 일이 의외로 논란을 불러일으켰다. 그러나 논란이 일어났을 당시만 해도 이 일이 크게 문제되리라고는 아무도 생각하지 않았다. 1월에 허균이 매창에게 보낸 편지를 보면, 허균은 약간 투정을 할 뿐이다. 사건 자체의 심각성은 별로 드러나지 않는다. 그러나 10월에 이원형에게 보낸 편지를 보면, 그 후로 퍽 오랫동안 집요하게 논쟁이 이어졌음을 알 수 있다. 모진 비판과 문책도 있었다. 자칫 살육이 일어날 뻔한 위태로운 상황도 있었다. 정치적 이해득실에 따라 서로가 서로를 물고 뜯는, 모진 정치판을 엿보는 것 같다. 그 후로도 얼마간 말이 많았으리라.

이원형이 읊은 「윤선의 비에서」는 『매창집』에 수록되어 있다. 『매창집』 간행을 주도했던 후대의 아전들도 이 시의 주인을 매창으로 알았기에, 아무 의심 없이 『매창집』에 실은 것이다. 허균이 발버둥을 치며 이 시는 자신과 관련 없다고 아무리 변명해도, 그의 주장은 크게 설득력을 갖지 못했다. 허균이 『성수시화』에서 이 시에 대해 장황한 설명을 붙이면서까지 그 주인을 찾아주었지만, 끝내 이 시의 주인은 이원형이 되지 못했다. 이 시는 끝내 허균의 사주로 매창이 지은 것으로 확정되고 말았다.

이 시의 주인이 이원형이 된 것은 최근의 일이다. 현대 연구자들이 처음으로 허균의 『성수시화』를 믿고, 그 시를 이원형에게 돌려주었다. 당시에는 아무도 믿지 않았던 허균의 말을 현대의 연구자들이 믿기 시작한 것이다. 나는 가끔씩 어쩌면 허균이 거짓말을 한 것이 아닐까 하는 생각도 한다. 이미 『성수시화』의 일부 내용은 거짓으로 드러났다. 매창이 윤선과 연인 관계였는지 아닌지는 확인할 길이 없으니, 그저 믿을 수밖에 없다. 하지만 매창이 윤선을 그리워하여 선정비를 찾은 것은 아니었다. 그 자리에는 권필과 이원형을 비롯한 허균의 일파가 같이 있었다. 매창이 개인적으로 찾은 것이 아니라, 여러 문인들이 함께 찾은 것이다. 허균은 이 사실을 알면서도 매창이 홀로 선정비를 찾았고, 이원형이 우연히 그 모습을 보고 시를 지었다고 서술했다. 증인이 되어줄 권필은 끝내 아무 말도 하지 않았

다. 당시 시에 대해 해박했던 사람들이 이 시를 두고 허균과 관련되
었다고 생각한 이유 중에는 허균의 문체도 한몫했을 것이다. 문체는
좀처럼 바뀌지 않기 때문이다. 이 시의 문체를 『매창집』에 실린 매
창의 여러 시들과 비교하면 분명 차이가 드러난다. 분명히 매창이
지은 것은 아니다. 무엇이 진실일까? 이 문제는 미제로 남을 수밖에
없겠다. 현재로서는 이 시의 주인이 이원형이라는 사실에 이의를 제
기할 수 없다.

파문의
중심에서

매창은 이런 상황을 보면서 무슨 생각을 했을까? 아무리 귀를 막고
있어도 속속들이 들어오는 이런저런 서울 소식에 매창은 퍽 힘들었
을 것이다. 또한 아무 말도 하지 않는 허균의 편지에 매창의 마음은
더 아팠을 터다. 아프다는 말조차 하지 않고, 그저 같이 놀던 때를
그리워하는 허균. 그리고 다시 만나 많은 이야기를 나누자고 하는
'친구' 허균. 오히려 그 목소리가 더 슬프게 들렸을 법도 하다.

> 잘못되게 헛소문을 입었는데
> 도리어 여러 사람들의 입에 오르내리네.
> 공연히 시름겹고 한스러워지니
> 병을 핑계 삼아 사립문을 닫으리라.

誤被浮虛說　還爲衆口喧
空將愁與恨　抱病掩柴門

「병이 들어」라는 제목을 붙인 시다. 아마도 이즈음에 매창이 쓴 시
가 아닐까 한다. 헛소문에 휩싸인 매창. 여러 사람들이 자신을 두고
왈가왈부한다. 그래서 서럽고 한스럽다. 차라리 병든 김에 사립문을
닫아 걸고 외부와 단절하고 싶은 마음을 직설적으로 드러냈다. 오언
절구지만 율격이 다소 어색해 보인다. 마음이 심란했던 탓이었을
까? 시 한 편이 어떻게 이렇게 사람을 괴롭히는가? 윤선의 선정비
옆에서 거문고를 타며 노래를 불렀던 자신을 한없이 원망하고, 또
원망한다.

　매창이 할 수 있는 일은 그저 시를 짓고 노래를 부르는 일뿐이었
다. 얼마 동안은 권필이 있어서 그나마 시를 주고받을 수 있었지만,
지금은 모두가 떠나버렸다. 홀로 남은 자신의 곁에 우두커니 서 있
는 거문고. 그 거문고 때문에 이런 화가 생겼지만, 그래도 매창과 한
평생을 같이한 분신이 아니었던가. 생각해보면 거문고의 신세도 참
으로 처량하다. 거문고를 쓰다듬는다는 게, 어느 순간 거문고를 타
고 있다. 거문고 선율에 흘러나오는 노랫가락. 그 소리도 그리 즐겁
지가 않다. 문득 내다본 창 밖에는 가을이 무르익었다. 어김없이 가
을은 찾아왔지만, 이번 가을은 유독 쓸쓸하기만 하다.

　매창의 나이는 이제 서른일곱이다. 말을 배우고 걸음마를 배울 때
부터 노래와 춤을 익혔다. 일곱 살에 기명을 받고 기역을 시작하던
일이 떠오른다. 어린 시절에 보았던 무서우면서도 가끔씩 자상한 미

소를 지어주었던 양대수 현감, 열네 살에 만났던 유희경, 서울에서 3년간 기첩으로 살았던 일, 전란 당시 만났던 숱한 수령들, 허균과의 첫 만남, 자신을 인정해주었던 한준겸, 연회장에서 만났던 임서, 부안을 찾아온 허균의 동지들, 심광세 현감과 권필 그리고 지금까지 자기 곁에서 이야기를 들어주는 오랜 친구 고홍달까지 매창은 자신의 생애를 돌아본다. 남은 것은 무엇일까? 병든 몸과 눈물뿐이었던가. 독수공방에서 흘린 그 눈물만이 끝내 자신과 함께하고 있다. 매창은 이런 심정을 「가을날의 그리움, 병든 상태에서(病中秋思)」에 담았다.

> 독수공방 외로워하다 병에 지친 몸만 남아
> 가난과 추위 속에 40년이 흘렀네.
> 인생을 살아야 얼마나 산다고
> 시름 맺힌 가슴에 눈물로 옷깃을 적시지 않는 날이 없는지.
> 空閨養拙病餘身　長任飢寒四十年
> 借問人生能幾許　胸懷無日不沾巾

남은 것은 가난과 추위. 그 오랜 시간 매창은 눈물로 옷깃을 적시지 않은 날이 없었다. 서른일곱, 매창은 다시 자신의 나이를 세본다.
　매창에게 갑자기 찾아온 병은 아마도 심한 스트레스로 인해 생겼을 것이다. 1609년 여름 즈음까지만 해도 매창은 권필과 시를 주고받을 만큼 건강에 큰 문제가 없었다. 그런데 조정에서 자신과 관련된 시가 문제가 되면서 매창은 급격히 몸이 나빠졌던 것으로 보인다. 자신으로 인해 누군가가 상처를 입었다는 사실이 못 견디게 괴로웠던 모양이다. 자신보다 타인의 아픔을 먼저 생각했던 매창에게는 목숨을 내놓는 일보다 힘든 고통이었다. 그런 고통 속에서 다시 해가 밝았다.

새장에 갇힌
새가 날아가듯

1610년. 매창은 서른여덟 살이 되었다. 생각해보면 기생으로 살았던 한평생은 그리 나쁘지 않았는지도 모른다. 당대 최고의 문인들과 시를 나누고, 가장 낮은 자리에서 다른 사람들을 안아주는 삶은 행복하지 않았을까? 매창은 마지막으로 거문고를 탄다. 새장에 갇혀 있던 새를 보며 놓아주리라 마음먹는다. 새장 문을 열자 새는 푸른 하늘로 날아간다. 어디로 가는 것일까? 그 순간 매창은 꿈을 꾼다. 자신에게 다가오는 검은 그림자가 두렵다. 황혼 녘 휑한 들판에 야윈 몸으로 홀로 서 있는 자신을 본다. 까마귀들은 자신을 보고 숲에서 떠들썩하다. 그래, 저 새들도 내 시신으로 인해 행복해질 수만 있다면…… 매창은 마지막으로 가쁜 숨을 내쉬며 병든 날개를 퍼덕거려본다. 「새장에 갇힌 학〔籠鶴〕」이다.

> 새장 속에 갇힌 뒤로 돌아갈 길 막혔으니
> 곤륜산 어느 곳에 낭풍이 솟았던가.

푸른 들판에 해가 지고 푸른 하늘도 끊어진 곳

구령산의 달이 높아 꿈속에서도 고달파라.

짝 없이 야윈 몸으로 근심스레 서 있으니

황혼녘의 까마귀들만 숲에서 떠들썩하네.

긴 털 병든 날개, 죽음을 재촉하니

슬피 울며 해마다 놀던 언덕 그리워하네.

一鎖樊籠歸路隔　崑崙何處閬風高

靑田日暮蒼空斷　縱嶺月明魂夢勞

瘦影無儔愁獨立　昏鴉自得滿林噪

長毛病翼摧零盡　哀唳年年憶九皐

　매창이 죽었다. 그녀가 늘 가슴 아픈 이별을 하던 그 화려한 봄날,
매창은 또다시 모든 사람들과 이별했다. 배꽃이 날리던 날 헤어졌던
첫사랑 유희경을 비롯하여 얼마나 많은 사람들을 봄날에 보냈던가.
그게 운명이었을까? 늘 그랬던 것처럼, 그녀 역시 봄날 모든 사람들
과 이별했다. 그녀의 죽음과 함께 조정의 의론도 사라졌다! 마지막
까지 매창은 남아 있는 모든 사람들의 고통을 떠안았다.
　매창이 평소에 했던 말이 있다. "나는 거문고와 시가 참말 좋아요.
이후에 내가 죽으면 거문고를 함께 묻어주세요." 그 말에 따라 그녀
의 무덤에는 거문고를 함께 묻었다.[5] 거문고와 함께였기에, 마지막
길이 조금은 덜 쓸쓸했으리라. 그렇게 매창은 죽었다.

시로 매창의 죽음을
애도하다

매창의 죽음은 허균에게도 전해졌다. 그 소식을 들은 허균의 마음은
어떠했을까? 허균은 한바탕 슬피 통곡한다. 그러고는 마음을 진정
하고 시를 짓는다. 늘 시를 좋아했던 매창이기에, 울음보다는 시가
그녀의 죽음을 애도하는 데 적격이다. 매창이 교유했던 여러 문인들
이 그녀의 죽음을 애도하는 시를 지었을 것으로 보이지만, 현재까지
확인된 것은 허균의 시가 유일하다. 어쩌면 정치적인 문제가 얽혀
있던 상황인지라, 그녀의 죽음을 드러내지 못한 채 마음속으로만 슬
퍼했을지도 모르겠다. 그런데도 허균은 거리낌 없이 시를 지어 애도
했다. 「계랑의 죽음을 슬퍼하다〔哀桂娘〕」라는 제목을 붙인 시다.[6]

계생은 부안 기생인데, 시에 능하고 글도 이해하며 또 노래와 거문고
도 잘했다. 그러나 천성이 고고하고 개결하여 음탕한 것을 좋아하지 않
았다. 나는 그 재주를 사랑하여 교분이 막역했으며 비록 담소하고 가까
이 지냈지만 어지러울 지경에까지는 이르지 않았다. 그래서 오랜 시간
이 지나도 변함이 없었다. 지금 그녀의 죽음을 듣고 한 번 울고, 율시 두
수를 지어 슬퍼한다.

오묘한 시구는 비단을 펼친 듯하고
청아한 노래는 구름도 멈추게 했네.
복숭아 훔친 죄로 인간 세상에 귀양 와서는

전북 부안군의 매창공원에 있는 이매창의 묘. 매창은 시와 노래, 거문고에 이르기까지 다재다
능했던 부안의 명기로, 부안에서는 지금도 해마다 음력 4월 5일이면 매창 묘소에 모여 매창제
를 지내고 있다.

불사약을 훔쳐서 이 세상을 떠났네.

부용 휘장에는 등불이 어둡게 비치고

비취색 치마에는 향내가 남았어라.

이듬해 작은 복사꽃 필 즈음에는

그 누가 설도의 무덤을 찾을는지.

妙句堪擒錦　淸歌解駐雲

偸桃來下界　竊藥去人群

燈暗芙蓉帳　香殘翡翠裙

明年小桃發　誰過薛濤墳

처량하구나, 반첩여가 부치던 부채여.

슬프구나, 탁문군의 거문고여.

흩날리는 꽃잎을 보니 속절없이 한만 쌓이고

시든 난초를 보니 그저 마음만 상하네.

봉래섬의 구름은 자취도 없고

푸른 바다에는 달도 잠겨버렸네.

이듬해 봄이 와도 소소의 집에는

남은 버들이 그늘도 드리우지 못하리라.

凄絶班姬扇　悲涼卓女琴

飄花空積恨　衰蕙只傷心

蓬島雲無迹　滄溟月已沈

他年蘇小宅　殘柳不成陰

하늘나라 선녀가 인간 세상에 귀양을 왔다가 다시 하늘나라로 돌아갔다. 그녀가 머문 곳은 아직도 향기가 남아 있는데, 그녀는 없다. 흘러가는 구름까지 머물게 했던 그녀의 시를 이제는 들을 수 없다. 허균은 그 슬픔이 컸다. 내년 이맘때쯤에도 어김없이 복사꽃이 피겠지만, 그때는 또 누가 조선 최고의 여류시인 매창의 무덤을 찾을지. 그녀가 사라진 지금 흩날리는 꽃잎만 봐도, 시든 난초만 봐도 마음이 아프다. 세상의 모든 자연도 그녀의 죽음 앞에서는 고요하게 잠들었다. 그녀가 떠난 자리는 어떤 기생이 와도 그늘을 드리울 수 없을 것이라는 말, 힘들고 아파도 나를 안아줄 사람이 없다는 말. 그 말이 슬프다. 아픔을 달래며 시를 쓰는 허균의 마음도 말이 아니었을 것이다.

매창이 죽던 해에 사명대사(四溟大師, 1544~1610)도 서세(逝世)했다. 허균보다 열여덟 살이나 많은 작은형 허봉(許葑, 1551~1588)과 절친했던 친구여서 그랬는지 허균은 그를 형처럼 따랐다. 허균은 그가 언젠가 자신을 빤히 쳐다보며 건넨 시 한 수를 떠올렸다.

남의 장단점을 말하지 말게.
무익할뿐더러 공연히 화만 불러오지.
입단속하기를 병을 막듯이 하면
이것이야말로 몸을 보존하는 데 제일 방책이지.
休說人之短與長　非徒無益又招殃
若能守口如瓶去　此是安身第一方

『사명집』에 실린 「허생에게 주다(贈許生)」라는 시다. 아마도 그때 허균은 한바탕 껄껄 웃으면서 "그대들은 그대들 법을 따르라, 나는 내 법을 따르리라"고 했을지도 모를 일이다. 그런데 지금 매창의 죽음을 보고 있자니, 허균 자신과 연루되어 끝내 유명을 달리한 것만 같아 사명대사의 말이 예사롭지 않게 느껴진다. 왠지 매창이 몹시 불쌍해진다. 자신으로 인해 아무 흔적 없이 사라져버린 매창을 기억하고 싶었던 것일까?

매창의 죽음,
그 이후

매창이 죽던 그 무렵, 허균은 명나라 황태자의 생신을 축하하는 천추사(千秋使)로 임명된다. 하지만 허균은 병을 핑계 삼아 사퇴한다. 정말 병이 있었는지 알 수 없다. 당시 친구들과의 편지에서 "내 목숨이 있어야 벼슬도 있다"고 이야기한 것을 보면, 정말 병이 깊었을 것이다. 1년 남짓 이어진 스캔들에 허균은 몸도 마음도 지쳐 있었을 테니. 그러면서 허균은 늘 지방관으로 내려가기만을 바랐다. 그는 자신을 나주목사로 추천해 달라고 간청하는 편지를 신흠(申欽, 1566~1628)에게 보내기도 했다. 중앙을 떠나 지방으로 내려가 한적하게 지내고 싶은 마음이 간절했으리라.

그리고 그해 11월 허균은 시험 감독관이 되어 조카와 조카사위를 부정 합격시켰다는 이유로 탄핵을 받아 귀양을 간다. 42일간 의금부에 갇혀 있다가 12월에 전라도 함산 지방으로 유배를 갔던 것이다. 함산은 지금의 익산시 함열읍에 속한 곳이다. 허균이 도착한 때는 1611년 1월 15일. 허균의 귀양살이는 그리 길지 않았다. 그해 11월에 귀양이 풀렸다. 그런데 허균은 서울로 향하지 않는다. 허균이 향한 곳은 부안이었다.

11월 24일. 허균은 부안에 도착했다. 허균은 왜 부안에 왔던 것일까? 그는 자신이 살았던 우반골 정사암에 들렀으리라. 금방 돌아오겠다고 약속하고 떠난 부안은 불과 3년도 되지 않는 시간 동안 너무도 황폐해졌다. 아마 사람들이 모두 떠나 그렇게 보였을 것이다. 겨울이 오는 길목에서 내변산은 마지막으로 가을 정취를 맘껏 발산한다. '그랬지. 어느 해 나도 내 친구들과 이 가을을 맘껏 누린 적이 있었지.' 정사암에 앉아 허균은 과거의 오늘을 기억하고 또 기억했으리라. 그리고 매창의 무덤도 찾았으리라. 복사꽃이 피는 때가 아니라, 약간씩 눈발이 날리는 때지만 허균은 찾아오겠다던 약속을 지켰다. 다만 그 시간이 너무 늦어버린 것일까? 허균은 몇 번씩 되묻는다.

어쩌면 이때 허균이 『매창집』을 기획한 것은 아닐까 하는 생각도 든다. 형과 누나의 문집을 내고, 권필 아버지의 문집을 냈던 것처럼, 매창을 기릴 문집을 내주고 싶었는지도 모른다. 그래서 매창의 시를 가장 많이 기억하고 있고, 또한 그 시들을 정리해둔 고홍달을 만나 이야기를 나눈 것은 아니었을까? 매창에게 해줄 수 있는 살아남은 자들의 마지막 선물. 어쩌면 『매창집』은 그렇게 처음으로 기획되었을지도 모른다.

문집 간행은 퍽 어려운 일이다. 이식의 유언이 그렇지 않았던가. "주현(州縣)을 해치지 말라"고. 문집을 간행하게 되면, 그만큼 고을의 백성들이 힘들어지기 때문에 자신의 문집을 간행하지 말라는 의미다. 결국 이식은 『택당집(澤堂集)』이란 문집을 남기지만, 문집 간행이란 것이 얼마나 백성을 피곤하게 하는지를 짐작하게 하는 대목이다. 그런데도 아전들은 자진해서 매창의 문집을 간행했다. 누구의 위압에 의해서가 아니라, 자발적으로.

아전들은 관아의 문서뿐만 아니라 사찰의 경서를 베끼는 일이라든가 조판(彫板)에도 두루 참여했다. 중들을 감독하는 아전들의 영향력이 컸기 때문이다. 고을의 수령들은 수령 7사 중 하나인 '학교를 일으킨다'는 명목으로 책을 많이 찍어냈다. 그 책에 글씨를 쓰는 사람은 필체가 좋은 아전이나 중이었다.[7] 『매창집』이 간행되었던 일차적인 요인도 여기에 있다. 매창의 아버지가 아전이었기에 그 집단의 공감을 얻었을 것이다. 『매창집』의 첫머리에 굳이 매창이 '아전 이탕종'의 딸이라는 사실을 강조한 것은 이 때문이었다.

문집 간행은 관찰사의 허락 없이는 불가능한 일이었다. 그래서 매창과 교유했던 문인들의 영향력도 얼마간 작동했으리라. 이 문집을 엮은 당시의 전라도 관찰사는 여성제(呂聖齊, 1625~1691)였다. 그의 어머니는 한준겸의 딸이었다. 전라도 관찰사가 된 아들을 따라 전주 감영에 들어간 한씨 부인은 자못 아버지 한준겸에 대한 그리움이 있었으리라. 그리고 아버지에게서 기생 매창에 대한 이야기도 들었으리라. 아버지의 문집에 시가 두 편이나 실린 사람이 아니었던가. 아마도 여성제는 모친의 이야기를 듣고 기생의 시집을 함부로 내치지는 못했을 것이다.

『매창집』은 이렇게 세상에 선보였다. 그것은 매창을 여전히 기억하는 민중과 아전, 그리고 문인들이 서로 교감한 결과였다. 『매창집』은 이렇게 개암사에서 간행되었다.

10장

끝나지 않은
이야기

맑고 고운
노랫소리로

저항보다는 순응을 미덕으로 여겨야만 했던 사람, 자신은 늘 가슴
아파도 상대방의 아픔을 먼저 생각해주던 사람, 매창은 그랬다. 어
린 시절 사랑했던 유희경을 가슴속에 묻어두고, 다시 새로운 사람을
사랑하며 그 아픔을 달래주는 것이 매창의 참모습이었다. 매창이 한
결같이 사랑받는 동인도 여기 있다. 조선시대 여러 시화집에 소개된
매창의 시 「취한 손님께〔贈醉客〕」를 보자.

취하신 손님, 비단 저고리를 잡으니
비단 저고리, 손길 따라 찢어졌네요.
비단 저고리 하나쯤이야 아까울 게 없지만
임과의 사랑이 끊어질까 두렵네요.
醉客執羅衫　羅衫隨手裂

不惜一羅衫 但恐恩情絶

술 취해 꼴사나운 행태를 부리는 술 손님. 기생의 수모가 그대로
느껴진다. 그런데도 상대방의 마음을 거스르지 않으려는 배려, 이것
이야말로 매창을 사랑스럽게 하는 동인이 아닐까? 매창에게는 황진
이처럼 재상(宰相)의 아들을 자신의 종이라고 부를 당당한 풍모가
없다. 상대방의 오만을 억누르려는 자존심도 없다. 오직 상대방의
아픔을 안고 가려는 모습, 상대방을 이해하려는 모습만 비친다. 좀
더 과장해서 말한다면, 세상의 아픔을 모두 껴안고 가는 무속신화
바리공주의 모습도 떠오른다. 내 영혼을 달래줄 신화 같은 사람. 어
쩌면 매창이 실제로 그런 꿈을 꾸었는지도 모를 일이다. 그런 모습
때문에 최고의 권력층부터 나무꾼까지 모두가 그녀를 사랑했던 것
이리라.

그런데 이 시를 두고 일부에서는 매창의 분노로 해석하기도 한다.
겉보기에는 상대의 마음을 거스르지 않으려는 배려 같지만, 그 행간
에서는 분노가 읽힌다는 것이다. 자신을 함부로 대하는 취객에 대한
분노의 표출이자 거센 항의를 담고 있다는 시각도 있다.[1] 타당한 해
석이다. 유순한 듯이 강한 불만을 토로한다는 점에서 매창의 자의식
을 읽어낼 수도 있다.

그러나 이렇게 보는 것은, 중세 이데올로기에 토대를 둔, 오만한
행태를 보이는 자들을 한순간에 타락시켜버리는 황진이의 모습을
억지로 매창에게 투사하려는 것 같다. 그리고 매창의 참모습도 일순
간에 사라지는 듯하다. 타자의 공격성까지 감싸안아 평온함으로 회

귀시키는 사랑의 마음이 오히려 더 위대하지 않을까? 매창도 사람
인지라 분노가 없었겠느냐마는 그런 분노마저 감내하는 사랑의 힘
이 더 큰 자의식이지 않을까? 매창은 그랬다. 홍만종이『소화시평』
에서 "근래에 송도의 황진이와 부안의 계생은 그 사조가 문사들과
비교하여 서로 견줄 만하니 참으로 기이하다"고 하며, 황진이의 시
「반달(半月)」과 함께 매창의 시 「취한 손님께」를 소개한 것도 이런 위
대한 사랑을 읽은 탓일 것이다.

매창의 시 가운데 「스스로 한스러워〔自恨〕」라는 시가 있다.

봄 기운 차가워 엷은 옷 깁는데
창가로 햇빛이 비추네.
고개 숙여 손길 가는 데로 맡겨두니
눈물 방울이 바늘 위로 떨어지네.
春冷補寒衣　紗窓日照時
低頭信手處　珠淚滴針絲

봄이 왔지만 아직은 쌀쌀하다. 그래서 엷은 옷을 두껍게 기우는데,
바느질하는 옷감 위로 햇살이 비친다. 그 순간 뭔가 뿌옇게 시야를
가린다. 그게 싫었던 것일까? 고개를 숙이고 손길 가는 데로 두었더
니 그 위로 뚝 떨어지는 눈물 방울. 아무 이유 없이 떨어진 눈물의
원천은 어디에 있는 것일까? 멍하니 바느질을 하던 매창은 그저 햇
살이 좋아서 눈물을 떨어뜨렸을 뿐이다.『녹파잡기(綠波雜記)』라는
책에² 만홍(晩紅)이라는 기생이 나온다. 해는 저물어가고 저녁 안개

가 자욱한 어느 날, 그녀는 난간에 기대 길게 한숨을 쉰다. 인생이란
다 그런 것이라고. 같은 마음일 것이다.

아픔은 어디서부터 오는 것일까? 매창은 항상 진실한 사랑을 꿈
꿨을지도 모른다. 자신에게 다가오는 숱한 남자들과 만나 즐겁게
술을 마시고, 노래를 부르고, 춤을 춰도 마음 한편에는 늘 공허함
이 깃들었으리라. 마음에도 없는 사람에게 온갖 애교를 부려야 하
는 자신의 처지, 가식으로 가득 찬 삶. 그러다가 그녀는 자신을 이
해해주는 사람들을 만난다. 허균과 그 친구들을 만나면서 매창은
비로소 자신의 정체성을 떠올렸을 것이다. 매창이라는 호도 그렇
게 만들어졌다. 당시 매창의 고민은 이수광의 『지봉유설』을 통해서
도 짐작할 수 있다.

계랑은 부안의 기생이니, 스스로 매창이라고 호를 지었다. 일찍이 어
떤 손님이 그녀의 명성을 듣고 시를 지어 꾀니, 계랑이 즉시 그 시에 차
운했다.[3]

떠돌며 밥 얻어먹기를 평생 부끄럽게 여기고
차가운 매화 가지에 비치는 달을 홀로 사랑합니다.
고요히 살려는 나의 뜻 세상 사람들은 알지 못하고
맘대로 손가락질하며 잘못 알고 있네요.
平生恥學食東家　獨愛寒梅映月斜
時人不識幽閑意　指點行人枉自多

매창은 자신에 대해 이야기한다. 아무리 동쪽 집에 가서 밥을 얻어
먹고 서쪽 집에 가서 잠을 자는 기생이지만, 그래도 저 매화나무 위
로 떠오르는 달처럼 고아하게 살고 싶다고. 그런데 여전히 사람들은
자신을 두고 멋대로 손가락질한다. 몸은 비록 기생이지만 자존심은
버릴 수 없었던 것일까? 매창에게 사랑과 우정은 다른 일반 여인들
보다 중요할 수밖에 없었다. 1900년 즈음에 둔황(敦煌) 막고굴(莫高
窟)에서 발굴된 「곡자사(曲子詞)」에는 자신을 연못가의 버들가지에
빗댄 내용이 나온다. 이 사람도 꺾고 저 사람도 만지지만 사랑은 한
순간이라는 말. 기생에게 사랑은 전부였지만, 결국은 아무것도 아니
었다. 중요한 것은 나 자신을 찾는 일이라는 사실을 매창은 깨달았
을까? 그런 마음을 다잡기 위해 '매창'이라는 호를 썼을 것이다. 나
를 찾기 위해 스스로 지은 새로운 이름, 매창은 곧 삶의 의지가 반영
된 하나의 코드였던 셈이다.

매창을 기억하는
수많은 이들

1610년 숨을 거둔 매창은 황량한 공동묘지에 묻힌다. 매창을 아끼
던 문인들이 무덤에 거문고를 넣어주었다. 쓸쓸히 떠나지 않게 하려
는 지인들의 배려에 매창의 영혼도 따뜻했으리라. 그것만으로도 '기
생' 매창은 충분히 위안받았을 것이다.

그런데 그녀가 죽고 45년이 지난 1655년 어느 날. 그때까지 매창

매창공원과 비석. 1997년 부안에서 '문화개조사업'의 일환으로 매창의 묘지가 있는 지역을 공원으로 조성했다. 공원에는 부안문화원이 있어 매창의 무덤과 시비 등을 관리하고 있다.

을 기억하던 나무꾼과 농사꾼들이 그녀의 묘지 근처에 돌비석을 세워주었다. 공동묘지를 오가며 무덤을 돌보는 일만으로도 감동적인데 나무꾼과 농사꾼들은 후세에도 그녀가 잊히지 않았으면 하는 간절한 마음을 담아 비석까지 세운 것이다. 그 후 많은 시간이 흘러 돌비석의 글이 닳아 없어졌다. 그러자 부안의 시인 모임인 부풍시사(扶風詩社)가 '명원이매창지묘(名媛李梅窓之墓)'라고 쓴 비석을 새로 세웠다. 20세기에 접어들고도 한참이 지난 1917년의 일이다.

그로부터 다시 60년이 지난 1997년, 부안군에서 '문화개조사업'의 일환으로 매창이 묻힌 공동묘지를 매입하여, 매창의 무덤 하나만 남기고 그곳에 있던 모든 분묘를 이장한다. 그리고 그 자리에 공원을 조성하여 '매창공원'이라 이름 붙였다. 오로지 매창만을 위한 공원이 만들어진 것이다. 공원에는 부안문화원이 들어서서 나무꾼과 농사꾼들을 대신하여 매창의 무덤을 돌보고 있다. 매창의 무덤은 전북기념물 제65호로 지정되었으며, 매창공원 앞의 거리 이름도 '매창길'이 되었다. 그리고 매년 음력 4월 5일에는 부안의 국악인 모임인 부풍율회(扶風律會)가 매창의 묘제(墓祭)를 지내고 있고 2010년부터는 부안 향교에서도 제사를 돕고 있다. 기생이 마침내 유림이 주관하는 제사까지 받게 된 것이다.

매창의 영예는 여기서 그치지 않는다. 매창이 죽고 58년이 지난 1668년, 개암사에서는 매창의 시 58편을 묶어『매창집』을 간행했다. 발문에는 이 시집은 아전들이 외우며 전하던 여러 형태의 시를 묶은 것이라고 나와 있다. 매창을 기억하는 사람들이 그녀의 시집을 간행해준 것이다. 당시 시집 간행은 오늘날처럼 쉬운 일이 아니었다. 시집 간행이 얼마나 어려우면서도 영광스러운 일이었던가는 유하(柳下) 홍세태(洪世泰, 1653~1725)의 일화만 봐도 알 수 있다. 홍세태는 한두 푼씩 모아 백은 70냥을 만든 후, 그것을 베개 속에 넣으면서 이렇게 말한다. "이것이 훗날 내 문집을 발간할 자본이다." 먹을 것 입을 것을 아껴가며 한두 푼씩 돈을 모아 자신의 시집을 내고자 했던 홍세태의 고통과 자긍심이 함께 느껴지는 독백이다. 빼어난 문학적 재능을 가진 홍세태조차도 온갖 고통을 감내하며 스스로 문집을 준비해야만 했다. 이에 비하면 아전들이 비용을 감당하면서까지 시집을 내준 매창은 얼마나 특별한 존재인가?

매창에 대한 이런 기림은 지금도 여전하다. 매창의 무덤이 있는 매창공원 안을, 사람의 키보다 큰 시비가 두르고 있다. 시비에는 매창의 시, 매창과 시를 주고받은 당시 문인들의 시, 그리고 오늘날까지 그녀를 추모하는 시인들의 시가 새겨져 있다. 유희경, 허균, 이병기,

김민성(金民成), 송수권 등의 다양한 시비가 2001년부터 세워지기 시작했다.

시비 건립은 2001년 한때의 이벤트로 그친 것이 아니다. 「병이 들어」를 새긴 시비는 2010년에 세워졌다. 시비 건립은 아직도 진행 중인 사업이다. 그뿐만이 아니다. 현재의 부안군청 뒤에는 서림공원이 있는데 부안군청이 옛 부안 관아의 터니, 서림공원은 관아의 후원이었다고 볼 수 있다. 이 공원에도 매창의 시비 두 기(基)가 세워져 있다. 하나는 1974년 4월에 매창기념사업회가 세운 것이고, 다른 하나는 1997년 7월에 부안군이 세운 것이다. 앞의 시비는 매창이 마셨다는 혜천(惠泉)이라는 옹달샘 옆에 건립되었는데, 앞면에는 '이화우 흩날릴 제'로 시작하는 시조를 새겼고, 옆면에는 「취한 손님께」와 「백운사(白雲寺)」를 새겨 넣었다. 뒤의 시비에는 한시 「백운사」를 새겨 넣었다. 그런데 이 중 「백운사」는 매창이 쓴 것인지 확인할 수 없는 작품이다. 단지 구전으로 매창이 지었다고 전해질 뿐이다.

확인되지 않은 시까지도 비에 새길 만큼 매창에 대한 애정이 깊었던 것일까? 더구나 시비를 세운 부안군에서는 2001년부터 그녀의 이름을 내건 '매창문화제'를 열어 백일장, 서화전 등 각종 문화행사를 진행한다. 최근에는 부안 지역을 넘어 전국적인 행사로 확대할 생각도 가지고 있다고 한다.

대대손손
사랑받은 까닭

매창과 함께 조선 최고의 기생으로 일컬어지는 황진이를 보자. 그녀는 생몰년조차 확인되지 않았다. 막연히 명종 때의 기생이라 전할 뿐이다. 북한이 2011년 개성시 선정리에 황진이 무덤을 복원했다고 하지만, 그 무덤은 가묘(假墓)일 뿐이다. 그에 반해 매창은 어떠한가? 생몰년이 분명하다. 그뿐인가. 지금도 부안군이 매창의 무덤을 돌보고 있고, 매창의 숨결을 느끼고자 하는 많은 사람들이 매년 그곳을 찾아 그녀를 추도한다. 매창이 읊었던 시들은 당시 부안 아전들에 의해 불렸고, 다시 현재를 사는 우리들이 되새기고 있다. 이 정도면 38년을 살다간 기생의 삶에 비해 그 영예가 대단하지 않은가? 우리나라 기생 중에 이렇게까지 기림을 받은 사람이 또 있을까? 단지 기생으로 한정할 일이 아니다. 매창은 그만큼 특별한 사랑을 받았다.

여기에서 질문을 하나 던져보자. 매창은 도대체 무엇 때문에 이렇게 오랜 세월 사람들에게 사랑을 받았을까? 매창과 동시대를 살았던 사람들도 그녀를 사랑했고, 매창이 죽은 뒤에도 그 고을 사람들이 그녀를 사랑했다. 나무꾼과 농사꾼이 무덤을 돌보고, 아전들이 돈을 모아 시집을 내주는 상황. 매창을 사랑하는 일은 과거의 일이 아니다. 매창의 그 무엇이 이렇게까지 그녀를 사랑하게 했던 것일까? 그것은 한 사람만을 사랑했다는, 지금까지 알려진 '진실'과 달리, 매창이 모든 사람을 사랑했다는 사실에서 그 동인을 찾아야 하지 않을까?

한 사람을 사랑하는 일은 어쩌면 쉬울지도 모른다. 실제 한 사람을 위해 수절하며 살았던 조선시대의 수많은 여인들, 심지어 한 사람을 위해 목숨까지 내던진 여인들. 그것이 자의든 타의든 간에 그녀들은 모두 한 사람만을 사랑했다. 바늘로 허벅지를 찌르고 동전을 굴리며 긴 밤을 아파하면서도 그녀들은 오직 한 사람만을 위해 절개를 지켰다. 야담에서 흔히 보이는 남편 대신 호랑이의 먹이가 된 아내 이야기 역시 지고지순한 여인의 사랑으로 읽을 수 있다. 이데올로기를 지우고 생각해보면, '열녀'라는 명칭에는 이미 한 사람만을 사랑했다는 증표도 같이 새겨져 있었다. 한 사람을 사랑한다는 것은 숭고한 일이지만, 그렇다고 그리 어려워 보이지는 않는다. 정말 어려운 일은 성과 신분 같은 모든 외부적인 조건을 초월하여 모든 사람을 있는 그대로 사랑하는 것이 아닐까? 매창에게는 이런 면이 없지 않다.

아무렇게나 흩어진 공동묘지에 매창이 안치되자, 사람들은 어느 순간부터 그 주변을 '매창뜸'이라고 부르기 시작했다. 매창뜸을 지나다니는 나무꾼들이 틈나는 대로 매창의 무덤을 돌보았고, 부안 주변에 공연하러 온 사당패들은 매창의 무덤에 제를 지낸 다음에야 비로소 공연을 시작했다고 한다. 이러한 이야기들로 하층민과 매창의 관계를 짐작할 수 있다. 또한 부안의 토착 세력인 아전들이 매창의 문집을 간행한 일은 토착민과 매창의 관계를 그려보게 한다. 그리고 권필 같은 대시인, 허균 같은 대문호가 매창과 시를 주고받은 일은 권력층과 매창의 관계를 기억하게 한다.

매창이 남긴 흔적이 조금씩 드러나고 있다. 유희경이라는 한 사람만을 사랑했다는 신화도 퍽 많이 지워졌다. 그렇다고 해서 근래에 많은 작가나 학자들이 주장하듯이 허균과의 관계만을 강조할 수도 없게 되었다. 매창의 삶에서 허균의 영향력이 컸던 것은 사실이지만, 그렇다고 해서 허균의 잣대로 매창을 볼 수는 없다.

매창은 자신이 만난 모든 사람들에게 최선을 다했다. 그녀는 그들을 대신해서 그 아픔까지 짊어지려고 했다. 500년 전이나 지금이나 사람 사는 세상에 아픔이 없을 수는 없다. 매창을 만나면서 우리는 그 아픔을 조금씩 치유받았던 것이 아닐까?

글을 맺으면서 소박한 바람을 갖는다. 매창을 기억하는 행사들은 그녀의 피상적인 재주만 너무 강조하는 경향이 있다. 단순한 백일장 정도에 그치는 경우가 그렇다. 매창은 시에 능했으니, 그 역시 매창의 뜻을 잇는 의미 있는 행사일 수 있다. 하지만 매창을 통해 사람에 대한 예의를 일깨우는 것이 더 소중한 일이라 생각한다. 다른 사람의 아픔을 함께해줄 수 있는 사람이었으면 한다.

숙명적인 신분의 굴레 '기생'은 지금 우리가 사는 세상에서는 사라졌다. 그러나 정말 사라졌을까? 신분제가 폐지된 지금, 자본의 질서로 계급은 새롭게 만들어지고 있다. 단지 모습을 일부 바꾸었을 뿐이다. 매창이 지우고 싶어했던 멍에를 여전히 풀어내지 못하는 것은 그 멍에가 오늘날에도 유지되고 있기 때문이리라.

주석

머리말

1 『태종실록』 10년(1410) 6월 25일.

2 『세조실록』 10년(1464) 12월 25일.

3 민족문화추진회, 『동문선(東文選)』 19권, 정습명, 「기생에게 주며〔贈妓〕」.

4 홍만종, 『소화시평(小華詩評)』. "頃世, 松都眞娘, 扶安桂生, 其詞藻與文
士相頡頏, 成可奇也."

1장 매창, 기생이 되다

1 『매창집(梅窓集)』(『매창전집』, 부안문화원, 2010, 하버드대 소장본).

2 『(조선시대)사찬읍지』 1, 한국인문과학원, 1989, 156~157쪽.

3 『부안지(扶安志)』, 「어수대에 올라〔登御水臺〕」. "官婢桂生詩. 桂生乃本邑
名妓, 號梅窓."

4 『비변사등록(備邊司謄錄)』 영조 17년(1741) 7월 23일.

5 전북향토문화연구회 편, 『부안군 역사문헌 자료집』, 부안군, 2000, 54~
56쪽. "奴 十五名, 官婢 十口."

6 『경국대전(經國大典)』, 「형전(刑典)」, '외노비(外奴婢).'

7 이 기록은 이규리의 『조선 후기 외방(外方) 관기(官妓) 연구』(동국대학교 석

사 학위논문, 2004) 부록에 실린 도표를 참조했다.

8 『세종실록』 25년(1443) 9월 16일.

9 우인수, 「기생의 삶과 생활」, 『천민예인의 삶과 예술의 궤적』, 두산동아, 2007, 30~33쪽.

10 전주에 살던 이영민(李永敏)의 『교방(敎坊) 중수기(重修記)』에는 정유년(丁酉年)에 전쟁으로 교방이 불타버리고, 그 후 60여 년이 지났다고 쓰여 있다. 이영민이 1880년 즈음에 활동했던 인물이라는 점을 고려하면, 교방이 불탄 정유년은 1837년이라 할 만하다. 그러나 이 읍지에는 이영민의 이름조차 영민이 아닌 승민(承敏)으로 쓰는 등 아주 기본적인 오류가 나타난다. 이는 후대에 전사하는 과정에서 발생한 오류로 보인다. 따라서 이 텍스트를 그대로 믿기는 어려운 측면이 있다. 실제로 정유년은 정해년(丁亥年, 1827) 등을 잘못 전사했을 가능성이 있다. 그래서 교방이 불탄 시기를 1837년으로 썼지만 확정할 수는 없다. 참고로 전주문화원에서 출간한 책은 정유년을 정유재란으로 이해하여 그때 교방이 불탄 것이라고 밝히고 있지만, 이는 잘못이다. 이영민은 1837년 정유년에 교방이 불타고 60여 년이 지나서야 교방을 중수했다고 분명히 밝히고 있기 때문이다.

11 『세종실록』 25년(1443) 9월 16일.

12 김창업, 『노가재연행일기(老稼齋燕行日記)』, 1713년 3월 18일.

2장 어린 기생, 매창

1 『소수록(消愁錄)』과 관련해서는, 이 책을 완역하고 주석과 해설을 붙인 정병설의 『나는 기생이다』(문학동네, 2007)를 참조하라.

2 『조선미인보감(朝鮮美人寶鑑)』은 민속원의 영인본을 참조할 만하다. 조선연구회 편저, 송방송 색인, 이진원 해제, 『조선미인보감』, 민속원, 2007.

3 이 이야기는 『청구야담(靑邱野談)』 등 다른 야담집에도 실려 있지만, 이들

은 모두『계서잡록(溪西雜錄)』에 실린 이야기를 전사한 것이다.

4 이성임, 「19세기 제주 대정현(大靜縣) 읍치(邑治) 거주민의 혼인 양상」, 『대동문화연구』57, 성균관대 대동문화연구원, 2007, 20~21쪽.

5 정병설, 앞의 책, 22~24쪽.

6 노상추, 『노상추일기(盧尙樞日記)』2, 1794년 9월 3일. "洪玉劍舞稱妙, 爲人可愛, 而渠以奉官長, 戴髮成人云爾, 則大抵名妓托官長成人, 乃好事也."

7 김창업, 『노가재연행일기』, 1713년 3월 18일. "遂於大廳見之, 隨廳妓有未笄者, 貌頗端正. 余執腕而戲之, 問其名, 駕鶴, 年十六也."

8 오횡묵, 『경상도함안군총쇄록(慶尙道咸安郡叢瑣錄)』하(下), 함안문화원, 2003, 803~804쪽.

9 이경복, 「진주기와 논개의 후예들」, 『전통문화연구』2, 명지대 한국전통문화연구소, 1984, 178~179쪽.

10 위의 글, 178~179쪽.

11 『대명률(大明律)』권25 형률, 「범간(犯奸)」, '관리숙창(官吏宿娼).' "凡官吏宿娼者, 杖六十. 媒合人, 減一等, 若官員子孫宿娼者, 罪亦如之."

12 1790년에 편찬된 『호남읍지』에는 이기빈에 대해 "병술년 5월에 부임하여 12월에 치적 평가에서 하등을 받았다〔丙戌五月赴任, 十二月貶居下〕"고 기록되어 있다. 이를 보면 1586년 5월에 부임하여 그해 12월 치적 평가에서 하등을 받아 파직되었다고 볼 수 있다. 그런데 『호남읍지』에는 그 뒤를 이은 현감은 이빈(李蘋)이고 "무자년(1588) 3월에 부임하여 기유년(1589) 6월에 사헌부의 계를 받아 파직되었다〔戊子三月赴任, 己酉六月行罷府啓〕"고 되어 있다. 1587년에 해당하는 정해년(丁亥年)이 빠져 있다. 이기빈과 이빈 사이에 누군가 부임했는데 그 실체를 확인하지 못한 것인지, 아니면 『호남읍지』를 필사하는 과정에서 이기빈의 퇴임 일자 앞에 '정해(丁亥)'가 빠졌는지는 알 수 없다. 즉 "병술년 5월에 부임하여 '정해년' 12월에 치적

평가에서 하등을 받았다(丙戌五月赴任, '丁亥'十二月貶居下)"인지가 분명치
않다. 1991년에 편찬한 『부안군지』(전북향토문화연구회, 부안군청, 1991)에는
이기빈의 재임 시기가 '1586년 5월~1588년 2월'로 적혀 있다. 이는 앞서
제기한 추정 가운데 후자를 취한 것이다. 하지만 여러 요소를 고려할 때 이
기빈이 부안현감으로 있었던 시기는 1586년 5월에서 그 이듬해인 1587년
12월로 보는 것이 타당하다.

13 『일성록(日省錄)』정조 3년(1779) 6월 15일.

14 『인조실록』 3년(1625) 1월 8일.

3장 유희경과의 사랑, 그리고 이별

1 원문은 허미자의 『이매창연구』(성신여자대학교출판부, 1988)와 부안문화원에
서 편찬한 『매창전집』(부안문화원, 2010)에 실려 있다. 『이매창연구』에는 목
판본이, 『매창전집』에는 목판본을 위시하여 필사본 두 종 모두를 영인해놓
았다.

2 허미자는 간송미술관에도 목판본이 두 종 있다고 밝히고 있다. 그러나 두
종 모두 하버드대 소장본과 같은 것이라고 한다. 간송미술관 소장본 중 하
나는 발문이 뜯겨 나갔고, 다른 하나는 발문뿐 아니라 중간 부분이 5~6장
빠져 있다고 한다. 허미자, 위의 책, 44~48쪽.

3 민병도 편, 『조선역대여류문집』, 을유문화사, 1950, 561~562쪽.

4 목판본: 崇禎後戊申十月日, 得於吏輩之傳誦各體並五十首, 鋟梓于○
○開巖寺, 寺僧.

김정환본: 崇禎後戊申十月日, 得於 ○ ○ ○ 傳誦各體並五十首, 鋟梓于
邊山開巖寺矣. 歲久板沒, 無人續輯, 使千載香　掃盡不聞, 誠甚愛惜. 淸(嘉
慶)丁卯秀蔞, 晉州金鼎桓, 而重序.

5 남학명, 『촌은집(村隱集)』2, 「행록(行錄)」. "少遊扶安邑, 有名妓癸生者,

聞君爲洛中詩客, 問曰: "劉白中誰耶?" 盖君及大鵬之名動遠邇也. 君
未嘗近妓, 至是破戒, 盖相與以風流也. 癸亦能詩, 有梅窓集刊行."

6 죽서병부(竹西病夫), 『촌은집』, 「촌은집발(村隱集跋)」.

7 송언신이 어사라는 직함을 받은 것은 세 번이다. 한 번은 호남 지역 순무어사
(巡撫御使)로, 그 재임 기간은 1586년 봄부터 겨울까지다. 다음은 1588년
에 경기 지역 구황어사(救荒御史)로 나갔다가 병으로 체직(遞職)된 일이 있
다. 마지막으로 어사가 된 때는 1589년 영남 지역 재상어사(災傷御史)로,
그 재임 기간은 그해 여름에서 겨울까지다.

8 유호석, 『조선시대 전주부운과 판관』, 전북향토문화연구회, 2007, 14쪽.

9 정탁, 『약포유고(藥圃遺稿)』, 「약포선생연보(藥圃先生年譜)」. "十三年乙酉
七月, 以詩送東崗南彦經赴全州之任. 詩曰: 公昔鳴琴山水窟, 只今遺
愛在文翁. 雄州又入牛刀手, 錯節方知錦製工. 世事雲煙那復道, 浮生
南北幾時同. 年來　髮渾如雪, 此日離懷轉不窮."

10 조우인, 『촌은집』 2, 「침류대기(枕流臺記)」. "節文精熟, 吉凶極備, 士大
夫鮮能及焉."

11 남학명, 『촌은집』 2, 「행록」. "楊禮壽從後門出, 劉希慶從前門入."

12 부묵자, 『파수록(破睡錄)』(민속학자료간행회 편, 『고금소총』 수재, 유인본,
1958).

13 박효관 · 안민영, 『가곡원류(歌曲源流)』. "桂娘扶安名妓, 能詩, 出梅窓
集. 與劉村隱希慶故人, 村隱還京後, 頻無音信, 作此歌而守節."

14 유희경, 『촌은집』. "在完山時, 娘謂余曰: '願爲十日論詩.' 故云."

15 이상은, 「야우기배(夜雨寄北)」. "그대는 돌아올 날을 묻지만 기약이 없네
요. 파산은 밤비로 가을 연못이 넘쳐나네요. 어떻게 하면 함께 서쪽 창에서
촛불 심지를 자르며, 파산의 밤비 내리던 이때를 이야기할 수 있을까요〔君
問歸期未有期, 巴山夜雨漲秋池. 何當共剪西窓燭, 却話巴山夜雨時〕."

16 이 세 편의 시는 모두 『촌은집』에 실려 있다.

4장 기첩으로서의 매창, 그리고 서울 생활

1 이능화, 『조선해어화사(朝鮮解語花史)』, 한성도서주식회사, 1927. "桂生은
扶安妓也ㅣ오, 號蟾初니 爲徐進士雨觀所眄ᄒ야 入京師ᄒ니라."

2 이능화 지음, 이재곤 옮김, 『조선해어화사』, 동문선, 1992, 373~374쪽.

3 『중외일보』에 실린 계생의 기록은 확인하지 못했다. 현재 널리 인용되고
있는 영인본이나 각종 기관에서 원문을 제공하는 『중외일보』에는 1927년
1월 1일부터 같은 해 5월 15일까지, 즉 48호부터 102호까지 전부 빠져 있
다. 1926년 12월 31일 신문 다음에 5월 16일 신문이 영인되어 있는 것이
다. 「열상규조」도 5월 16일 신문에 처음 보이는데, 그때는 이미 「열상규조」
가 100회째였다. 즉 「열상규조」 1~99회가 빠져 있는 셈이다. 매창과 관련
한 내용도 여기에 실려 있을 터인데, 아직 이 신문을 확인하지 못했다. 여
러 정부 기관 및 사설 기관에도 문의해봤지만, 빠진 부분은 확인할 수 없었
다. 아쉬움은 남지만, 어쩔 수 없는 일이다. 참고로 「열상규조」에는 우리나
라 여류시인 외에 중국, 일본, 베트남, 유구국의 여류문인들의 시도 실려
있음을 밝혀둔다.

4 신윤복, 「월하정인(月下情人)」. "月沈沈夜三更, 兩人心事兩人知."

5 이에 대한 보다 자세한 논의는 김준형의 「사실의 기록과 야담의 진실성」
(『동방한문학』 39, 동방한문학회, 2009)을 참조하라.

6 임서, 『석촌유고(石村遺稿)』, 경문사, 1982. "娘名桂生, 善歌辭琴瑟, 又
能詩, 曾爲友人之妾, 今在靑樓."

7 우인수, 「기생의 삶과 생활」, 『천민예인의 삶과 예술의 궤적』, 두산동아,
2007.

8 이에 대해서는 정병설의 『나는 기생이다』(문학동네, 2007)를 참조하라.

9 허균 지음, 민족문화추진회 옮김, 『성소부부고(惺所覆瓿藁)』, 「척독(尺牘)
상(上)」, '1600년 3월 임현에게 보내는 편지', 한국학술정보, 2006.

10 양경우, 『제호집(霽湖集)』 권9, 「제호시화(霽湖詩話)」. "柳斯文塗, 有詩才. 少時遊戲靑樓. 嘗以一絶書娼家壁上曰: '半世靑樓食, 熏天衆謗喧. 狂心猶未悔, 白馬又黃昏.' (……) 柳嗜酒廢讀, 竟不能究其才. 惜哉."

11 『선조실록』 34년(1601) 8월 4일.

12 『선조실록』 35년(1602) 윤2월 5일.

13 『광해군일기』 3년(1611) 10월 6일.

14 유몽인, 『어우집(於于集)』, 「여유점사승령운서(與蝓岾寺僧靈運書)」. "余於庚申年, 寒食掃墳, 往西山, 過高陽途中, 遇幼時友李貴, 作一絶曰: '天下皆如李貴愚, 淳風猶可挽黃虞. 囊中尙有金蝪帽, 好作田園老丈夫.' 時柳塗見此詩笑曰: '子以李貴爲愚乎? 天下黠者也. 渠何以挽黃虞之淳風乎?'"

15 정연식, 「조선시대 기역의 실태」, 『국사관논총』 107, 국사편찬위원회, 2005.

16 구사(丘史)에 대해서는 김인호의 『조선의 9급 관원들』(너머북스, 2011)을 참조하라.

17 『명종실록』 3년(1548) 5월 6일.

18 『경국대전』, 「형전」. "身歿三年後還本役."

19 『선조수정실록』 24년(1591) 3월 1일.

20 『광해군일기』 5년(1613) 5월 14일.

5장 다시 돌아온 부안, 그리고 전쟁

1 『선조실록』 26년(1593) 2월 24일.

2 장현광, 『여헌선생속집(旅軒先生續集)』 8권, 「증참판지주헌리공행록(贈參判砥柱軒李公行錄)」. "저 옛날 배설(裵楔)의 일은 혹 고향의 벗들로부터 논란을 일으켰으나 막중한 국가의 은혜를 입은 몸으로서 이런 난리를 당한

때에 군신 간과 붕우 간에 털끝만 한 간격이 없을 수 없는 일이다. 곤직(閫職)을 맡은 신하는 변란을 당하면 충성을 다하고, 시골에 거처하면 붕우 간에 신의를 지키는 것이니, 어찌 이때의 두 어려운 처지를 심하게 말할 수 있겠는가〔曩昔褰楔事, 或有鄕友之論, 而身被莫重國恩, 當此亂時, 而不無君臣朋友之一毫差間. 閫職之臣, 臨變則秉忠, 處鄕則有信, 何可深說於此時兩難之際耶〕."

3 『선조실록』29년(1596) 1월 15일.

4 『선조실록』39년(1606) 3월 8일.

5 『선조실록』30년(1597) 10월 13일.

6 『선조실록』40년(1607) 5월 7일.

7 이정암, 『사류재집(四留齋集)』, 「연보」. "出使時所眄者, 洪原酒湯曰一終, 原州妓生曰命代, 海州妓生曰蓮介命德, 全州妓生曰德介, **扶安酒湯曰愛生**, 及羅州房直而已."

8 이에 대해서는 우인수의 「『부북일기』를 통해 본 17세기 출신군관의 부방생활」(『한국사연구』96, 한국사연구회, 1997)을 참조할 것.

9 『연산군일기』10년(1504) 12월 26일.

10 정약용, 『여유당전서(與猶堂全書)』, 「이전육조(吏典六條)」. "官婢厥有二種. 曰妓生, 一名曰酒湯. 曰婢子, 一名水汲."

6장 매창, 연회에 나서다

1 허균 지음, 민족문화추진회 옮김, 『성소부부고』, 「조관기행(漕官紀行)」, 한국학술정보, 2006.

2 위의 글.

3 허균 지음, 민족문화추진회 옮김, 『성소부부고』, 「한준겸에게 보내다〔與韓柳川〕」, 한국학술정보, 2006.

4 위의 글.

5 이성임, 「16세기 양반관료의 외정(外情)」, 『고문서연구』 23, 고문서학회, 2003.

6 위의 글.

7 설도, 「춘망사(春望詞)」 3수. "꽃잎은 하염없이 바람에 지고, 만날 날은 아득히 멀어져가네. 그대와 한마음 맺지 못하고, 부질없이 풀잎만 맺네[風花日將老, 佳期猶渺渺. 不結同心人, 空結同心草]."

8 임서, 『석촌유고』, 경문사, 1982. "娘名桂生, 善歌辭琴瑟, 又能詩, 曾爲友人之妾, 今在靑樓, 欲致於壽筵席上, 以詩招之."

7장 동지 허균과 그 벗들

1 허균 지음, 민족문화추진회 옮김, 『성소부부고』, 「조관기행」, 한국학술정보, 2006.

2 이식, 『택당집(澤堂集)』.

3 『선조실록』 34년(1601) 8월 8일.

4 『선조실록』 35년(1602) 1월 13일.

5 『동국여지지(東國輿地誌)』(전북향토연구회 편, 『부안군 역사문헌 자료집』, 부안군, 2000, 16쪽).

6 『선조실록』 37년(1604) 1월 23일.

7 『국조인물고(國朝人物考)』 권59.

8 심광세, 『휴옹집(休翁集)』, 「유변산록(遊邊山錄)」.

9 『(조선시대)사찬읍지』에는 '빙수(騁誰)'가 '무인(無人)'으로, '환(喚)'이 '철(啜)'로 되어 있다.

10 『선조실록』 40년(1607) 5월 4일, 6일.

11 허균 지음, 민족문화추진회 옮김, 『성소부부고』, 「척독 상」, '1607년 최천

건(崔天健)에게 보내는 편지`〔이중 일부는 허경진의 『허균 평전』(돌베개, 2002)
의 번역을 참조했다〕.

12 허균 지음, 민족문화추진회 옮김, 『성소부부고』, 「척독」, 한국학술정보,
2006.

13 허균 지음, 민족문화추진회 옮김, 『성소부부고』, 「척독 상」, ʻ1607년 3월 조
위한에게 보내는 편지', 한국학술정보, 2006.

14 허균 지음, 민족문화추진회 옮김, 『성소부부고』, 「척독 상」, ʻ1610년 2월 조
위한에게 보내는 편지', 한국학술정보, 2006.

15 남극관, 『몽예집(夢囈集)』, 「잡저(雜著), 사시자(謝施子)」.

16 허균 지음, 민족문화추진회 옮김, 『성소부부고』, 「척독 하(下)」, ʻ1608년
7월 심광세에게 보내는 편지', 한국학술정보, 2006.

17 허균 지음, 민족문화추진회 옮김, 『성소부부고』, 「척독 하」, ʻ1607년 9월 조
위한에게 보내는 편지', 한국학술정보, 2006.

18 허균 지음, 민족문화추진회 옮김, 『성소부부고』, 「척독 하」, ʻ1608년 11월
임곤이 보낸 편지에 답하는 편지', 한국학술정보, 2006.

19 허균 지음, 민족문화추진회 옮김, 『성소부부고』, 「척독 하」, ʻ1608년 12월
조위한에게 보내는 편지', 한국학술정보, 2006.

20 허균 지음, 민족문화추진회 옮김, 『성소부부고』, 「척독 하」, ʻ1609년 1월 매
창에게 보내는 편지'. ʻʻ近亦參禪否? 相思耿切", 한국학술정보, 2006.

8장 문인들과 당당하게 교유하다

1 『광해군일기』 즉위년(1608) 12월 19일.

2 『광해군일기』 즉위년(1608) 12월 20일.

3 임경 지음, 김동욱 옮김, 『현호쇄담(玄湖瑣談)』, 보고사, 2004, 51쪽.

4 남용익, 『호곡시화(壺谷詩話)』〔(허권수 · 윤호진 옮김, 『시화총림(詩話叢林)』, 까

치, 1993).

5 택당 이식의 부친은 이안성(李安性)이다. 이안성의 동생이 이안명(李安命)
인데, 그는 정실에게서 1남 2녀를 두었다. 아들은 이직(李稙)이고, 두 딸은
고홍달(高弘達)과 윤유겸(尹惟謙)에게 출가했다.

6 『호남읍지』, 「부안현」. "生員. 參奉. 适變, 倡義兵收義穀事, 見募義錄."

7 심광세, 『휴옹집』, 「김지수가 고홍달에게 주는 시에 차운하여〔次金去非贈高
達夫韻〕」. "(其一) 嫩蕊憐紅綻, 遙岑露翠微. 人眈無事飮, 鳥喚不如歸.
弊褐風爭透, 虛簷雪亂飛. 壯心同櫪驥, 歲暮轉依依. (其二) 懶甚詩才
退, 愁多酒力微. 今宵殘歲盡, 故國幾時歸. 淚向南雲灑, 魂隨北雁飛.
憐君同病意, 末路幸相依."

8 심광세, 『휴옹집』, 「고홍달의 초당에서 임전의 운에 차운하여〔高達夫草堂,
次任寬甫韻〕」(민족문화추진회 편, 『한국문집총간』 84, 경인문화사, 1992). "偶爾
聯鑣出, 來尋小隱居. 邨醪供竹葉, 野菜進芹蔬. 世路行長澁, 名場迹已
疏. 休辭今夕醉, 爛熳任如如."

9 임전, 『명고집(鳴皐集)』, 「진사 고홍달에게〔贈高進士弘達〕」. "嗟君悟道早,
行樂一生中. 瑤瑟興何歇, 玉樽情未終. 海山晴更雨, 沙岸晩多風. 拄笏
且相笑, 誰人高尙同."

10 심광세, 『휴옹집』, 「유변산록」(민족문화추진회 편, 『한국문집총간』 84, 경인문화
사, 1992).

11 송희경, 『조선 후기 아회도』, 다홀미디어, 2008.

12 홍만종, 『시화총림』 수재, 아세아문화사, 1973.

13 정우봉, 「조선시대 기생 시첩의 존재 양상과 문화사적 의의」, 『한국고전여
성문학연구』 18, 한국고전여성문학회, 2009.

14 위의 글, 436쪽.

15 허균 지음, 민족문화추진회 옮김, 『성소부부고』, 「척독 상」, '1606년 3월 이
호민에게 보내는 편지', 한국학술정보, 2006.

9장 매창, 죽다

1 허균, 『성수시화(惺叟詩話)』. "扶安倡桂生工詩善謳彈. 有一太守狎之, 去後邑人立碑思之. 一夕佳月生, 彈琴於碑石上, 遡而長歌. 李元亨者過而見之, 作詩曰:'一曲瑤琴怨鷓鴣, 荒碑無語月輪孤. 峴山當日征南石, 亦有佳人墮淚無.'時人謂之絶倡. 李余館客也. 自少與余及李汝仁同處, 故能爲詩. 他作亦有好者. 石洲喜其人而稱之."

2 이하 고사는 정민의 『미쳐야 미친다』(푸른역사, 2004)를 참조했다.

3 위의 책, 138~155쪽.

4 허균 지음, 민족문화추진회 옮김, 『성소부부고』, 「척독 하」, '1609년 10월 이원형에게 보내는 편지', 한국학술정보, 2006.

5 이수광, 『지봉유설(芝峯類說)』, 「문장부(文章部) 7」.

6 허균 지음, 민족문화추진회 옮김, 『성소부부고』, 「병한잡술(病閑雜術)」, 한국학술정보, 2006.

7 김혁 외, 『수령의 사생활』, 경북대출판부, 2010.

10장 끝나지 않은 이야기

1 이혜순, 정하영 역편, 『한국고전여성문학의 세계―한시편』, 이화여대출판부, 1998.

2 이 책은 이가원과 허경진에 의해 번역되었다. 한재락 지음, 이가원·허경진 옮김, 『녹파잡기』, 김영사, 2007.

3 이수광 지음, 남만성 옮김, 『지봉유설』 하, 을유문화사, 1975, 183쪽.

주요 저술 및 참고문헌 목록

1. 1차 자료

· 『가곡원류(歌曲源流)』(국립중앙도서관 소장본)

· 『경국대전(經國大典)』(윤국일 옮김, 『신편 경국대전』, 신서원, 1998; 정긍식 외 옮김, 『역주 경국대전 주해』, 한국법제연구원, 2009)

· 『국조인물고(國朝人物考)』(서울대학교출판부, 1978)

· 권필(權韠), 『석주집(石洲集)』(민족문화추진회 편, 『한국문집총간』 75, 1990)

· 김창업(金昌業), 『노가재연행일기(老稼齋燕行日記)』(국립중앙도서관 소장본)

· 남극관(南克寬), 『몽예집(夢囈集)』(한국고전번역원 번역본)

· 남용익(南龍翼), 『호곡시화(壺谷詩話)』(허권수·윤호진 옮김, 『시화총림(詩話叢林)』, 까치, 1993)

· 노상추(盧尙樞), 『노상추일기(盧尙樞日記)』(국사편찬위원회, 2006)

· 『대동지지(大東地志)』(전북향토문화연구회 편, 『부안군 역사문헌 자료집』, 부안군, 2000)

· 『동국여지지(東國輿地誌)』(전북향토문화연구회 편, 『부안군 역사문헌 자료집』, 부안군, 2000)

· 두목(杜牧), 『두목시문선역(杜牧詩文選譯)』〔오구(吳鷗), 중국봉황출판전매집단(中國鳳凰出版傳媒團), 2011〕

· 『비변사등록(備邊司謄錄)』(국사편찬위원회, 2006)

· 성현(成俔), 『악학궤범(樂學軌範)』(염정권 옮김, 한국문화사, 1956)

· 『소수록(消愁錄)』(국립중앙도서관 소장본)

· 심광세(沈光世), 『휴옹집(休翁集)』(민족문화추진회 편, 『한국문집총간』 84, 경인문화사, 1992)

· 양경우(梁慶遇), 『제호시화(霽湖詩話)』(이월영 옮김, 한국문화사, 1995)

· 『여지도서(輿地圖書)』(전북향토문화연구회 편, 『부안군 역사문헌 자료집』, 부안군, 2000)

· 오횡묵(吳宖默), 『경상도함안군총쇄록』(함안문화원, 2003)

· 유희경(劉希慶), 『촌은집(村隱集)』(민족문화추진회 편, 『한국문집총간』 55, 1990)

· 유희춘(柳希春), 『미암일기(眉巖日記)』 1~5권(담양군, 2004)

· 윤선(尹銑), 『추담집(秋潭集)』(국립중앙도서관 소장본)

· 윤행임(尹行恁), 『방시한집(方是閒輯)』(전송렬 옮김, 보고사, 2006)

· 『읍지(邑誌)』(아세아문화사, 1983)

· 이수광(李睟光), 『지봉유설(芝峯類說)』(남만성 옮김, 을유문화사, 1975)

· 이식(李植), 『택당집(澤堂集)』(한국고전번역원 번역본)

· 이희평(李羲平), 『계서잡록(溪西雜錄)』(연민 이가원본)

· 임방(任埅), 『수촌만록(水村漫錄)』(김동욱 옮김, 아세아문화사, 2001)

· 임서(林㥠), 『석촌유고(石村遺稿)』(경문사, 1982)

· 임전(任錪), 『명고집(鳴皐集)』(한국고전번역원 번역본)

· 정약용(丁若鏞), 『여유당전서(與猶堂全書)』(한국고전번역원 번역본)

· 정현석(鄭顯奭), 『교방가요(敎坊歌謠)』(성무경 역주, 보고사, 2002)

· 『(조선시대)사찬읍지』(한국인문과학원, 1989)

· 『조선왕조실록』(국사편찬위원회 번역본)

· 『청구야담(靑邱野談)』(김동욱 · 정명기 옮김, 교문사, 1996)

· 『한국 근대 읍지』(한국인문과학원, 1991)

· 한재락(韓在洛), 『녹파잡기(綠波雜記)』(허경진 옮김, 김영사, 2007)

· 허균(許筠), 『성소부부고(惺所覆瓿藁)』(민족문화추진회 옮김, 한국학술정보, 2006)

· 허균(許筠), 『성수시화(惺叟詩話)』(허경진 엮음, 『허균의 시화』, 민음사, 1982)

· 허난설헌(許蘭雪軒), 『난설헌집(蘭雪軒集)』(문경현 편역, 보련각, 1972)

· 홍만종(洪萬宗), 『명엽지해(蓂葉志諧)』(민속학자료간행회 편, 『고금소총』, 1958)

· 홍만종(洪萬宗), 『소화시평(小華詩評)』(연세대학교 소장본)

· 홍만종(洪萬宗), 『시화총림(詩話叢林)』(허권수 · 윤호진 옮김, 까치, 1993)

· 이외 각종 문집은 한국고전번역원(http://db.itkc.or.kr)의 자료를 참조.

2. 단행본 및 논문

· 강명관, 『열녀의 탄생』, 돌베개, 2009.

· 김인화, 『조선의 9급 관원들』, 너머북스, 2011.

· 김준형, 「사실의 기록과 야담의 진실성」, 『동방한문학』 39, 동방한문학회, 2009.

· 김준형, 『조선 후기 성 소화 선집』, 문학동네, 2010.

· 김준형, 『한국패설문학연구』, 보고사, 2004.

· 김혁 외, 『수령의 사생활』, 경북대출판부, 2010.

· 민병도 편, 『조선역대여류문집』, 을유문화사, 1950.

· 백대웅, 『전통 음악사의 재인식』, 보고사, 2007.

· 부안문화원 편, 『매창전집』, 부안문화원, 2010.

· 송방송, 『궁중홀기 속의 우리 춤과 음악 찾기』, 보고사, 2009.

· 송희경, 『조선 후기 아회도』, 다홀미디어, 2008.

· 안길정, 『관아를 통해 본 조선시대 생활사』 상 · 하, 사계절, 2000.

· 역사문화교육연구소, 『기축옥사 재조명』, 선인, 2010.

· 우인수, 「기생의 삶과 생활」, 『천민예인의 삶과 예술의 궤적』, 두산동아,

2007.

· 우인수, 「부북일기를 통해 본 17세기 출신군관의 부방생활」, 『한국사연구』 96, 한국사연구회, 1997.

· 유호석, 『조선시대 전주부윤과 판관』, 전북향토문화연구회, 2007.

· 이경복, 「진주기와 논개의 후예들」, 『전통문화연구』 2, 명지대 한국전통문화연구소, 1984.

· 이규리, 「읍지로 본 조선시대 관기 운용의 실상」, 『한국사연구』 130, 한국사학회, 2005.

· 이규리, 『조선 후기 외방 관기 연구』, 동국대학교 석사 학위논문, 2004.

· 이능화, 『조선해어화사』, 한성도서주식회사, 1927.

· 이능화 지음, 이재곤 옮김, 『조선해어화사』, 동문선, 1992.

· 이성임, 「16세기 양반관료의 외정」, 『고문서연구』 23, 고문서학회, 2003.

· 이성임, 「19세기 제주 대정현 읍치 거주민의 혼인 양상」, 『대동문화연구』 57, 성균관대 대동문화연구원, 2007.

· 이이화, 『허균의 생각』, 뿌리깊은나무, 1980.

· 이혜순, 정하영 역편, 『한국고전여성문학의 세계—한시편』, 이화여대출판부, 1998.

· 전북향토문화연구회 편, 『부안군 역사문헌 자료집』, 부안군, 2000.

· 전주시 · 전주문화원, 『완역 완산지』, 신아출판사, 2009.

· 정구복, 『고문서와 양반사회』, 일조각, 2002.

· 정민, 『목릉문단과 석주 권필』, 태학사, 1999.

· 정민, 『미쳐야 미친다』, 푸른역사, 2004.

· 정병설, 『나는 기생이다』, 문학동네, 2007.

· 정연식, 『일상으로 본 조선시대 이야기』 1 · 2, 청년사, 2001.

· 정연식, 「조선시대 기역의 실태」, 『국사관논총』 107, 국사편찬위원회, 2005.

· 정연식, 「춘향전 ― 가공의 현실에 투영된 꿈」, 『역사비평』, 2004 여름.

· 정우봉, 「조선시대 기생 시첩의 존재 양상과 문화사적 의의」, 『한국고전여
성문학연구』 18, 한국고전여성문학회, 2009.

· 조선연구회 편저, 송방송 색인, 이진원 해제, 『조선미인보감』, 민속원,
2007.

· 허경진, 『허균 평전』, 돌베개, 2002.

· 허미자, 『이매창연구』, 성신여자대학교출판부, 1988.

· 허영일 편, 『한국 전통 무용의 변천과 전승』, 보고사, 2005.

- 1573년(1세) 전북 부안에서 태어나다. 아버지는 부안현의 아전 이탕종(李湯從)이고 어머니는 관아에 소속된 관비(官婢)였다.

- 1579~1580년(7~8세) 계생(桂生)이라는 기명을 받고 기역(妓役)을 시작하다〔당시 부안현감은 이세준(李世俊)과 양대수(楊大樹)였다. 이세준은 선조 11년(1578) 9월 부임하여 1579년 12월 관찰사 치적 평가에서 하등을 받고 파직되었으며 양대수는 선조 13년(1580) 2월 부임하여 1584년 5월 보성군수로 옮겨가다〕.

- 1586년(14세) 예법(禮法)과 관련하여 전라도에 내려온 유희경(劉希慶)과 만나지만 얼마 지나지 않아 헤어지다. 유희경은 매창을 생각하며 지은 「계랑에게〔贈癸娘〕1」, 「계랑에게〔贈癸娘〕2」, 「계랑을 생각하며〔懷癸娘〕」, 「길을 가다 계랑을 떠올리며〔途中憶癸娘〕」, 「장난삼아 계랑에게 주며〔戲贈癸娘〕」 등 다섯 편의 시를 남기다. 매창의 시조 「이화우 흩날릴 제」도 이즈음에 지어지다〔당시 부안현감은 최전(崔鈿)으로 선조 18년(1585) 3월 부임하여 1586년 3월 암행어사에 의해 파직되다〕.

- 1588~1591년(16~19세) 임서의 친구 중 한 사람〔류도(柳途), 서우관(徐雨觀), 혹은 제3의 인물〕의 첩으로 서울에서 3년 동안 기첩 생활을 하다가 부안으로 되돌아오다.

- 1599~1601년(27~29세) 김제군수로 내려온 이귀(李貴)의 총애를 받다〔당시 부안현감은 이충선(李忠善), 민인길(閔仁吉)이다. 이충선은 선조 32년(1599) 3월 부임하여 그해 12월 관찰사의 치적 평가에서 하등을 받고 파직되었고, 민인길은 선

조 33년(1600) 1월 부임하여 1601년 6월 관찰사의 치적 평가에서 하등을 받고 파직되다].

• 1601년(29세) 고홍달(高弘達)의 소개로 전운판관(轉運判官)으로 전라도에 내려온 허균과 만나 밤새 시를 주고받다(7월 23일). 허균의 장형(長兄)인 허성(許筬)이 전라도 관찰사로 부임하다. 매창이 허성의 부임 축하 연회에 참석하여 공연을 했을 것으로 추정된다(9월 7일)[당시 부안현감은 임정(林霆)으로 선조 34년(1601) 7월 부임하여 1602년 1월 승정원의 계에 의해 파직되다].

• 1602년(30세) 한준겸(韓浚謙)이 전라도 관찰사로 부임하다(1월). 윤선(尹銑)이 부안현감으로 부임하다(3월). 한준겸이 자신의 생일잔치에서 「자규새의 울음소리를 듣고 느낌이 있어서[聞子規有感]」를 짓자 매창은 「한순상이 생일잔치에 지은 시에 차운하며[伏次韓巡相壽宴時韻] 1」을 지어 화답하다. 전라도에 내려온 유희경을 다시 만나다. 유희경은 「다시 계랑을 만나[重逢癸娘]」, 「계랑에게 부치며[寄癸娘]」 등 두 편의 시를 남기다. 매창의 시 「봄날 시름[春愁] 2」는 유희경에게 화답한 시로 추정되다(늦봄).

• 1603년(31세) 한준겸과 함께 김제 모악산 근처의 용안대를 유람하다. 한준겸이 매창을 설도(薛濤)에 빗댄 시 「가기 계생에게 주며[贈歌妓癸生]」에 화답하여 매창은 「용안대에 올라[登龍安臺]」를 쓰다.

• 1604년(32세) 한준겸을 그리워하는 시 「옛날을 그리워하며[惜古]」를 쓰다.

• 1605년(33세) 당시 무장현감으로 있던 임서의 생일잔치에 초대되다. 임서가 매창을 초대하는 시를 보내자, 매창은 '파랑새 날아와 소식을 전하니[靑鳥飛來尺素傳]'로 시작하는 답시를 보내다. 임서는 매창의 시 밑에 "낭의 이름은 계생이다. 노래와 거문고를 잘했고, 또한 시에도 능하다. 일찍이 내 친구의 첩이 되었다가 지금은 청루에 있다. 생일잔치에 오도록 하기 위해 이 시를 써서 초청했다[娘名桂生, 善歌辭琴瑟, 又能詩, 曾爲友人之妾, 今在靑樓, 欲致於壽筵席上, 以詩招之]"는 기록을 남기다.

• 1607년(35세) 심광세(沈光世)가 부안현감으로 부임하다(2월). 심광세, 함열

현령 권주(權澍), 임피현령 송유조(宋裕祚), 생원 고홍달, 심광세의 동생 심명세(沈明世) 등과 함께 변산 일대를 유람하다. 이때 「어수대에 올라〔登御水臺〕」, 「병이 들어〔病中〕 1」 등을 쓴 것으로 추정되다(5월).

• 1607년(35세) 허균이 공주목사로 부임해 이재영(李再榮), 심우영(沈友英), 서양갑(徐羊甲), 이경준(李耕俊) 등을 공주로 부르다(12월).

• 1608년(36세) 「봄날을 원망하며〔春怨〕」에 대해 심광세가 「계랑의 시에 차운하며〔次桂娘韻〕」라는 화답시를 쓰다(봄). 허균을 비롯한 심광세, 조희일(趙希逸) 등과 함께 백마강에서 노닐며 「부여 백마강에서 노닐며〔遊扶餘白馬江〕」를 쓰다. 허균이 공주목사에서 파직된 후, 곧바로 부안으로 내려오다(가을). 허균은 거주처인 정사암(靜思庵)을 중수하는 도정에 고홍달과 두 명의 이씨(이재영과 이경준으로 추정), 매창과 함께 변산 일대를 유람하다. 이때 「천층암에 올라〔登千層菴〕」와 「월명암에 올라〔登月明庵〕」를 쓴 것으로 추정되다. 매창은 허균과 함께 참선 공부를 하고 허균의 누이 허난설헌(許蘭雪軒)의 시를 익히다. 이때 「그네뛰기〔鞦韆〕」와 「봄날의 마음〔春思〕」을 지은 것으로 추정되다. 허균을 따라온 화가 이징(李澄)에게 「이별하며〔贈別〕」를 써준 것으로 추정되다. 이즈음에 『매창시첩』이 만들어진 것으로 추정되다(늦가을). 허균은 불과 넉 달 정도만 부안에 머물고 서울로 올라가다. 매창은 이때 「홀로 마음 아파하며〔自傷〕 2」를 쓰다(12월).

• 1609년(37세) 권필이 부안을 찾아오다(1월). 심광세, 권필 등과 함께 고홍달의 집을 방문하다. 권필의 「고홍달이 그윽한 곳에 거주하는 것에 제하며〔題高達夫弘達幽居〕」에 차운하여 심광세가 「권필이 고홍달에게 주는 시에 차운하여〔次石洲贈高達夫韻〕」 두 편을 짓자, 매창이 이에 차운하여 「선유(仙遊) 3」을 쓰다. 권필, 이원형(李元亨) 등과 함께 윤선의 선정비 옆에서 거문고를 타며 「자고사(鷓鴣詞)」라는 노래를 부르다. 허균이 매창에게 첫 번째 편지를 보내다. 심광세가 서울로 떠난 후 「스스로 한스러워〔自恨〕 1」을 지은 것으로 추정되다(2월). 심광세를 그리워하며 「홀로 아파하며〔自傷〕 4」를

지은 것으로 추정되다(봄). 매창이 「거문고를 타며〔彈琴〕」를 짓자, 권필이 「여자 친구 천향에게 주며〔贈天香女伴〕」라는 시를 써주다. 살구꽃이 떨어질 무렵, 권필이 매창을 찾아와 「무제(無題)」의 시를 주자, 매창은 「봄날의 시름〔春愁〕 1」을 지어 화답하다. 권필이 서울로 떠나다. 허균이 매창에게 두 번째 편지를 보내다(9월). 「병이 들어〔病中〕」, 「가을날의 그리움, 병든 상태에서〔病中愁思〕」 등을 지은 것으로 추정되다.

- 1610년(38세) 「새장에 갇힌 학〔籠鶴〕」을 지은 후 죽다. 거문고와 함께 매창 뜸에 묻히고 허균은 「계랑의 죽음을 슬퍼하다〔哀桂娘〕」를 지어 매창의 죽음을 애도하다.

- 1611년 허균이 전라도 함산에 유배되다(1월). 해배된 후, 허균이 부안에 도착하다(11월 24일). 매창 문집 간행에 대해 허균과 고홍달이 함께 기획했을 가능성이 있다.

- 1668년 개암사에서 『매창집』 간행되다(10월)〔당시 전라도 관찰사는 한준겸의 외손자인 여성제(呂聖濟)였다〕.

찾아보기

ㄱ

『가곡원류(歌曲源流)』 108, 109

검무(劍舞) 39, 45, 46, 50, 59, 66

계랑(癸娘) 100~102, 105, 108, 113, 116,
117, 232, 238, 320, 332

계생(桂生/癸生) 23, 26, 52~54, 70, 71, 94,
126, 131, 136, 137, 176, 194, 201, 204,
296, 305, 320, 331

고경명(高敬命) 131, 134

고홍달(高弘達) 92, 176, 177, 223, 224, 226,
263, 264, 271~274, 277, 284~288, 290,
317, 325

곽기수(郭期壽) 163, 165~167

관기(官妓) 25, 30~32, 35, 37, 43, 54~57,
62, 70, 93, 99, 125, 150, 170, 188

관비(官婢) 23~29, 54, 56, 138, 170, 223,
280, 312

광수무(廣袖舞) 66, 67

권필(權韠) 92, 143, 145~147, 174, 263, 268
~287, 297, 298, 303, 305, 308, 311~
314, 316, 317, 325, 338

기축옥사(己丑獄死) 74, 79, 110, 153, 154

김억(金憶) 85

김여회(金如晦) 162, 163

김정환(金鼎桓) 85, 87~89, 198

ㄴ

『노가재연행일기(老稼齋燕行日記)』 39, 60

ㄷ

당악정재(唐樂呈才) 37~39

동기(童妓) 30, 43, 57, 62, 63, 69, 70, 138

ㄹ

류도(柳塗) 131, 136, 143, 144, 146, 152,
205

ㅁ

『매창집(梅窓集)』 23, 24, 53, 56, 83, 85, 86,
89~92, 94, 103, 108, 115, 137, 173~
176, 180, 189, 191, 193, 197, 198, 203,
206~208, 222, 224, 228, 230, 231, 239,
247, 249, 253, 254, 267, 271, 275, 283,
287, 288, 290~292, 294~296, 314, 315,
325, 326, 335

명선 43~45, 47~50, 52~54, 56~58, 60~
71, 138, 140, 152

지은이 | 김준형

1967년 제주에서 태어났고, 고려대학교 국어국문학과 대학원에서 『조선조 패설문학 연구』로 박사 학위를 받았으며, 현재 부산교육대학교 국어교육과에 재직 중이다. 조선시대 사람들의 일상을 다룬 야담과 패설문학을 공부해왔으며, 좀더 폭넓게는 문학이 무엇을 할 수 있으며 무엇을 해야 하는지에 대한 고민 가운데서 고전문학을 연구하고 있다. 『이매창 평전』을 필두로 우리 고전에 대한 발굴과 소개, 그리고 새로운 해석 작업도 계속 시도할 예정이다. 『한국 패설문학 연구』 외에 15여 권의 공저가 있으며, 옮긴 책으로는 『조선 후기 성 소화 선집』, 『이명선 전집』(총 4권) 등이 있다.

이매창 평전

ⓒ 김준형 2012

초판 1쇄 발행 2013년 1월 2일
초판 2쇄 발행 2015년 4월 6일

지은이 김준형
펴낸이 이기섭
편집인 김수영
책임편집 이조운
기획편집 정회엽 최선혜
마케팅 조재성 정윤성 한성진 정영은 박신영
관리 김미란 장혜정
디자인 오필민 디자인

펴낸곳 한겨레출판(주)
등록 2006년 1월 4일 제313-2006-00003호
주소 121-750 서울시 마포구 공덕동 116-25 한겨레신문사 4층
전화 마케팅 02)6383-1602~4 기획편집 02)6383-1621
팩스 02)6383-1610
홈페이지 www.hanibook.co.kr
이메일 book@hanibook.co.kr

ISBN 978-89-8431-645-4 94900
      978-89-8431-466-5 (세트)